KB274569

글누림 문화콘텐츠 총서 18 │ 벤처기업과 미래 선도 산업 

저자 소개

곽원섭 호서대학교 디지털비즈니스학부 교수

김연정 호서대학교 디지털비즈니스학부 조교수

글누림 문화콘텐츠 총서 18

벤처기업과 미래 선도 산업

초판 인쇄 2008년 2월 1일

초판 발행 2008년 2월 11일

지은이 곽원섭 김연정

펴낸이 최종숙

편집 양지숙 권분옥 이소희

펴낸곳 도서출판 글누림

주소 서울 시초구 반포4동 577-25 문창빌딩 2층

전화 3409-2055

팩시밀리 3409-2059

등록 2005년 10월 5일 제303-2005-000038호

전자우편 nurim3888@hanmail.net

값 10,000원

ISBN 978-89-91990-82-1 03320

글누림 문화콘텐츠 총서 18

벤처기업과 미래 선도 산업

곽원섭 김연정 공저

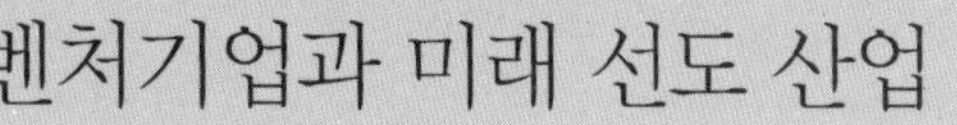

글누림 문화콘텐츠 총서 발간에 부쳐

호서대학교 문화콘텐츠 연구 역량이 결집된 글누림 문화콘텐츠 총서 발간을 진심으로 축하합니다.

지금 우리 주변에는 창의적이고 도전적인 선구자들이 새로운 학문을 개척하는 모습을 많이 볼 수 있습니다. 특히 환경이 악화되고, 사회가 복잡해지면서 인류의 정체성 문제가 새로운 물음으로 대두되고 있습니다. 이제 인류의 미래와 번영에 대한 문제는 단순히 미래학자들의 몽상 속에서 등장하는 물음이 아니라 인류의 생존을 가늠하는 현실적인 문제가 되었습니다. 이런 중에 문화에 대한 탐구는 21세기 학문의 가장 빛나는 중심이 될 것이라고 믿어 의심치 않습니다.

이번에 발간되는 2차 글누림 문화콘텐츠 총서는 이와 같은 학문 내·외적 물음에 대하여 우리 대학 연구자들이 마련한 성실한 답변서라고 할 수 있습니다. 이 총서가 우리 대학을 세계적인 명문대학으로 성장시킬 'World Class 2030 Project'의 한 부분이 될 것을 기대합니다.

지난 1차 글누림 문화콘텐츠 총서에 이어 미개척의 학문 분야인 문화콘텐츠 분야에 대한 도전적이고 창의적인 정신을 실현한 우리 대학의 문화콘텐츠 총서 기획단, 집필진 여러분의 노고와 결실에 다시 한번 경의를 표합니다.

호서대학교 총장 **강 일 구**

EDITOR'S NOTE

문화가 21세기를 이끌 새로운 분야로서 등장하기 시작한 것은 얼마 되지 않았는데, 지금은 학문의 중심 테마로 자리 잡아가고 있다. 산업 분야에서는 21세기의 새로운 지식 산업으로서 문화 산업이 이제는 당당히 한 자리를 차지하고 눈부시게 성장하고 있는 것을 확인할 수 있다.

이러한 현상은 근대 학문 체계에 대한 회의와 맞물려 있는데, 이 점도 주목해야 할 것이다. 이미 20세기 후반부터 각 분과 학문의 분류 체계에 대해 회의하기 시작했고, 한편으로는 개별 학문을 넘어선 통합 학문을 지향하거나, 학문 간 연계를 강화한 이른바 학제 간 학문이 강조되었으며, 다른 한편으로는 학문의 근본 요소에 대한 성찰도 강화되었다.

이러한 경향은 학문의 정체성 찾기와 학문의 보편성, 그리고 학문 제도에 대한 근본적 반성과 새로운 학문 제도의 형성이라는 다소 상반되고 혼란스러운 현상으로 나타나고 있다. 이것은 그동안의 각 분과 학문이 개별적이고 고립된 대상에 대한 연구였다는 고백과 반성으로 요약할 수 있다.

여러 학문 중에서 특히 인문학은 인간과 인류에 대한 탐구라는 점에서 이와 같은 새로운 학문적 경향을 선도하는 역할을 해야 한다. 그리기 위해서 인문학은 개인, 고립된 주체에 대한 탐구를 지양해야 한다.

흔히 인간은 생각하는 동물이라고 한다. 인간은 생각하는 능력 때문에 동물과 다른 변별적인 특성을 갖는다는 말이다. 이와 같이 인류라는 한 집단이 다른 동물종들의 집단과

구별되는 변별적인 특징들도 찾아 볼 수 있을 것인데, 그 여러 가지 중에서 문화는 가장 중요한 변별적 특질이라고 할 수 있다. 인류는 다른 군집과는 다른 그들만의 독특한 문화를 만들어낼 수 있다. 인류를 인류로서 구별하게 하는 이 문화가, 인류의 사고하는 능력에 못지않게 중요한 인문학의 테마로 부각되는 이유가 거기에 있다.

우리 대학은 기독교 정신과 벤처 정신으로 성장하는 학교이다. 기독교 정신은 나와 하나님, 인류를 사랑하는 정신이다. 벤처 정신은 창의적인 도전이고 한 걸음 더 나아가는 모험의 정신이다. 우리 대학은 이러한 정신을 산학 연계와 교육에서 실현하고자 애썼고, 어느 분야에서는 일정한 정도의 그 선도적 의의를 인정받고 있다. 이제는 이러한 역량이 학문 분야에서도 실현되어 학문을 선도할 때가 되었다. 문화의 탐구, 문화콘텐츠의 생산이 바로 그것이다.

이미 1차 총서에서 천명한 바와 같이 이 총서는 '교양 있는 일반인'을 위한 '문화콘텐츠'의 학술적 동향을 안내하는 것이 그 목적이다. 쉽고 간결한 문체를 선택하고, 그림과 도표로써 이해를 돕도록 하며, 설명을 위한 최소한의 주석만 넣는 등의 편집 지침은 이전과 동일하다. 선정이 까다롭고 지원이 크지 않았음에도 불구하고 연구 성과가 풍성했다. 향후 3차 총서에서도 21세기 학문을 반성하는 문화학의 테마와 그의 산학적 실천이라는 문화콘텐츠 생성에 보다 의미 있는 저작이 풍성하게 결실하기를 희망한다.

호서대학교 한국어문화학부 김성룡

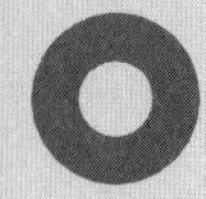

PROLOGUE

글누림 문화콘텐츠 총서 시리즈인 ≪벤처기업과 미래 선도 산업≫은 2000년대의 새로운 신산업정책의 하나인 벤처산업육성에 대한 오랜 생각 속에서 씌어졌습니다.

이 책은 벤처비즈니스에 관심이 있는 일반인들과 벤처경영학 분야를 공부하는 대학생들이 알아야 할 내용에 대하여 쉽고 재미있게 소개하는 도입서의 성격을 갖고 있습니다.

이를 위해 딱딱한 교과서의 형식이 아니라 에세이 형식의 편안한 글로 기술하고, 독자들이 쉽게 이해할 수 있도록 국내외 벤처산업 동향에 관련된 각종 중요 연구소에서 발간된 연구 리포트, 중요 이슈에 대한 신문의 기사 및 인터넷에 공개된 자료를 비롯한 최신 자료에 근거한 수치와 그림을 최대한 많이 활용하고자 애썼습니다. 또한 벤처기업가 정신, 벤처기업의 육성전략, 벤처산업 및 정책에 관련된 여러 선생님들의 옥고와 논문도 이 글의 중요 근간이 되었습니다.

이 책은 벤처기업의 개념과 기업가정신, 벤처기업의 성공을 위해 필요한 자원과 역량, 하이테크 마케팅 전략의 개념을 많은 기업들의 사례와 함께 소개하고 있습니다. 벤처기업을 창업하기 위한 창업 Module과 지식재산권 및 가족기업, SOHO 등 창업의 전략적 측면도 담고 있습니다. 또한 창의적인 벤처기업의 경영 및 벤처산업의 육성을 위한 전략으로 창조경영, 지식경영의 내용과 함께 산업표준 획득 및 특허와 같은 지원 인프라의 중요성에 대해서도 기술하였습니다.

글의 전체적인 맥락은 1. 벤처기업의 의의, 2. 미래 선도 산업으로서 벤처기업의 핵심역량 분석, 3. 미래 선도 산업과 벤처기업의 육성의 순서로 이어집니다.

최근 경영과 공학, 이학 기술과의 융합에 대한 관심사도 이 책의 중요 내용으로 포함되어 있습니다. 기술경영관리(MOT : Management of Technology) 부분으로 IT(정보통신), BT(바이오), NT(나노), CT(디지털콘텐츠)의 시장 동향 및 발전 전략에 대해서도 소개하여 국내 기술 기반 벤처기업들의 현 상황을 분석하고, 미래의 선도 산업 육성을 위한 발전 전략을 진단해 보았습니다.

본서 ≪벤처기업과 미래 선도 산업≫은 국내외의 많은 기업들을 벤치마킹하고 그 장점을 살리고자 기업의 사례를 많이 담았습니다. 일일이 그 사례들을 인용하는 데 대한 허락을 구하고 감사를 표해야 하지만 학문적 인용의 관례에 따랐습니다. 또한 연구 리포트와 저서 그리고 인터넷의 글과 그림 및 표들을 인용함에 있어서도 미처 허락을 구하지 못한 부분이 있습니다. 일일이 감사를 드려야 하지만 이 자리를 빌려 양해를 구하고 감사드립니다.

마지막으로 벤처 기업인이 반드시 유념해야 할 사고에 대해 말하고 싶습니다. 동서양 또는 과거와 현대를 불문하고 벤처 기업인이라면 실행의 중요성 및 적극적 사고와 행동에 유념해야 합니다. 다음의 명언을 소개하면서 이 글을 마치겠습니다.

실행에 옮겨라!

무언가 실행되기까지는 그 어떤 일도 일어나지 않는다.

실행에 옮긴다는 것은 천부적 재능, 기적과 파워를 만들어 낸다.

-Robert Ringer, <Action!>

성을 쌓고 사는 자는 반드시 망할 것이고,

끊임없이 이동하는 자만이 살아남을 것이다.

-돌궐족의 명장 톤유쿠크의 비문 중에서

2007년 12월

곽원섭 · 김연정

CONTENTS

1. 벤처기업의 의의

(1) 벤처기업의 정의 및 특징

미국은 80년대 후반부터 이루어진 대기업들의 구조조정의 성과에 이어 실리콘 밸리 벤처기업들의 약진 결과 컴퓨터와 인터넷으로 대변되는 디지털 시대를 주도하게 되었다. 특히 새로운 조류에 민감하게 대응하기에 적절한 쾌속정 같은 벤처기업은 새로운 시장의 감지 능력과 재빠른 의사결정 등을 할 수 있는 조직의 효율성을 통해 디지털 시대를 주도하는 새로운 형태의 기업으로 각광을 받게 되었다.

미국의 벤처기업의 성공은 국내에도 영향을 미쳐, IMF 이후 국내기업은 미국형 벤처기업에 대한 역량을 강화하게 되었다. 벤처기업 정책으로 규정된 벤처기업에 대한 인증은 1997년 "벤처기업 육성에 관한 특별조치법"의 시행으로 촉진되었으며, 외환위기 이후 정부는 벤처기업을 새로운 성장 동력으로 삼아 벤처기업에 대한 투자를 촉진하기 위해 2007년까지 한시적으로 국가가 벤처기업을 인증하게 되었다.

한국의 벤처기업협회는 벤처기업을 정의함에 있어서, 개인 또는 소수의 창업인이 위험성은 높으나 성공할 경우 높은 기대수익이 예상되는 신기술의 개발 아이디어를 독자적인 기반 위에서 사업화하는 신생 기술집약적 중소기업으로 정의하였다.

일반석으로 벤처라고 부를 때 '기술 집약형 중소기업'의 의미로 벤처산업의 본산이라 할 수 있는 미국에서는 높은 기술력을 가지고 있으면서도 적은 조직규모를 가진 HTSF(High Technology Small Firm), 신기술에 기반을 둔 기업인 NTBF(New Technology Based Firm) 벤처기업을 지칭하며, 벤처 캐피탈까지를 포함하여 기술 집약형 중소기업의 의미로 신기술을 대상으로 한다는 점과 창업을 통해 기발한 아이디어를 사업화한다는 특성을 갖는 기업을 지칭한다.

각 나라마다 벤처기업에 대한 정의가 다양하지만, 공통적인 속성은 신기술 또는 기술집약적, 소규모, 기업가정신, 고위험, 고수익, 독자적 기반과 국제적 사업의 개념을 포함하고 있다.

이런 속성들에 맞춰서 정의해보면, 벤처기업은 기업가정신이 투철한 창업가가 독자적 기반 위에서 국제적으로 통용될 수 있는 신기술이나 기술집약적 기술로, 고위험 고수익을 추구하는 소규모의 신생기업이라 정의할 수 있을 것이다.

벤처기업의 정의와 함께 벤처기업의 특징을 살펴보면 벤처는 그 제품 또는 사업방법이 기술혁신과 창조성에 바탕을 두고 있으며 경영의 독립성을 견지하며, 기업의 성장과 주식공개를 지향하는 특성을 가지고 있다. 이를 좀 더 구체적으로 살펴보면 다음과 같다.

① 고수익과 고위험의 추구

벤처기업은 대개 새로운 기술과 아이디어에 바탕을 두어 신규시장의 수요의 크기 및 기술이 실현되고 소비자들에게 수용될 수 있는가에 대한 불확실성의 위험이 따른다. 기술과 아이디어에 바탕을 둔 고위험과 고수익의 벤처기업이 성공하려면 기술 및 시장 우위를 획득하여 시장에서의 독점적 지위를 갖게 된다.

시간이 흐름에 따라 또 다른 신기술의 출현과 시장 특성 변화로 독점적 사업은 저위험과 저수익의 경쟁적인 전통적 사업으로 변화한다. 시간이 흐름에 따라 전통적 사업의 제품 수요가 포화 상태가 되고 대체재의 출현 등으로 시장이 축소되면서 사양 사업으로 변화하는 것이다. 이렇게 벤처기업은 독점적 사업, 전통적 사업, 사양 사업으로 변화하는 수명주기(Business Life Cycle)를 가진다.

따라서 벤처기업의 경영자는 위험은 높지만 기대수익이 높은 벤처에 뛰어들어, 참여한 사업의 안정성이 확보되는 순간 또 다른 벤처사업의 기회를 찾는다.

② 기술혁신과 창조성에 바탕

모든 고수익 · 고위험 사업이 벤처기업이라고 할 수는 없다. 기술의 혁신과 아이디어에 기반한 고수익 · 고위험 사업만을 벤처기업이라고 할 수 있다.

기술에 바탕을 두기 때문에 기업의 매출액 대비 R&D(Research & Development, 연구개발) 투자비율이 높고, 창조성이 사업성공에 중요한 요소가 된다. 기술혁신의 유형이나 분야에 대해 제한을 두기는 곤란하다. 제품혁신(Product Innovation)이면서 정보통신, 전자, 소프트웨어 등 첨단 산업이 벤처기업의 주된 분야임에는 틀림없지만 벤처의 속성상 그 범위를 한정하기보다는 유연하게 범위를 설정하는 것이 바람직하다.

③ 경영의 독립성 견지

벤처기업은 제품기획, 구매, 생산, 유통 등 의사결정에 있어 독립적이어야 한다. 왜냐하면 불확실하고 급변하는 환경은 경영 및 사업스타일에 있어 독립적 의사결정과 혁신성을 요구하기 때문이다. 그러므로 벤처기업의 성격상 변화하는 환경에서 생존하기 위해 기획 및 의사결정의 독립성이 유지될 수밖에 없다.

기업 내에 있는 사내벤처를 벤처라고 할 수 있는 이유는 사업의 성격상 자율적 학습에 바탕을 둔 독립적 의사결정을 할 수밖에 없고 당장은 경영구조상 모기업에 속하지만 미래 경영의 독립성을 지향하고 있기 때문이다. 대표적인 사내벤처에서 성장한 기업으로는 삼성 SDS에서 시작한 (주) NHN, 애경의 사내벤처 네오팜, 포스코에서 시작한 에너지 절감 전문업체인 에스크프로 등이 있으며, 안정적인 경영으로 시장에서의 성공적인 사내벤처로부터 분사(spin-off)한 사례로 인정받고 있다. 그러나 어느 한 기업에 절대적으로 의존하는 하청기업이나 기술적이나 자본관계에서 종속적인 경우도 진정한 의미에서의 벤처기업이라고 할 수 없다.

④ 성장 및 기업공개의 지향

벤처기업은 경영의 참여자, 기술제공자, 자본 투자가에게 가능한 한 위험부담에 대한 보상을 조기화할 필요가 있으며 향후 한 차원 높은 성장을 위해 추가 자본 조달을 계속 필요로 한다. 벤처기업은 경영의 과실을 위험부담에 참여한 주체들 간에 분배하고 또한 더 높은 성장을 위해 자본참여를 지속적으로 유도한다. 그리하여 주식공개를 지향하는 벤처의 속성상 자본조달 과정에서 주식이 분산되고 소유와 경영이 분리되는 경향이 있다. 벤처는 창업가 개인의 기업이라기보다 공공적 기업이 되는 것이다.

이상의 벤처기업의 특성과 함께 벤처기업의 개념을 보다 확장시켜보면 다음과 같다.

일반적으로 벤처기업이라 함은 벤처 캐피탈 투자기업이지만 한국은 외환위기 이후 벤처기업을 새로운 성장 동력으로 삼고 벤처기업 투자를 촉진하게 되었다. 벤처인증은 처음에는 벤처 캐피탈 투자기업, 연구개발 투자기업, 신기술개발 기업, 기술 평가기업 등 4개 분야로 구분되어 실시되었다.

1999년 초 미국 신경제의 호황과 함께 국내 코스닥의 갑작스런 불황은 이러한 벤처인증제도로 인해 벤처로 인증받은 기업들이 엄청난 기술력을 갖고 있다는 환상을 불러일으켰다. 그 결과 벤처 투자에 심한 버블이 형성되어 국가의 벤처인증에 대한 재검토의 필요성이 제기되어 2002년 11월 15일 이후 기존 벤처인증제도 중 신기술개발기업과 기술평가기업이 신기술기업으로 통합되어 3가지 방식으로 축소되었고, 평가기관의 평가 없이도 인증받던 신기술개발기업도 기술평가기관의 평가를 거친 뒤 벤처기업으로 인증되는 시스템으로 바뀌었다.

이러한 추이는 대체적으로 벤처인증 조건들이 보다 명확해지고, 인증하는 평가기관의 책임성이 강화되며, 평가기준이 보다 합리적으로 다듬어지도록 하였다. 예비 벤처기업 지정 제도가 그런 결과의 하나라고 볼 수 있다. 예비 벤처기업 지정 제도는 기술력은 있으나 자금 사정이 열악한 상태에 있는 창업 전후 상태의 유망 기업을 위해 평가기관이 기술평가를 거친 뒤 예비 벤처로 인증해 주는 제도로서, 이후 해당 기업에게 그 인증 제도의 활용도를 더욱 높이는 쪽으로 수정되었다.

우리나라는 미국의 전통적인 개념과는 다르게 타 기업에 비해 기술성이나 성장성이 상대적으로 높아, 정부에서 지원할 필요가 있다고 인정하는 기업으로서 벤처기업육성에 관한 특별조치법의 4가지 기준 중 1가지를 만족하는 기업을 의미한다.

우리나라의 벤처기업은 미국과 달리 "성공한 결과"로서의 기업이라기보다는 정책이라는 수단을 통해 세계적인 일류기술기업으로 육성하기 위한 "지원대상으로서의 기업"이라는 성격이 강하다.

국내의 현행 벤처 확인요령은 2003년 개정된 다음 표와 같다.

〈표 1〉 벤처기업의 확인요령(2003. 8. 1. 개정)

대상기업	유형별 요건
벤처투자 기업	• 창업투자회사(조합), 한국벤처투자조합, 신기술사업금융업자(조합)의 주식(신주에 한함) • 인수총액 또는 출자총액이 자본금의 10% 이상이고, 그 비율을 벤처기업확인 요청일의 직전 6월 이상(연속하여) 유지한 기업

연구개발
기업
	• 확인 요청일이 속하는 분기의 직전 4분기의 연구개발비가 5천만 원 이상이고
	• 매출액 대비 연구개발 비율이 중소기업청장이 고시하는 비율 이상인 기업
	  −3년 미만 기업은 연구개발 비율 적용을 제외
	  −창업 1년 미만 기업의 연구개발비는 직전 2분기 2,500만 원 이상으로 적용

신기술기업
(창업 기업 포함)
	• 특허권을 이용하여 사업화하는 기업으로서 평가기관으로부터 기술성과 사업성이 우수한 것으로 평가받은 기업
	• 산업지원 서비스업 및 고도기술 수반사업과 관련된 기술 또는 외국인과의 기술도입 계약의 체결에 따라 신고한
	  기술을 이용하여 사업화하는 기업으로서 평가 기관으로부터 기술성과 사업성이 우수하다고 평가받은 기업
	• 공공연구기관, 한국기술거래소를 통하여 이전받은 기술을 이용하여 사업화하는 기업으로서 평가기관으로부터
	  기술성과 사업성이 우수하다고 평가받은 기업

출처 : 중소기업청

　위와 같이 법에서 정한 몇 가지 요건을 충족하는 기업을 벤처기업으로 규정하고, 이들 기업에 대해서는 벤처기업 인증서를 발급해 주며, 법이 정하는 벤처기업에 대한 각종 혜택을 부여한다. 2005년 12월 말 기준으로 벤처기업으로 인증받은 회사는 총 9,732개 사이다.

　2002년 들어 벤처 거품이 빠지면서 벤처기업 수도 급격히 줄었으나, 이후 침체기를 점차 극복하면서 그 수도 다시 증가세를 보이고 있다(〈표 2〉).

〈표 2〉 벤처기업 수 변동 추이

	1998	1999	2000	2001	2002	2003	2004	2005
벤처기업	2,042	4,934	8,798	11,392	8,778	7,702	7,967	9,732

출처 : 중소기업청

이들 벤처기업을 유형별로 구분하면, 벤처 캐피탈 투자기업이 전체의 3.4%인 330개 사, 연구개발기업이 1,425개 사, 신기술기업이 전체의 82%인 7,977개 사에 이른다(<표 3>).

〈표 3〉 유형별 벤처기업 수(2005년 12월 말 기준)

	벤처투자기업	연구개발기업	신기술기업	계
업체 수	330	1,425	7,977	9,732
비율(%)	3.4	14.6	82.0	100.0

출처 : 중소기업청

〈그림 1〉의 벤처기업의 업종별 분포를 살펴보면, 소프트웨어 개발업체가 19.1%로 가장 큰 비중을 차지하며 나머지 기업은 대부분 첨단 및 일반 제조업 부문에 고르게 분포되어 있다.

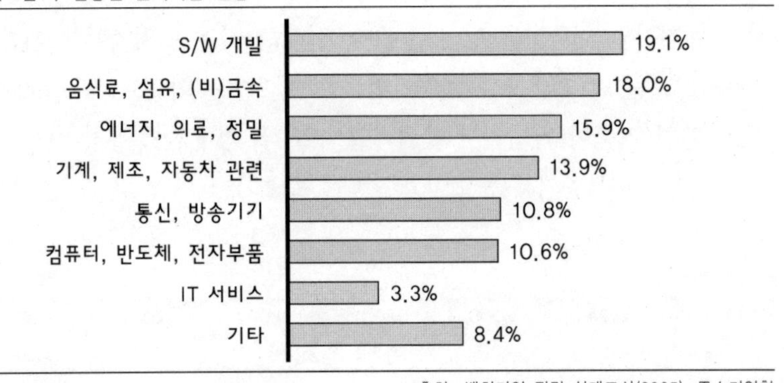

〈그림 1〉 업종별 벤처기업 현황

출처 : 벤처기업 정밀 실태조사(2005), 중소기업청

2003년 개정 이후 2006년에 개정된 벤처기업육성에 관한 특별조치법의 주요 개정 내용은 지속적인 벤처활성화와 시장 친화적 벤처생태계 정착을 위한 법의 유효기간을 연장하는 한편 모태 조합 투자 대상의 확대에 있다. 또한 정부의 직접 지원성격의 특례 폐지 등 2003년도 안의 재정비, 보완의 성격을 갖는다.

구체적인 내용은 벤처기업 특별법의 유효기간을 10년 연장하고 기술보증기금의 벤처기업 보증 우선제도를 폐지함으로써 소규모 합병제도의 요건 완화, 간이 합병제의 요건을 완화하는 내용을 담고 있다(<표 4>).

〈표 4〉 2006·2007 벤처기업육성에 관한 특별조치법의 주요 개정 내용

① 2006년 주요 개정 내용

가. 모태 조합의 출자 대상 확대(안 제4조의 2 신설)
 • 신기술사업금융업자를 통한 벤처기업 투자확대를 위해 신기술사업투자조합을 모태 조합의 출자 대상에 추가함.

나. 우선적 신용보증 특례 폐지(안 제5조 삭제)
 • 시장친화적인 벤처생태계를 위해 직접적 지원형태인 기술신용보증기금의 우선적 신용보증 지원제도를 폐지함.
  − 제5조 중 "벤처기업 및 신기술창업전문회사"를 "신기술창업전문회사"로 한다.

다. 벤처기업의 M&A 제도 적용범위 확대(안 제15조 및 제15조의 11 신설)
 • M&A 및 주식교환 특례의 적용 범위를 비상장·벤처기업에서 코스닥상장·창업기업으로 확대함.

라. 소규모 합병제도 요건 완화(안 제15조의 9 신설)
 • 소규모 합병 활성화를 위해 존속회사의 신주발행 수(5→20%), 합병교부금 규모(2→10%) 등 인정요건을 조정함.

마. 간이 합병제도 요건 완화(안 제15조의 10 신설)
 • 존속회사의 소멸회사 주식 보유비율(90% 이상)을 발행주식 총수 기준에서 의결권 있는 주식 기준으로 완화함.

바. 벤처기업활성화위원회 개편(안 제23조)
 • 정부 주도의 벤처기업활성화위원회를 민간 중심의 벤처산업발전위원회로 개편함.

사. 유효기간 연장(안 법률 제5381호 벤처기업육성에 관한 특별조치법 중 개정법률 부칙 제2조)
 • 지속적인 벤처활성화와 시장친화적 벤처생태계 정착을 위해 법의 유효기간을 2017년 12월 31일까지로 10년간 연장함.

② 벤처기업육성에 관한 특별조치법시행령 개정(안)−2007년 1월 26일 공포, 4월 27일 시행

가. 벤처기업 확인요건 정비(안 제2조의 3 및 영 제18조의 4)
- 문화상품 제작자에 대한 벤처기업 요건 완화, 벤처투자기관의 범위 확대
- 연구개발 벤처기업의 유효기관 확대
  − 벤처투자기업, 기술평가보증대출기업 확인일부터 1년
  − 연구개발업, 확인일부터 2년

나. 한국벤처투자조합의 규정정비(영 제3조의 6, 제3조의 8 및 영 제3조의 9)
- 벤처투자조합 조합원 수 기준 하향조정(99인 → 49인)
- 모태펀드 투자관리기관 등에 대한 규제완화

다. 신기술창업 전문회사(영 제4조의 2 내지 제4조의 4)
- 전문회사 설립 허용 기관, 전문회사의 설립·등록 절차 및 보유 요건
- 전문회사의 행위 제한 및 수익금 사용범위 제한

라. 신기술창업 집적지역(영 제11조의 4 내지 제11조의 7)
- 집적지역 개발계획에 포함되어야 할 사항, 지정제외 지역 및 허용되는 공장 범주, 국공유 재산의 임대료 및 임대기간 등 규정

마. 기타 사항(영 제11조의 10 및 제14조)은 주식기준으로 완화함
- 실험실 공장 운영 관련 규정 추가
- 벤처집적시설 내 설치 가능 공장의 범위(도시형 공장 중 비공해형 공장)

출처 : 중소기업청

벤처기업육성과 관련하여 Inno-Biz 인증이 새롭게 도입되었다. Inno-Biz 인증은 기술경쟁력과 미래 성장가능성을 갖춘 중소기업을 기술혁신형 중소기업으로 선정하여 자금, 판로 등을 연계 지원함으로써 국제 경쟁력이 있는 우수기업으로 육성하는 것이다. 대상은 설립 후 3년 이상인 중소기업으로서 제조, 소프트웨어, 바이오, 환경, 엔지니어링, 디자인업을 영위하는 중소기업으로서 기술혁신시스템 평가(1000점 만점)에서 700점 이상이고, 개별기술 수준평가 B등급 이상인 기업이다. 개별기술 등급의 종류는 AAA AA A BBB BB B CCC CC C D이다. 요건이 갖추어진 기업은 벤처기업의 확인을 위해 중소기업청이 정한 다음의 단계를 수행해야 한다.

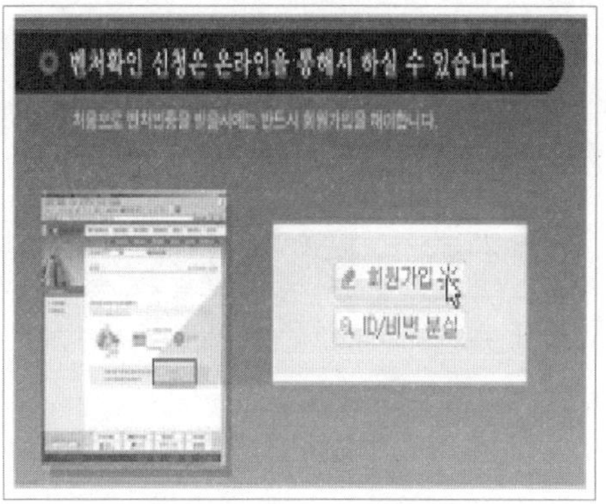

(1) 온라인 벤처확인 신청을 위한 회원가입

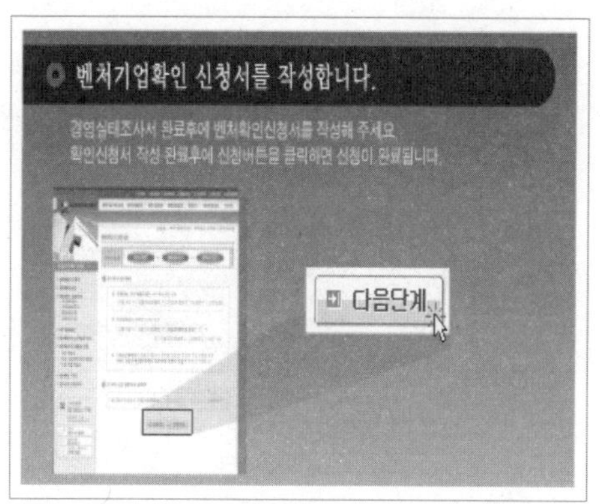

(2) 벤처기업확인 신청서 작성

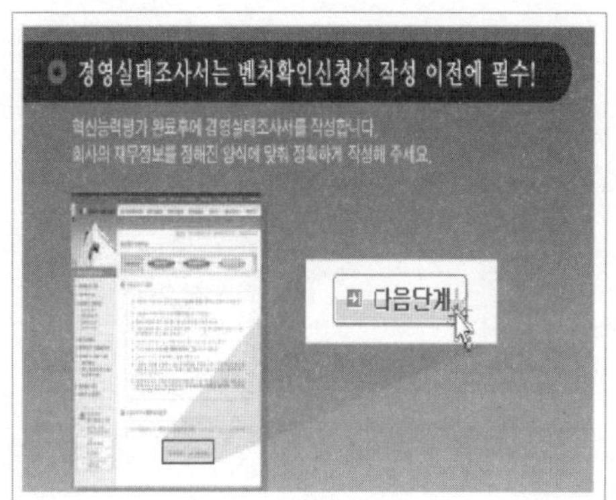

(3) 경영실태조사서 작성

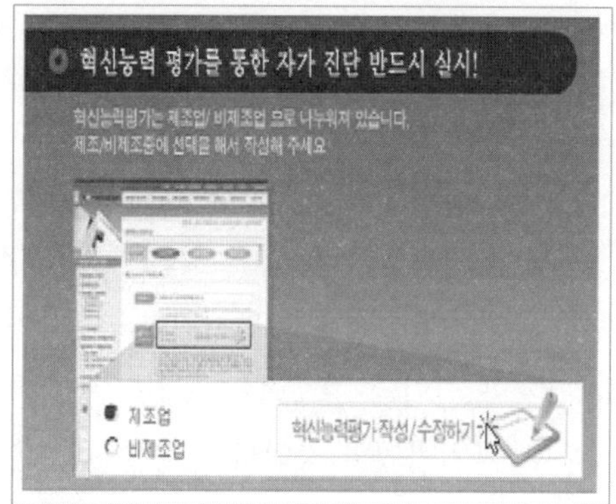

(4) 혁신능력 평가의 자가 진단

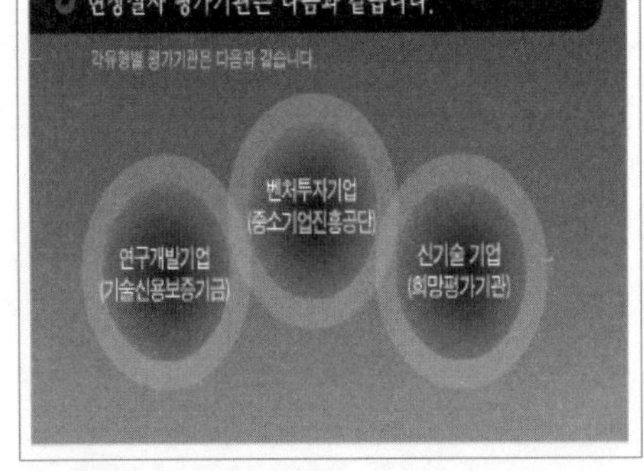

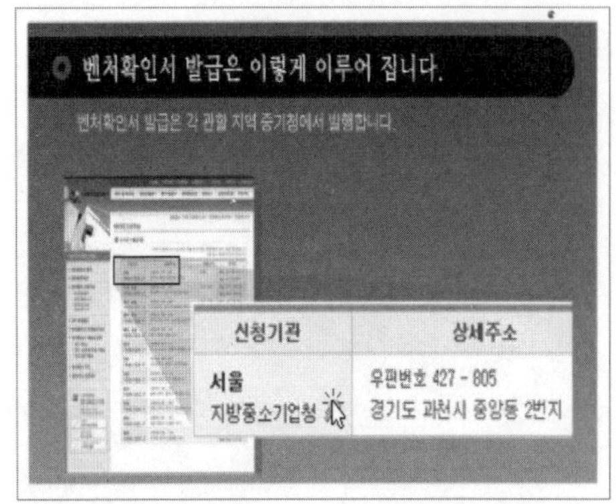

| (5) 현장실사 평가기관 소개 | (6) 벤처확인서 발급 |

출처 : 중소기업청

(2) 벤처기업의 역할

벤처기업의 역할은 다음과 같이 요약할 수 있다.

첫째, 벤처기업의 창업과 시장진입은 시장의 집중을 완화시키고 시장구조를 경쟁적으로 민들어 시장의 효율성을 증진시킨다. 이는 벤처기업의 시장진입과 비효율적인 한계기업의 퇴출을 가져와 산업의 경쟁력을 높인다는 의미이다.

둘째, 벤처기업의 창업과 성장은 새로운 고용을 창출한다. 신생벤처기업은 도태와 재창업을 시도하는 역동적 과정을 거치게 되며, 신생기업의 출현으로 기존의 한계기업의 도태에 따른 고용기회의 상실 및 대체되는 직업이 있기 마련이다. 따라서 벤처기업이 고용을 창출하고 있다는 것은 초기의 위험을 극복하고 살아남은 벤처기업에 의해 창출되는 고용이 대체되는 고용 그 이상임을 의미한다.

셋째, 새로운 기술개발과 아이디어를 통해 창업되는 벤처기업은 산업의 구조조정을 촉진한다. 이는 첨단산업 및 e비즈니스에서 벤처기업의 창업률이 다른 산업에 비해 훨씬 높다고 볼 수 있다. 일반적으로 첨단산업에서의 기업의 업력이 짧고, 중소벤처기업의 기술혁신 건수가 대기업에 비해 상대적으로 높으며, 소규모기업은 대기업에 비해 상대적으로 위험도가 높고 혁신적인 기술에 투자를 하게 되기 때문이다.

넷째, 벤처기업은 기술혁신에 도전하는 성향이 높아 새로운 기술의 개발과 확산에 중요한 역할을 한다. 벤처기업은 기술혁신에 도전하는 기업이 많으며 중소 벤처기업의 경우에는 기술개발 형태가 대학 및 연구소와 협동개발의 결과를 연구개발의 투입에 이용하는 경우가 많기 때문에 기술이 사회적 확산에 기여하는 부분이 큰 것으로 나타나고 있다. 일반적으로 산업클러스트를 형성하여 대학 및 연구소와 연구 활동에 대한 정보 및 인적교류가 많은 협동연구의 비중이 큰 것이 특징이다.

(3) 벤처기업의 생태계 분석 – 벤처기업가의 자세, 정부 정책 및 지원

❶ 국내 벤처기업의 생태계 특성

국내 초기 벤처기업의 특성은 테헤란 벨리, 대덕 벨리 등 특정지역에 집적하여 하나의 생태계를 형성하는 것이다. 이러한 클러스터는 벤처 캐피탈 및 엔젤과의 연계, 상호기업 간의 상생적 이득을 위한 개방적 경영, 전략적 제휴 등을 통해 업계 전체로 생태계를 형성하는 것이 특징이다. 이는 일개 벤처기업이 개별적으로 존재하기보다는 생태계를 형성하게 되면 유연하면서도 강한 경쟁력을 가질 수 있기 때문이다.

벤처기업이 기술혁신의 결과를 가치로 연결시키는 가치창출자의 역할을 한다면 벤처생태계는 벤처기업에 영양분을 공급하여 벤처기업이 기대하는 역할을 감당할 수 있도록 한다.

생태계(ecosystem)라는 말은 유기체가 생존하기 위해 환경과 상호작용하는 공간을 의미한다. 벤처생태계는 벤처기업과 벤처기업을 둘러싸고 있는 인프라(벤처관련 법과 제도, 입지조건 등의 호혜성)의 상호작용이 이루어지는 공간이라고 말할 수 있다. 즉 벤처기업, 벤처 캐피탈, 회수시장(KOSDAQ, M&A, 퇴장) 등의 기능이 복합적으로 이루어지는 공간인 것이다.

벤처생태계의 구조는 다음의 그림으로 설명될 수 있다.

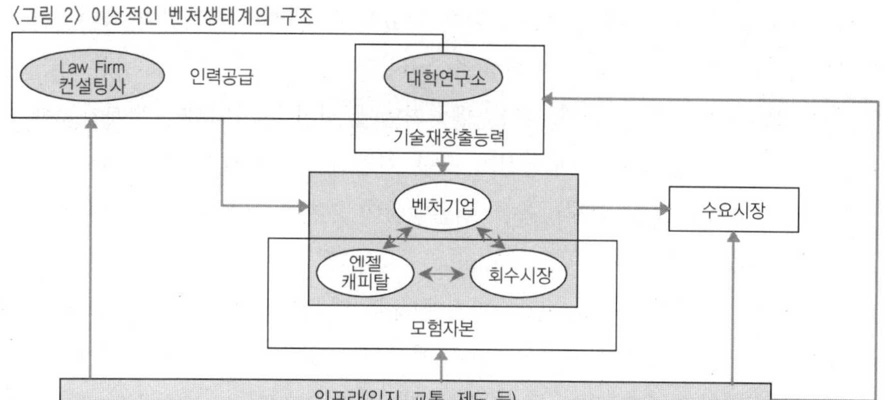

출처 : 삼성경제연구소(2000), 벤처생태계

<그림 2>에서와 같이 이상적인 벤처생태계의 모습은 벤처기업－벤처 캐피탈－코스닥 등이 상호작용하면서 같이 발전하는 것으로, 생태계 전체의 구성원들이 서로 경쟁, 협력하고 환경의 도전에 반응하는 과정에서 이루어지는 것이다. 이는 고립되고 폐쇄된 생태계보다는 개방적인 생태계가 환경변화에 대한 적응력이 강하기 때문이고, 개방된 시장에서의 자유경쟁이 벤처기업의 자생력과 경쟁력을 높이며, 자기방어능력이 상승되기 때문이다.

따라서 벤처생태계 내의 구성 요소인 벤처기업－벤처 캐피탈－코스닥은 정보 공개와 투명성 제고로 상호신뢰를 구축하고, 역할분담과 협력을 통한 네트워크를 강화시켜야 할 것이다.

① 벤처생태계가 구성되는 데 윤활유와 같은 역할을 하는 벤처 캐피탈의 국내 자본시장에서의 역할을 살펴보면 다음과 같이 이해될 수 있다.

벤처 캐피탈을 정의하면 창업기업 또는 벤처기업에 직접 투자되거나 투자가능한 자금을 뜻하는 것으로서, 기술집약적이며 모험심이 강한 기업인이나 벤처기업이 가지는 약점 중의 하나인 취약한 자본력을 보완하면서, 높은 위험부담이 있지만 높은 수익을 기대하고 투자되는 자금을 의미한다.

국내 벤처 캐피탈은 기업의 성장속도의 관점에서 볼 때 '초기 단계 기업'에서의 투자비중이 상당히 높다. 벤처 캐피탈협회가 발간한 '2006 벤처 캐피탈 연감'에 따르면 지난해 창업 3년 이내의 초기 단계 기업에 대한 벤처 캐피탈의 투자비중은 2004년 28.7%에서 2005년 20.9%로 감소하였고, 업력 7년 이상의 후기벤처의 경우는 2005년도 21.7%로 증가하는 양상을 보였다.

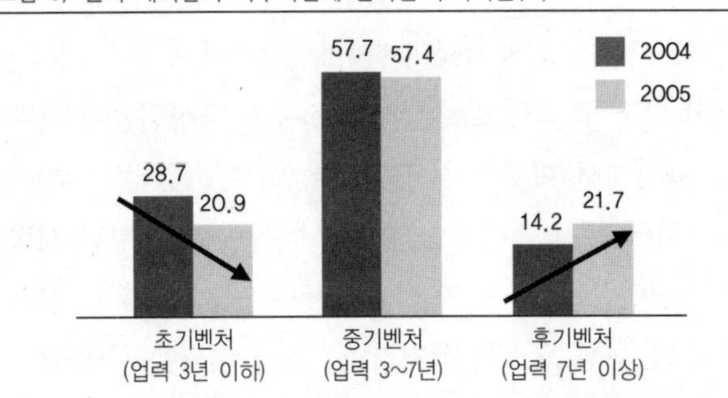

〈그림 3〉 벤처 캐피탈의 피투자업체 업력별 투자비율(%)

국내 벤처 캐피탈은 높은 위험성을 갖고 장기간 투자해야 하는 부담을 갖고 있다. 하지만 투자기업이 기업공개에 성공하면 대박을 노릴 수 있다는 점, 초기 단계에 투자할 경우 싼 가격으로 지분을 매입할 수 있다는 점 등을 이유로 초기 투자에 집중해 왔다. 벤처기업의 버블이 있었던 1999~2000년 당시에는 신생기업 투자비율이 60%에 이르기도 했으며 투자 이후에 경영까지 참여하는 사례는 거의 없었다. 하지만 2005년 창업투자사의 경영참여 투자가 허용되면서, 2006년도부터 경영참여 목적의 투자조합이 속속 생겨나고 있다.

LG 벤처투자는 반도체 신생 기업의 지분 50% 이상을 취득하면서 경영권을 확보하기도 했고, 투자와 경영의 조합이 벤처 캐피탈 업계의 새로운 트렌드로 부각되기도 했다.

기업공개를 투자의 최대 목적으로 삼았던 인식도 바뀌고 있다. 특히 상장 후 주가가 공모가를 밑도는 기업이 늘어나면서 상장은 곧 대박이라는 공식도 깨지고 있다.

실제로 2006년도 상반기 코스닥 시장 새내기 19개 종목 중 18개 종목의 주가가 공모가 밑이었기 때문에 최근에는 기업공개보다는 기업 가치를 올려 M&A를 통해 수익을 회수하는 실리콘 밸리식 투자가 주목받고 있다.

이는 "IPO(기업공개)를 해야 성공이고, M&A(인수 · 합병)는 실패한 것이라는 벤처업계의 인식은 잘못된 것"이며 "벤처기업 경영자들이 초기 단계부터 벤처 캐피탈의 투자를 유치해 IPO, M&A 등 다양한 형태로 회사의 성장을 모색할 수 있도록 인식을 바꾸고, 벤처 캐피탈 역시 단순한 자금지원 외에 투자기업의 성장을 돕는 일에 더 힘을 쏟아야 한다는 점을 의미한다.

코스닥 시장은 증권거래법 제172조 규정에 의해 증권업협회가 운영하는 제2의 증권시장으로서 비상장기업 중에서 성장성과 기술력이 있는 기업을 등록하도록 하고 이들 기업이 발행

한 주식을 일정한 기준에 의해 거래하도록 개설된 시장을 의미한다. 코스닥 시장의 역할은 다음과 같다.

첫째, 자금조달의 기능이다. 증권거래소 시장에 상장하기 어려운 벤처기업, 중소기업이 발행한 주식에 환금성을 부여하여 이들 비상장 중소, 벤처기업이 신주공모를 통해 장기적으로 안정적인 자금조달의 기회를 갖도록 하는 것이다.

둘째, 자금운용시장의 기능이다. 투자자에게 기존의 증권거래소 상장주식 이외에 성장가능성이 높은 비상장 유망기업 주식을 투자할 수 있는 수단을 제공한다.

셋째, 벤처산업의 육성이다. 신생 벤처기업에 투자를 전문으로 하는 벤처 캐피탈 회사들이 협회중개시장을 통하여 투자한 자금을 회수하는 한편, 새로운 유망벤처기업을 발굴하여 지원할 자금조성의 시장을 활용하는 것이다.

② 공공기관을 포함한 정부의 역할은 기술개발 및 거래와 관련된 정책, 신용보증지원정책, 창업투자조합의 결성지원정책, 기타 마케팅, 경영, 회계, 재무 등에 관련된 정책으로 구분할 수 있다. 즉 정부는 정부의 직접적인 지원, 산하기관을 통한 지원 방식으로 벤처기업의 기술개발, 대학 및 연구소의 기술개발 성과의 벤처기업으로의 이전, 창업초기단계 벤처기업의 금융기관 대출지원을 위한 신용보증지원, 창업투자조합에 대한 예산투입과 창업투지조합의 결성유도정책 등 다양한 정책 지원을 통해 벤처산업이 활성화되도록 지원하고 있다.

③ 대학 등 연구기관 역시 기술혁신의 사업화에 있어 중요한 역할을 한다. 연구기관의 연구

성과는 기술 이전이나 산학공동개발 등의 형태로 벤처기업에 이전되며, 벤처기업은 이전받은 기술을 상업용으로 전환하여 기술을 사업화하게 된다. 벤처기업들은 이들 연구기관이 개발한 기술을 이전받거나 공동개발을 함으로써 기술개발에 소요되는 비용을 절감하고, 기술개발에 따른 위험을 최소화할 수 있게 된다. 한편 연구기관은 개발한 기술의 사업화 성공 시 일정수준의 기술료 수입을 획득하여 연구재원을 확보함으로써 연구 활동을 지속할 수 있게 된다.

④ 벤처 컨설팅 기관은 벤처기업들의 자체적인 인력 및 시스템 확보에 의해 운영하기 곤란한 부문을 지원할 수 있게 된다. 자금 관련 컨설팅 기관은 벤처기업들의 사업계획서 작성, 금융기관 등에 대한 제출서류 작성, 회사설명회의 지원 잠재투자자 발굴 및 면담지원, 자금의 종류별 장단점 분석 및 선택방안과 같은 업무를 담당하게 된다. 마케팅 컨설팅 기관은 벤처기업들의 국내외 영업을 지원하기 위해 거래처 발굴, 잠재거래처와의 면담주선, 제품소개 등의 역할을 담당해 준다. 회계 컨설팅 기관은 벤처기업들의 회계기장을 대행하며, 경영 컨설팅 기관은 기업의 경영의사결정, 경영전략에 대한 컨설팅을 제공하며, 정보화 컨설팅 기관은 벤처기업의 전산화와 관련된 서비스를 제공하게 된다.

❷ 정부 정책 및 지원

주요 선진국의 벤처산업의 특성을 살펴보면 다음과 같다. 주요 선진국의 벤처산업은 각 나라가 경험해 온 정치·경제·사회적 여건에 따라 특색 있는 발전을 하고 있다. 미국은 시장원리에 입각한 간접지원 정책을 펼치고 있는 대표적인 국가이고, 일본은 국가주도의 벤처산업

정책을 추진하는 대표적인 국가이다. 이들 국가들의 주요 벤처산업 특징은 정부지원, 기술인력, 자금시장, 벤처집적지 등의 측면에서 한국 벤처산업과 비교해 보면 더 쉽게 이해할 수 있다.

〈표 5〉 주요국의 벤처산업의 특징

	미국	영국	일본	이스라엘	한국
정부지원	간접지원 형식의 민간지원 활성화	직접 및 간접지원, 세제지원	공적자금지원 및 다양한 벤처프라자 등 여건조성에 중점을 둠	군사기술의 민간 이전 활발, 정부주도의 벤처 캐피탈 및 창업인큐베이터를 도입하여 기술 이전 강화	직접적이고 강력한 초기지원, 창업인큐베이터 활성화
기술인력	대학 및 해외 우수인력이 풍부하며 기술 이전이 활발함	캠브리지 등 우수대학에 의한 인력공급	대학인력 중심의 기술 이전 활성화	각국으로부터의 기술인력 유입, 민관협력 강화	기술 이전 미흡, 중소기업 인력난
자금시장	벤처 캐피탈 및 엔젤과 공개시장, M&A 활발	세계 2위 벤처투자규모	정부보증 등 공적지원제도, 벤처 캐피탈, 공개시장은 미흡	실리콘 밸리 내 유태계 투자자 활용, 정부 및 민간 벤처 캐피탈 활성화	공적자금지원제를 도와 엔젤 및 벤처 캐피탈 성장 중, M&A 시장 미흡
벤처 집적지	실리콘 밸리, 실리콘힐, 루트128 등	실리콘글렌, 실리콘 펜	대학중심의 산학관 복합체가 전국 산재	텔아비브	테헤란벨리, 대덕단지 등

출처 : 김병균 · 이정길(2006), 벤처산업과 벤처경영

정부가 벤처생태계를 활성화하기 위해 추진해 온 벤처정책은 다음의 특성을 갖는다.

첫째, 인위적으로 벤처기업의 기준을 정하고 이에 맞추어 벤처기업을 법적으로 지정한 다음 각종 정책적 지원에 집중하였다. 그 과정에서 부적격한 기업이 선정되는 등 문제가 발생하게 되었다. 정부의 벤처기업 정책이 광범위해짐에 따라 벤처기업과 중소기업의 차이가 불분명해짐에 따라 정책의 효율성이 낮아졌다는 문제점이 지적된다.

둘째, 벤처기업의 해외투자 유치 및 마케팅 지원, 창업보육센터 등 각종 정책들이 여러 부처에서 비슷한 형태로 중복 진행되는 경우가 많아 혼란을 가중시켰다. 벤처기업의 대표적인 지원 정책의 하나인 창업보육센터의 경우 전문경영인의 부족과 과잉 지정 및 중복으로 인해 낮은 효율성이 문제가 되고 있다. 국내 창업보육센터의 현황을 살펴보면 외환위기 직후 그 수가 늘기 시작하여 벤처 붐이 일었던 1999~2000년에 급증하다가 이후 설립 수가 둔화되기 시작하였다. 그러나 전국적으로 과다하게 지정되었고, 유사한 사업이 중소기업청, 정보통신부, 산업자원부 등에 의해 동시에 추진되고 있어 운영의 효율성과 효과가 떨어지고 있는 상황이다. 또한 국내 창업보육센터 매니저의 역할은 주요 업무인 벤처 캐피탈의 연결, 종합 경영지원 등의 역할을 충실히 해내지 못하고 있다.

〈표 6〉 국내 창업보육센터의 현황(2005년 기준)

소관	구분	현황	입주 업체 수
중소기업청	창업보육센터	291	3,972
산업자원부	테크노파크	14	340
정보통신부	S/W 기술센터	35	433
과학기술부	신기술창업보육센터	1	90
문화관광부	문화산업지원센터	10	300
	계	351	5,135

출처 : 중소기업 관련 통계(2005), 중소기업청

이에 반해 미국의 창업보육센터는 경영지도(97%), 재무회계지원(65%), 기술상담(50%) 서비스를 제공하는 등 국내 상황과 대조를 이루고 있다.

미국의 경우 벤처기업의 성장과 가치증대를 공통의 목적으로 인식하여, 벤처기업의 창업 및 운영에 관한 애로사항을 도와주고 있다. 또한 과거투자 경험에서 쌓은 인적 네트워크를 활용하여 헤드헌터의 역할을 수행하기도 하며, 인지도가 낮은 벤처기업에 특정 분야 전문가를 스카우트하거나 마케팅 노하우를 전수하여 IPO나 M&A 시 벤처기업의 가치를 극대화할 수 있는 전략을 구사하기도 한다.

셋째, 벤처정책이 개별기업의 성장 과정에 초점을 맞추어 종합적이고 연속성 있게 추진되지 않고 정책 자체에 초점이 맞추어져 일회적이고 비연속적으로 추진되고 있어 정책의 실효성이 저하되고 있다.

❸ 벤처생태계의 복원

2000년 벤처 버블의 붕괴로 인하여 창업의 위축, 기존 벤처기업의 폐업, 자금난 심화 등의 어려움이 지속되고 있으며, 신규 코스닥 벤처 기업의 숫자 역시 2001년 이후 계속 감소추세에 있었다.

이러한 어려움 속에서도 벤처기업들의 구조조정과 사업전환에 따른 수익성 개선 등의 성과로, 1999년 말 기준 코스닥 시가총액 20대 벤처기업 중에서 흑자경영을 보인 기업이 2002년 5개, 2003년 12개, 2004년 상반기 11개로 증가하는 등 벤처생태계가 다소 향상된 양상을 보이고 있다.

이러한 국내 벤처기업의 지표에도 불구하고 국내 벤처생태계가 복원되기 위해서는 중장기적 계획하에서 실력 있는 벤처기업 다수가 출현될 필요가 있다.

코스닥의 거래지수가 변화폭이 크고, 상당수의 우량 벤처기업들이 거래소로 이전하는 등

벤처버블이 꺼짐에 따른 요인이 아직 많이 남아 있다.

최근 들어 벤처기업들의 실적 호전과 같은 긍정적인 싸인 등의 정상화되어 가는 과정이나, 실력 있는 신규 벤처의 등장이나, IPO 시장으로의 자금 유입 등이 활발하지 않음에 따라서 기술역량의 강화 및 벤처금융의 정상화 등의 기초 여건이 갖추어졌을 때만이 미국의 실리콘밸리와 같은 활성화된 생태계가 이루어질 수 있을 것이다.

미국 벤처생태계의 성공 요인

미국 벤처기업의 주된 자금 조달원인 벤처 캐피탈은 신중한 투자 결정으로 대상을 선정한 후 자금을 회수하기까지 자금과 경영에 대한 광범위한 지원을 수행하고 있다.

① 엄밀한 투자의사결정

투자대상을 발굴할 때 벤처 캐피탈의 노하우와 네트워킹, 기술동향 파악 분석 등이 복합적으로 영향을 미친다. 네트워크 및 전문가를 활용하여 기업의 사업계획서를 사전 검토하여 기업을 선정하고, 평가단계인 정밀실사를 통한 면밀한 검토를 거쳐 투자 여부를 결정한다.

② 안정적 자금 지원

일단 투자가 결정되면 벤처 캐피탈은 창업자의 은행부채와 개인보증 등 일체의 채무를 해소해 주고 창업자로 하여금 유한책임만을 지도록 한다. 벤처 캐피탈은 투자의 대가로 경영권을 확보할 정도의 지분을 획득한다.

③ 사후 경영관리 지원

벤처 캐피탈리스트는 이미 여러 벤처에 대한 성공과 실패의 경험이 있어 창업자가 간과할 수 있는 경영문제에 대한 조언을 해준다. 일부의 경우 벤처 캐피탈리스트가 일정 기간 피투자기업의 CEO 등 경영진으로 직접 참여하기도 하며, 벤처 캐피탈이 가진 네트워킹을 이용해 인력 채용을 책임짐으로써 최고의 창업팀을 구성하기도 한다. 결국 각각의 관계는 신뢰 및 명성을 기반으로 이루어지며, 배임행위나 기회주의 행동에 매우 엄격한 편이다. 미국의 벤처 캐피탈리스트는 기술, 경영, 법률 등 다방면의 경험 및 전문성을 갖추었을 뿐 아니라 생태계 내에 광범위한 네트워크를 구성하고 있다. 이러한 벤처투자 활성화가 가능한 까닭은 사회적 인식 및 정부의 규제, 법률 등을 모두 포함한 기업 문화가 성숙하기 때문이다.

〈그림 4〉 벤처 캐피탈의 기술가치 평가능력 제고방안 연구

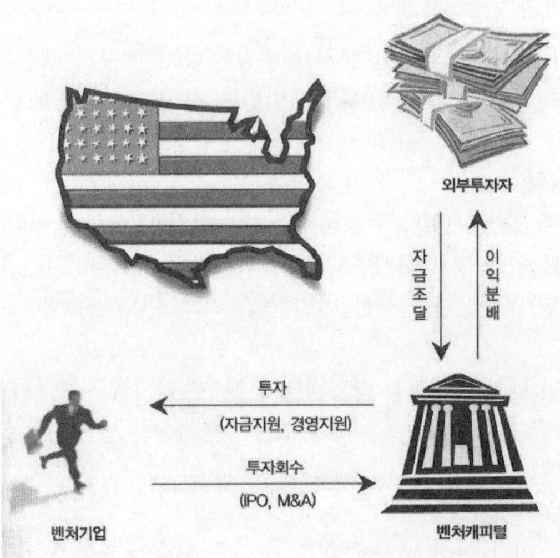

출처 : 과학기술부(2005)

벤처생태계를 복원하기 위해서는 산업클러스터의 활성화가 관건이다.

클러스터의 사전적 의미는 "유사 종류의 집단"으로 산업집적측면에서 살펴보면, "유사성과 보완성으로 연결된 기업과 기관의 집합체"이다. 클러스터는 경쟁 기업과 부품소재 등의 기업, 대학 연구기관, 법률 및 회계 등 지원기관이 특정 지역에 모여 네트워크를 구축하여 새로운 혁신을 이루는 집합체로 정의할 수 있다.

클러스터에 주목하는 이유는 지리적 근접성이 기술혁신에 중요한 도움을 준다는 인식 때문이다. 즉 기업혁신이 개별 기업의 결과가 아닌 다른 기업과의 시너지에서 이루어지면 보다 바람직한 결과를 얻는다는 점이 클러스터에 대한 높은 관심의 배경이다. 성공적인 혁신을 위해서는 다른 기업이나 기관과의 협력이 매우 중요하다. 기업 간 협력과 기업과 연구기관 등의 네트워크에 의한 협력으로, 혼자서는 생각하지 못하는 지식, 기술, 노하우를 보완하게 된다.

1990년대부터 클러스터 이론은 설득력 높은 지역혁신이론으로 부각되었는데, 그 이유는 현재의 기술개발 과정이 점점 복잡해지고 있으며, 기술혁신에 대한 자금부담과 위험이 크다는 점, 이러한 부담과 위험을 클러스터라는 연계를 통하여 공동으로 대응할 수 있다는 점에서 클러스터가 현실적인 경쟁력을 갖고 있기 때문이다.

클러스터의 유형을 살펴보면 다음과 같다.

① 위치 클러스터 : 지리적으로 기업이 집적한 단계로서 클러스터의 초창기 모습이다. 이때 집적한 기업들 사이에는 정보 교류 등이 발생하나, 기업 간 협력체계와 분업 기능까지 발생시키는 못한다.

② 시장 클러스터 : 시장이 존재하기 때문에 기업들이 모여드는 단계로 특정지역 시장을 공략하기 위한 기업들의 집적이다.

③ 분업 클러스터 : 클러스터 내에 기업 간 협력이 작동하는 단계로 각 기업의 기능 또한 역할 분업이 체계적으로 이루어진다. 클러스터 내에서 기업 간 분업이 확립되는 것은 성숙한 클러스터의 신호로도 볼 수 있다.

④ 혁신 클러스터 : 각 기업과 지역 전체의 혁신이 동태적으로 발생하는, 성숙도가 높은 클러스터이다. 유망 기술개발이 자체적으로 발생하며, 모기업으로부터 스핀오프(spin-off)에 의한 창업도 지속된다.

〈표 7〉 클러스터의 특징

단계	주요특징	효용
위치 클러스터	근접성	정보교환
시장 클러스터	시장출구	시장의 효용
분업 클러스터	기업 간 협력	전문화
혁신 클러스터	혁신	동태적 발전

출처 : 손동원(2004), 벤처진화의 법칙, 벤처기업과 벤처생태계의 공진화

클러스터는 한 지역에서 관련 산업이나 지원 산업의 동반적 발전에도 공헌하는데, 실리콘 밸리가 핵심 첨단 기술 산업단지로 부각된 것도 이 지역에 반도체, 네트워크 장비, 소프트웨어, 컴퓨터 등의 상호연관성이 높은 산업이 모여서 발달했기 때문이다.

실리콘 밸리를 지향하며 정부가 정책적으로 육성한 것이 혁신 클러스터의 형태로 나타났

다. 혁신 클러스터는 대기업과 하청업체 위주로 이루어졌던 기존 산업 클러스터의 한계를 극복하기 위한 하나의 새로운 대안으로서 기존 구성 주체 등 이외에 대학, 공공연구기관, 컨설팅회사, 지식집약 서비스 회사, 브로커 등 지식 취급 조직까지 포함하는 광범위한 개념의 혁신 네트워크를 의미한다.

〈그림 5〉 혁신클러스터의 구성 요소

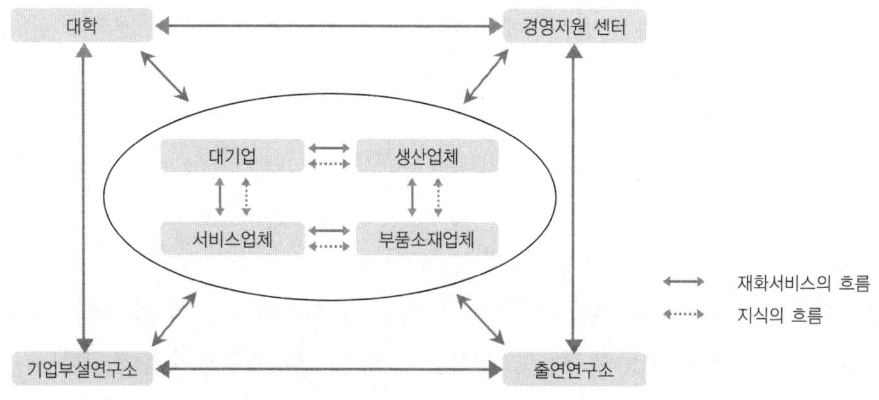

출처 : IBM(2007), IBM 한국보고서

혁신 클러스터라고 모두 동일하지는 않다. 국가별로 다양한 유형이 존재하는데, 현존하는 혁신 클러스터를 보면 국가의 산업발전 정도, 주력산업의 특성, 산업발전 경로 등 환경의 차이에 의해 다음의 4가지 유형으로 구분할 수 있다.

① 대학 및 연구기관 주도형 : 이 유형은 미국, 영국 등의 과학산업단지 유형으로 대학 또는 연구기관이 주도하고 그 주변에 첨단 벤처기업들이 집적한 유형이다.

② 대기업 주도형 : 이 유형은 일본, 북유럽, 중국 등과 같이 대기업이 경제성장을 이끄는 국가에서 발달한 클러스터 유형이다. 스웨덴의 시스타 클러스터가 에릭슨이라는 대기업을 중심으로, 핀란드의 울루 클러스터가 노키아를 중심으로 구축된 것이 그 예이다.

③ 창업벤처 주도형 : 미국, 영국, 이스라엘 등 창업문화가 발달한 국가에서, 대학 및 연구소에서 스핀오프하여 창업한 벤처들이 주축이 되어 클러스터를 형성한 경우로 실리콘 밸리가 대표적이다.

④ 지역 특화형 : 이탈리아, 스위스, 프랑스 등 장인정신으로 전문화 기술을 축적해 온 국가에서 주로 나타나는 유형이다.

혁신 클러스터의 특징은 부가가치를 창출하는 가치사슬에서 기업과 소비자, 지식제공 기관 등의 활발한 네트워킹을 통한 지식창출의 극대화 및 확산이다. 또한 협력과 신뢰를 바탕으로 지식이 활발히 교류됨으로써 혁신성, 생산성, 고용 성장률, 창업률이 높게 나타난다. 혁신클러스터의 특징은 다음과 같이 간단히 요약될 수 있다.

① 기술개발의 촉진 : 산학연 공동연구, 연구시설의 공동 활용, 연구 인력의 원활한 공급 등을 통해 신기술 개발비용을 절감하고 기술개발을 촉진한다.

② 대학교육의 활성화 : 대학 교수의 연구능력 향상, 졸업생의 취업 증대, 대학재정의 확충,

지역사회에서의 기여 등이 가능해진다.

③ 국제화 : 외국의 우수한 기업을 유치함으로써 이들을 통해 기술습득의 기회를 창출하고 국제적인 기술시장을 형성한다.

④ 지역산업의 활성화 : 첨단기술 산업을 유치하고, 단지 인근에도 첨단산업 클러스터를 촉진함으로써 지역산업의 구조 고도화를 도모한다.

⑤ 고용의 창출 : 단지의 운영, 외부기업의 유치, 신생기업의 창업 등을 통해 고용창출의 효과가 증대된다.

⑥ 벤처 창업의 확대 : 신기술의 실용화 단계에서 필요한 각종 서비스를 제공하고, 기술의 거래와 이전을 활성화하여 벤처 창업을 촉진한다.

성공 사례

■ 일본 도요타 자동차 클러스터

1938년 도요타 자동차가 도요타 시에 본사와 공장을 건설하면서 클러스터를 형성하기 시작했고, 덕분에 도요타 시를 포함하는 인근 아이치현은 완성차 조립업체, 전문부품업체 및 관련 연구소가 밀집한 일본 최대의 자동차 산업 집적지의 형태를 구성하였다. 대기업이 주도하여 발전한 도요타 클러스터는 성장하여 2000년 수송기계 산업이 아이치현 제조업 수출액의 45.2%를 차지하고, 고용의 24.5%를 담당하였다.

도요타 클러스터의 구성은 도요타 공업대학을 포함한 45개 대학과 9개의 대학 공동이용 부속기관, 부속연구소, 30개의 공적시험 연구기관, 9개의 연구교류시설 등이 있다. 물류기업과 정보제공서비스 기업, 기술 이전, 인재육성기관, 기술지원단체, 공적 산업관련 정보서비스 기관 등도 위치해 있다. 도요타 클러스터의 성공 요인은 부품업체와의 강력한 네트워크를 꼽을 수 있다. OMCD(Operation

Management Consulting Devision)의 네트워크를 통해 협력업체와의 지식 이전 컨설팅, 각종 협력회, 부품업체 간 연구회, 인력 교류 등으로 새로운 지식을 창출하고 있다.

국내의 신규 혁신 클러스터 조성사업은 단지별 특성과 기업의 혁신역량 수준을 고려하여 단지별로 차별화된 발전비전과 전략을 수립하여 사업을 추진하고 있다.

한국의 혁신 클러스터의 문제점으로는 아직 도입 초기라 성공과 실패를 명확히 단정하기는 어렵지만, 활성화가 부족한 원인을 규명하고자 한다.

첫째, 정부주도의 정책으로 시장의 요구 반영 미흡

정부가 혁신클러스터의 전체적인 방향과 틀을 잡고 기업, 연구소, 지방정부가 세부과제를 수행하는 형태로 진행되어 시장의 수요를 충분히 반영하지 못하고 변화하는 환경에도 유연하게 대응하지 못하고 있다.

둘째, 정부 부처 간 협력 메커니즘과 실행 메커니즘의 미흡

클러스터 관련 정책이 약 70개로 각 부처별, 지역별, 혁신지원 사업별로 분산되어 있어, 전체 클러스터의 정책이 효과적으로 통합, 조정되지 못하고 있다. 그에 따른 전문 인력, 예산의 적절한 배분, 사업실행상의 진단 프로세스, 성과 평가 체계 등이 아직 미흡하다.

셋째, 지방자치단체의 추진 역량 결여

지방자치단체는 1960년 이래 중앙정부의 주도하에 수행된 산업 클러스터 정책을 수행하는 역할만 해왔기 때문에 지역대학, 연구소, 기업 등과 연계하여 혁신클러스터 정책을 기획 입안

하는 역량이 부족하다.

넷째, 지방의 인프라 부족

우수인재를 공급하고 연구 기능을 통해 지식을 생성하고 확산해야 할 지역 대학과 정부 출연연구소 등 기반 인프라가 취약하여 대기업 유인에 어려움이 있다.

다섯째, 지식 및 협력 네트워크의 부족

혁신 클러스터 내 기업들이 마케팅, 기술지식 등 창업 및 경영에 필요한 지식이 부족하고 외부 지원 역시 부족하다. 또한 클러스터 내 대기업, 중소벤처기업, 연구소 간의 협력 네트워크가 미약하여 집적효과를 직접적으로 누리지 못하고 있다.

〈표 8〉 신규 혁신클러스터 조성사업

산업자원부	과학기술부	재정경제부	정보통신부	문화관광부
• 지역기술혁신센터(TIC), 지역디자인센터(RDC), 신기술창업보육사업(TBI) • 한국형 혁신클러스 모델개발과 권역별 클러스터 연계를 통한 광대역 클러스터 사업 추진	• 기술혁신에 주안점을 둔 지역혁신클러스터를 추진. • 대덕, 광주, 전북 등 지방과학연구단지의 지원 • 대덕연구개발 특구 지정	• 이천, 부산, 광양만 3개 지역을 국제적인 혁신 거점으로 육성하기 위해 경제자유구역으로 지정함	• 2002년부터 추진해 온 지역 소프트타운 사업과 함께 지방 IT 산업 클러스터 조성 추진	• 부천, 춘천, 대전, 청주, 광주, 전주, 대구, 부산, 제주, 광명 등 10개 지역에 2000~2010년에 걸쳐 문화클러스터 추진

출처 : IBM(2007), IBM 한국보고서

(4) 벤처기업의 성공에 필요한 자원과 역량

❶ 벤처기업 조직의 특성

벤처기업 구성원들은 자율성에 대한 강력한 요구를 가지며 업무가 단기 프로젝트 속성을 갖기 때문에 적극적이고 자발적인 참여가 중요하다. 따라서 이를 동기화하기 위해 권한이양을 통한 자율성을 확대함으로써 능력을 임파워시키는 것이 중요함을 알 수 있다.

벤처기업 구성원의 특성과 함께 벤처기업의 조직을 분석한 James(1998)는 벤처기업은 발전 단계를 거치는 과정이기 때문에 정형화되지 않는 조직 문화적 특징을 보임에 따라, 정형화되지 못한 벤처기업의 조직은 기업조직의 불확실성, 구성원들의 전문가적 특성, 열악한 인적·물적 자원의 요소와 밀접한 관련이 있는 것으로 해석하였다.

벤처기업의 조직은 여러 가지 점에서 기존 기업과 차이가 난다. 이러한 차이는 근본적으로 벤처기업과 일반기업이 추구하는 목표 시장의 차이, 투입되는 인적 물적 자원의 질과 양의 차이에서 비롯된다.

대기업은 규모의 경제를 통해 막대한 양의 인적 물적 요소들을 일정 분야에 투입하여 시장 지배력을 강화시키기 때문에 비교적 안정된 시장에서 일정한 매출을 달성하고, 중소기업은 그러한 대기업의 하청 역할을 맡기 때문에 대기업의 시장 지배력에 따라 벤처기업보다는 상대적인 안정성을 띠게 된다. 하지만 벤처기업은 대기업과 중소기업이 간과한 틈새시장(Niche Market)을 목표로 해야 하기 때문에 다른 형태의 기업보다 생존의 불확실성이 훨씬 클 수밖에 없다. 이러한 불확실성은 벤처조직 전반에 그 나름의 조직특성을 부여하는 요소가 된다.

그래서 벤처기업은 일반기업의 프로젝트팀과 유사한 특성을 갖게 된다. Lamontagne(1972)는 연구개발팀이 다른 조직과 다른 이유를 '연구 성과의 불확실성', '과학자들이나 공학자들이 갖는 독특한 기대', '가치와 동기', '연구결과나 영향측정의 어려움' 등으로 들고 있다. 특히 연구개발조직은 프로젝트의 지속기간이나 예산 및 결과 등 시종일관 불확실성으로 가득 차 있다고 주장하고 있다.

이처럼 연구개발팀의 경우, 프로젝트 성공의 불확실성, 성과나 영향 측정의 어려움, 과학자나 공학자가 갖는 특성으로 인해 조직의 안정적 특성을 갖기가 매우 어렵다. 그런데 이러한 연구개발팀의 특성이 벤처기업 조직의 경우에는 일반기업의 연구개발팀보다 훨씬 크다. 일반기업에서의 프로젝트팀에서 일정한 프로젝트의 실패는 단순히 팀의 해체로 끝이 나지만, 벤처기업의 경우, 하나의 프로젝트의 실패는 곧 그 기업의 생존과 직결되기 때문에 불확실성의 정도는 훨씬 클 수밖에 없다. 그리고 벤처기업의 경우 구성원들은 수직적 조직패턴에서 일정한 성과에 만족하는 집단이 아니라, 대부분 자기 분야에 자부심이 대단하며, 자기 능력에 맞는 성과와 그에 상응하는 보상을 원하며, 자신의 일을 즐기는 사람들의 집단이기 때문에 조직의 안정성은 상대적으로 떨어지기 쉽다. 이처럼 벤처조직은 불확실성, 불안정성이 일반적으로 지배적인 분위기이지만, 어떤 방식의 리더십과 조직문화가 형성되느냐에 따라 그러한 특징들은 오히려 조직의 동력과 혁신적 분위기를 제고시키는 바탕으로 작용할 수 있다.

벤처기업의 핵심적 역량 자체가 자본보다는 기술과 지식을 창출하는 인력에 기반하고 있기 때문에 벤처기업 구성원들의 전문가주의적 특성은 연구개발팀보다 훨씬 두드러진다고 할 수 있다. 따라서 벤처기업에서는 구성원들의 의사를 존중하는 자율경영이 더욱 크게 요구된다고 할 수 있다. 그리고 벤처기업이 열악한 인적 물적 자원으로부터 출발한다는 사실이 또한 벤처조직의 특성을 부여하는 요소로 작용한다. 그래서 창의적이고 도전적인 사람들이 벤처기업의 가장 중요한 자산이 되기 때문에, 이러한 인적자원을 확보하고 유지하며 동기를 유발시켜 역량을 최대한 발휘할 수 있도록 하는 것이 벤처경영의 요체라고 할 수 있다.

James(1998)는 실리콘 밸리의 벤처기업 CEO들을 대상으로 심층면접을 실시한 뒤, 실리콘 밸리의 기업문화와 전통적인 기업문화의 차이를 다음과 같이 8가지로 정리했다.

〈표 9〉 전통적 기업문화와 실리콘 밸리의 기업문화의 차이

구분	전통적 기업문화	실리콘 밸리의 기업문화
조직 환경	시장 내에서 회사 간의 갈등, 회사 내에서 부서 간의 갈등, 부서 내에서 개인 간의 갈등, 소비자와 판매자 간의 갈등으로 구성. 상부의 명령에 따라 조직원들이 움직이고 소비자를 점령해야 하는 전쟁터.	시장의 적소를 이용하기 위해 형성된 생태계로서 새로운 시장조건을 받아들이고 상이한 배경을 지닌 사람들을 고용, 승진시키며 다른 회사와의 파트너십 형성에 집중.
기업에 대한 인식	조직구성원들로 구성된 기계.	조직의 상위목적과 관련되는 개인적 희망과 꿈을 지닌 사람들의 공동체.
경영의 의미	직원들의 행동을 통제하여, 지원들을 경영자 요구대로 정확하게 따르도록 함으로써 갈등적 권력구조를 생산하고, 새로운 조건에 적응할 수 없는 조직을 만들어냄.	직원들 자신이 자신의 직무 완수를 위한 자원을 획득하고 방향을 설정하게 하고, 조직의 운영이 아니라 조직원 스스로 하도록 유도하며, 그 결과 의사결정이 해당 분야에서 발생하고 각 팀들은 그들 자신의 규칙과 방향을 스스로 만들어 내게 함.
구성원에 대한 경영진의 생각	미성숙하고 권한을 부여할 수 없으며, 신뢰할 수 없는 존재.	모든 직원들이 지위에 관계없이 존중되어 모든 수준에서 직원들이 그들 자신의 방향에 대한 책임을 짐.

구분	전통적 기업문화	실리콘 밸리의 기업문화
직원들의 동기화 방법과 그 결과	두려움을 통한 동기화 : 해고가 두려워서 일하게 되며 그 결과 일 자체가 부정적 경험이 됨.	비전을 통한 동기화 : 자신의 목표, 그 목표달성 시 보상에 대해 알게 함.
조직 변화에 대한 견해	복잡하고 어려우며, 회사가 절망적일 때 감행하는 것.	새로운 시장조건에 적응하고 새로운 수준으로 성장하는 과정.
사내 정보화에 대한 관점	경영자의 통제력을 강화하는 방법.	반복적이고 지루한 일을 자동화하여 직원들이 창의적인 일에 몰입하고 관계 형성 시간을 부여하며 학습과 효과적 협력을 위한 수단.
일 자체에 대한 관점	일상과 동떨어진 의무.	일은 즐길 수 있는 것, 직장은 즐거운 곳.

출처 : 송상호(2000), 벤처기업의 성공적인 인적자원관리모형에 관한 탐색적 연구, 한국인사조직학회 추계 학술연구 발표논문집

2004년도 국내 벤처기업의 창업자는 공학을 전공한 30대의 일반 기업체 출신이 주류를 이루고 있다. 이러한 추세는 전체적으로 30대와 40대가 전체의 80% 이상을 차지하고 있으며 전체적으로 고학력의 공학 전공자가 벤처창업의 주축을 형성하고 있는 것으로 나타났다.

벤처기업의 성장단계별 분포를 살펴보면, 창업기 9.8%, 초기성장기 36.4%, 고도성장기 41.3%, 성숙기 5.2%, 정체기 7.3%로 조사되었다. 이는 2004년에 창업기의 벤처기업들의 다시 증가하고 정체기의 벤처기업이 2003년에 비해 상대적으로 감소한 것은 벤처기업의 구조조정의 효과로 세대교체가 이루어진 것으로 파악된다.

벤처기업의 연구개발조직을 살펴보면(<표 10>), 기업의 부설연구소는 전체의 69.7%, R&D 전담부서는 16.5%를 보유하고 있어 벤처기업의 연구개발조직이 보다 강화된 것으로 나타났다. 벤처기업의 평균 연구개발 인력 수는 9.9명으로 2003년도에 비해 다소 증가한 수치이다.

〈표 10〉 벤처기업의 연구개발 조직

(단위 : 기업 수, %)

기업부설연구소	연구개발 전담부서	기술개발 조직 없음	계
2,098(69.7)	497(16.5)	415(13.8)	3,010(100)

출처 : 김병균 · 이정길(2006), 벤처산업과 벤처경영

〈표 11〉 벤처기업의 연구인력 현황

구분	5명 이하	6~10명	11~30명	31~50명	50명 이상	계
기업부설연구소	631 (31.5)	748 (37.2)	520 (26.0)	65 (3.2)	42 (2.1)	2,006 (100.0)
연구개발 전담부서	371 (75.4)	91 (28.5)	30 (6.1)			492 (100.0)

출처 : 김병균 · 이정길(2006), 벤처산업과 벤처경영

벤처기업이 보유한 지적재산권 보유실태를 보면, 1개 이상의 국내 특허권을 보유한 기업이 2,407개로 조사대상 기업의 52.3%이며, 국내 특허권을 보유한 기업의 평균 특허권 보유 수는 3.7개로 조사되었다. 해외 특허권을 보유한 기업은 분석기업 중 462개로 나타났다.

〈표 12〉 벤처기업의 지적재산권 보유 현황

(단위 : 기업 수, %)

구분	국내 지적재산권				해외 지적재산권
	특허권	실용신안권	의장권	상표권	
2004년 현재 보유	3.7건	5.4건	6.8건	4.8건	4.5건
2004년 출원진행 중	3.9건	2.2건	3.2건	4.0건	4.2건

출처 : 김병균 · 이정길(2006), 벤처산업과 벤처경영

한국 벤처기업들은 기술개발 의지와 특허 등록은 뛰어나지만 마케팅에 성공하지 못한다는 뼈아픈 지적이 제기됐다.

코트라(KOTRA)는 2006년 서울에서 개최한 북미 벤처 캐피탈 투자 상담회에 참가했던 미국 기관투자가 오펜하이머(Oppenheimer)사의 마크 모닝 부사장이 한국 벤처기업들의 취약성에 대해 지적한 사항을 소개했다.

모닝 부사장은 특허등록과 기술개발도 중요하지만 한 가지 제품이라도 시장에서 성공시키는 것이 더 중요하다며 미국 업체들은 한 가지 기술로 열 가지 제품을 만들어 팔 생각을 하는 반면, 한국 업체들은 열 가지 기술로 한 가지 제품도 제대로 성공시키지 못하는 것이 아니냐고 반문했다. 그는 한국 벤처기업의 조직을 보면 대부분 엔지니어 위주로 구성되어 마케팅과 영업 부서는 미미할 뿐더러 가분수 형태라서 머리만 크고 손발이 작기 때문에 실제 제품이 시장에서 성공하는 확률이 낮은 것도 당연하다고 지적했다.

모닝 부사장은 한국 벤처기업의 재무지식 부족에 대해서도 꼬집었다. 벤처투자가들은 대개 회사의 재무 상태를 나타내주는 여러 가지 '넘버'(재무 수치)를 보고 투자를 결정하게 되지만, 한국 업체들이 준비한 회사 소개 프리젠테이션 자료에서는 정작 이러한 수치를 발견하기 어려웠다고 강조했다. 그는 미국 벤처 모험기업들에 보편화되어 있는 재무 지표 중 하나인 '자본 소진율'(Burn Rate)을 이해하는 업체는 하나도 없었다고 말했다.

모닝 부사장은 대개 벤처투자가는 벤처기업과 한 시간 만날 경우 10분간 회사소개를 듣고, 20분간 재무상태에 대해 질문하며, 나머지 30분은 브레인스토밍을 하게 되는데 한국 업체들로부터는 20분간 재무상태를 질문하는 동안 충실한 답변을 듣기 어려웠다고 지적했다. 또 한국 업체들이 중요한 계약체결에 실패한 경우에도 기존의 고용 인력을 그대로 유지하는 것이 외국인 투자가로서는 납득하기 어렵다면서 고용 경직성을 인정하더라도 아무 조치 없이 계속 현금 소진율(Cash Burn Rate)을 유지하는 것은 결코 바람직한 일이 아니라고 못 박았다.

그는 대부분의 한국 업체들이 영문 자사소개나 프리젠테이션 준비 등에 있어서 만족할 만한 수준이었지만 정작 프리젠테이션을 마치고 재무정보에 대한 질문을 받으면 당황하는 모습이 역력했다면서 벤처 투자가들이 무슨 질문을 할 것인지에 대해 철저히 준비하지 않은 느낌을 받았다고 말했다.

그는 벤처 캐피탈 투자유치 10계명으로 다음을 제시하였다.

- 넘버(재무 수치)를 제시하라.
- 마케팅 인력을 보강하라.
- 수치로 회사를 경영하라(재무 관리에 보다 많은 관심을 가져라).
- 회계감사를 마친 공신력 있는 데이터를 제시하라.
- 투자가들의 예상 질의를 숙지하라.
- 해외 펀드를 찾는 이유를 명확히 설명하라.
- 한 번에 한 제품씩 시장에서 성공시켜라.
- 회사가 어려우면 자본 소진율(Burn Rate)을 감소시켜라.
- 투자가를 만날 때는 책임자급을 파견하라.
- 기술보다 경영을 보여줘라.

❷ 벤처기업의 성장단계와 성공적인 벤처기업의 특징

　벤처기업의 수명주기는 두 개 이상의 기업이 합병을 통해 하나로 되기도 하고, 완전히 다른 사업영역을 추가하여 실질적으로 다른 기업이 되기도 하기 때문에 기업의 업력은 다양하다.
　일반적으로 기업의 수명인 성장단계를 성장이론의 관점에서 Timmons(1994)는 3단계인 창업기(Start-up), 성장기, 성숙기로 구분하기도 하며, 7단계인 창업준비기, 창업기, 성장초기, 가속성장기, 안정성장기, 성숙기, 쇠퇴기로 구분하기도 한다.

〈표 13〉 기업성장단계의 구분 요소 및 특징

	창업기	성장기	성숙기
당면문제	시장파악, 제품개발, 자금조달	대량공급체계, 성장관리, 자금조달	제품다각화, 조직안정화
지식활동	기술개발, 시장파악 및 제품개발	보완적 기술개발, 외부조달, 경영 노하우의 습득	기술개발, 지속적 혁신체계 학습 체계 구축
문제해결방법	창업 성공, 상업화 성공	재무적 성공, 운영적 성공	조직적 성공
경영스타일	창업자 지배적, 미숙한 의사결 정체계	분권형태의 정보처리 의사결정체 계 구축	상위관리자 경영, 분산된 지배 구조
조직구조	비공식적 구조, 권력의 집중화	기능조직 중심의 공식 진행	사업부 기반구조, 매우 공식화된 체계
위험요소	제품개발 실패, 규모경제 상실	매출 증가, 체계적 관리 능력 부족	매출 점유율 저하로 주식공개 인 수 등 회수 실패

출처 : 이양현 · 심상규(2007), 기업성장단계 판별모형에 관한 연구, 중소기업학회지 29(2), 27.

　기업의 성장단계를 7단계로 구분할 경우는 다음과 같이 단계별 특징을 갖는다.

① 창업준비기

일반적으로 기업은 창업 전에 준비기를 거친다. 준비기에는 기술개발이 상당 부분 이루어지는 경우도 있고, 창업계획이 수립되거나 필요 자금을 조달하는 경우도 있다. 창업준비단계에서 기업이 필요로 하는 자금은 자기자금이거나 친척, 친구 등에 의해 조달된다.

② 창업기

창업이 이루어지면 기업은 연구개발된 기술의 사업화를 위해 자금을 지속적으로 투입하거나 완성되지 않은 기술개발의 완성에 집중하기 위해 매진하게 된다. 이 기간은 설립단계에서 조달한 자금을 계속 지출해 나가는 시기이며, 이 기간의 장단에 따라 기업은 심각한 자금부족현상에 직면하게 된다. 이 기간 동안 기업은 종업원 수도 매우 적고, 업무의 능숙도 면도 낮기 때문에 어려움을 겪게 된다. 동시에 자금에 대한 관리상의 문제를 경험하게 되기 때문에 경영자들은 제품의 상품화 기간을 최대한 단축하여 기업이 버틸 수 있는 자금을 확보할 수 있도록 보수적인 자금운용이 필요하게 된다.

③ 성장초기

제품이 출시되고 제품판매가 성공적으로 이루어지면 기업은 성장초기단계에 진입하게 된다. 이 과정에서 성공적인 판매가 이루어지지 않으면 기업은 시장에서 자동 퇴출된다. 성장초기단계의 기업은 창업초기단계의 기업보다 더 심각한 수준의 자금위기에 직면할 수 있는데, 이는 기업매출이 지속적으로 증가하면 기업은 원자재의 확보, 인력확보, 재고자산의 증가와 같은 경상비용이 증가하게 되고, 매출액의 회수는 결제조건에 따라 지연되는 경우가 많아 기업의 운전자금의 수요가 급격히 증가하게 되기 때문이다.

④ 가속성장기

성장의 초기단계를 성공적으로 지나게 되면, 기업은 성장속도가 급격하게 빨라지고 기업의 수익성 역시 급속히 개선되는 가속성장기에 접어든다. 기업들은 통상 이 시기에 기업공개(IPO)를 검토하게 되고, 자금에 대한 책임을 지는 최고재무관리담당자(CFO)에 대한 필요를 강하게 느낀다. 이 시기는 중장기 비전을 정립하고 실행 전략을 수립해야 하는 시기로, 기업의 생명력을 결정짓는 중요한 시기이다.

⑤ 안정성장기

가속성장기가 지나면 현재의 제품과 시장 상황에서 기업의 수익성과 성장률 등이 매우 안정적인 수준으로 접어드는 안정성장기를 맞게 된다. 이 시기의 기업은 기업공개를 통해 필요한 자금을 추가로 모집하거나, 기업의 수준을 한 단계 업그레이드하기도 한다. 기업의 경영자는 시장상황, 시장규모, 시장성장성, 경쟁현황 등을 토대로 기업의 가속성장기인지 안정성장기인지를 판단하고 거기에 적합한 경영전략을 수립하도록 해야 한다.

⑥ 성숙기

기업성장의 마지막 단계는 성숙기이다. 이 단계에서 기업의 매출과 순이익은 일정수준에서 안정화된다. 기업의 현금흐름도 영업실적에 기반하여 안정적인 수준으로 정착된다. 가속성장기에 세워진 비전과 경영전략을 토대로 안정성장기와 성숙기에 기업을 한 단계 업그레이드시키지 못하면 기업은 자연적으로 도태될 수밖에 없다. 이 기간 중에 기업은 지속적으로 신규시장을 개척하고, 사업아이템을 지속적으로 개발하여 기업의 수익성과 성장성이 안정적으로 유지되도록 해야 한다.

⑦ 쇠퇴기

기업의 쇠퇴기는 어느 특정단계에 고정되어 있는 것이 아니라 창업초기나 성장초기, 가속성장기, 안정성장기 등에도 올 수 있다. 기업의 수명주기를 투자의 관점에서 살펴보았을 때 창업준비단계에서 투자자금의 원천은 자신이나 가족, 친척, 친구 등이며, 창업초기단계에서는 외국의 경우는 엔젤투자가 되고 국내의 경우는 정부의 정책자금이 대표적이다. 가속성장기에는 벤처 캐피탈 등의 자금투자를 토대로 기업의 성장이 더욱 가속화되며 은행으로부터 자금 대출이 점차 가능해진다. 안정성장기의 기업들은 코스닥이나 거래소에 상장하게 되는데, 기업들은 기업공개의 방법을 통해 소요자금을 조달하고 벤처 캐피탈이나 엔젤투자자 등이 성공적으로 자금을 회수할 수 있도록 한다.

매년 수백 개의 벤처기업들이 설립되지만, 안정적인 시장세를 확보하는 기업으로 성장하는 기업은 소수에 불과하다. 성공한 기업과 실패한 기업의 차이는 무엇인가를 규명하기 위해 성공한 벤처기업의 특징을 기술하고자 한다.

첫째, 성공적인 벤처기업들은 적극적인 인재 확보 노력을 통해 기업의 성장을 이룰 수 있었다. 여러 가지 사례에 대한 분석결과들은 인재들의 전문지식과 경험이 기업성장에 중요한 역할을 한 것으로 나타났다. 또한 성공한 벤처기업들은 변화하는 환경에 맞추어 조직을 변화시키고, 조직문화를 개방적으로 형성하며, 조직구성원들에게 지속적인 교육훈련을 시키고 유기적으로 움직일 수 있는 조직구조 구축에 힘써왔다. 그리고 의사결정이 신속하고 자율적이며 유연한 체계로 운영되는 조직문화를 갖고 있다.

둘째, 성공적인 성장을 이룩한 벤처기업의 CEO를 비롯한 리더들은 강한 성취동기와 직업적 의지를 가지고 있다. 벤처 기업가들이 흔히 빠지기 쉬운 성장수준에 만족하지 않고 다소의 위험을 감수하더라도 적극적인 해외시장으로의 진출, 또한 과감한 사업의 전환을 통해 지속적인 성장의 기틀을 마련하였다. 기업의 업력이 짧은 벤처기업의 CEO들은 대개 창업자인 경우가 많은데, 이들의 개인적인 야심은 조직의 성공과 일치하기 때문에 조직으로의 몰입도가 상당히 높은 것으로 나타났다. 열정적이고 젊으며 고학력의 창업자가 자신의 전공과 이전 직장에서의 경험을 바탕으로 창업할 때 성공의 가능성이 높으며 기업가의 도전정신, 일에 대한 열정, 명백한 비전과 목표 등은 당연히 요구되는 특성이다.

이러한 측면은 모든 기업인들에게 보편적으로 요구되는 도전정신, 분명한 비전과 목표의 설정이 필요하며, 자신이 하고자 하는 분야에 대하여 많은 지식과 기술, 경험의 보유를 강조하고 있다. 창업가의 상황판단능력이나 리더십, 조직관리능력과 혁신적인 사고와 아이디어도 창업자의 성공 요인에 포함된다. 리더십의 관점에서 볼 때, 변화와 혁신을 추구하는 리더십을 가진 경영진이 이끄는 벤처기업이 거래적인 리더십을 가진 경영자가 이끄는 벤처기업보다 성공

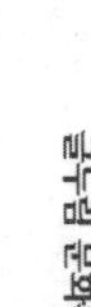

가능성이 높은 것으로 나타났다.

셋째, 성공한 기업들은 그들이 속한 산업환경의 여건이 좋은 경우가 많았다. 시기적으로 수요가 많거나 그 산업이 호황이거나 하는 것이다. 또한 국가의 전략적 육성사업분야, 첨단기술분야, 창업 초기 국내기술 취약분야, 국내시장이 비성숙단계인 경우가 많았다.

성공한 벤처기업들은 기업의 대외적 환경변화를 정확히 이해하고 있었으며, 기업환경에 맞는 제품과 전략을 사용한 점에 공통된 특징을 갖는다. 이들 벤처기업들은 불확실한 환경에서도 혁신성에 초점을 두고 제품을 개발한 기업들이었으며, 이들은 시장 기회를 탐색하기 위해 대내외 환경의 변화를 주시하였다. 이를 통해 적극적인 시장개척 및 과감한 사업의 전환을 이룰 수 있었다. 이러한 측면은 상대적으로 규모가 작고 역사가 짧은 벤처기업들이 역사가 오래된 일반 제조기업보다 환경의 변화에 신속하게 대응할 수 있는 능력을 갖고 있다는 것을 의미한다.

넷째, 성공적으로 성장한 벤처기업들은 한 분야에 대한 집중적인 연구개발을 통해 핵심역량의 개발, 그 핵심역량을 이용할 수 있는 제품 및 산업으로의 다각화를 통해 기업이 최고로 잘할 수 있는 분야에 집중하는 모습을 나타내고 있다. 상대적으로 자원이 부족한 벤처기업들은 기업 특유의 핵심역량의 개발을 하고, 이를 지속적인 경쟁우위의 원천으로 활용하기 위하여 지속적인 연구개발을 통해 성공적인 성장을 이루어냈다. 성공한 벤처기업에게 있어 기술혁신과 마케팅의 차별화 전략은 창업성공에 중요한 요소로 나타났다.

다섯째, 성공한 벤처기업들은 기업의 핵심역량을 구성하는 기술에 대하여 적극적인 투자를 이루었고, 기업의 성장을 촉진시킬 수 있는 외부기술의 도입을 통해 성장할 수 있었다. 신생

벤처기업의 경우 대부분 자금과 인력수급 등에 어려움을 겪고 있다. 그러나 성공기업들은 외부자원을 적절히 활용함으로써 기업을 성공적으로 이끌 수 있었다. 기술혁신이나 연구개발에 필요한 자원도 대부분 외부자원을 유치하여 활용하고 있었으며, 핵심기술이나 제품 등에 집중화시키는 경향을 보였다.

2. 미래 선도 산업으로서 벤처기업의 핵심역량 분석

(1) 벤처기업인의 기업가정신 재고

기업가(Entrepreneur)는 일정한 수익을 기대하면서 위험을 무릅쓰고 사업을 일으키고 경영하는 사람으로서, 기업가에게 가장 중요한 요소는 진취적인 개척자 정신이다. 즉 높은 소득을 기대하면서 위험을 무릅 쓰고 왕성한 개척정신으로 사업을 일으키고 추진해 나가는 사람이 바로 기업가이다.

<그림 6> 기업가정신의 대표적 학자들

J. A. Schumpeter

I. Kirzner

P. F. Druker

기업가정신에 대해 연구한 다양한 학자들 중 슘페터, 커즈너, 드러커의 대표적인 견해를 제시해보면 다음과 같다.

① 슘페터(Schumpeter)

슘페터는 경제변화의 원동력이 기업가임을 처음으로 구체화한 경제학자이다. 슘페터는 한 경제가 하나의 균형 상태로부터 다음의 균형 상태로 넘어가는 역동적인 변화의 실체에 대해 많은 숙고를 하였다. 슘페터는 기업가를 경제발전의 원동력이라고 주장하면서 기업가의 역할을 혁신이라 규정하고, 기업가의 과제를 낡은 것을 파괴하고 새로운 전통을 창조하는 혁신가(Innovator), 즉 창조적 파괴자(Creative Destructor)라고 규정하였다. 슘페터는 기업가를 특징짓는 가장 중요한 요소로서 창조성과 상상력을 들고 있다. 그는 기업가와 전통적인 생산자와의 차이점을 구분하면서, 전통적 생산자가 습관적인 행동으로 경제행위를 유지하는 데 비해, 창조적 기업가는 과거의 경험에 비추어 미래에 대한 예측을 가능케 하는 자로 보고 있다.

② 커즈너(Kirzner)

커즈너는 불확실한 시장 상황 속에서 기업가는 수동적, 자동적, 기계적이 아니라 능동적, 창조적, 인간적인 것으로 이해하는 데 필요한 요소를 기업가 요소로 보았으며, 기업가는 새로운 가치를 부여할 수 있는 목적과 새롭게 이용할 수 있는 자원에 대한 기민성 요소를 의사결정에서 적절하게 반영할 수 있는 자로 보았다. 슘페터가 경제현상을 기술혁신으로 해석하고 기업가의 기능을 '균형의 파괴자(Destroyer of Equilibria)'로 본 반면, 커즈너는 경제현상을 협상과 거래로 보았고, 기업가의 기능을 조정자 역할(Coordinator)로 규정하였다. 현재의 잘못된 의사결정, 놓쳐버린 기회에 반응하여 균형화의 변화를 주도하고 변화의 모든 요소를 상호 조정하는 사람을 기업가로 본 것이다.

③ 드러커(Drucker)

드러커는 최고경영자의 모델이 하나가 아닌 다양한 모델이 등장할 것으로 "Next Society"에서 언급하였다. 그는 지난 20년 동안 대기업 경영의 성공 CEO들은 모든 찬사를 독차지했다. GE의 잭 웰치, 인텔의 앤디류 그로브, 시티그룹의 샌퍼드 웨일과 같은 슈퍼맨 CEO가 각광을 받았다. 기업은 자사를 경영해 줄 슈퍼맨을 찾고만 있을 수 없다. 그리고 이러한 슈퍼맨의 공급은 예측 불가능하고 또한 매우 한정되어 있다. 오늘날 대규모 조직의 우두머리 자리는 천재가 차지해야 한다는 생각이야말로 최고경영자가 위기에 빠져있음을 여실히 증명하는 것이라 주장하였다.

이상과 같이 기업가정신(Entrepreneurship)에 관하여는 슘페터(1934)가 처음으로 정의한 이후 일반적으로 수용될 수 있는 정의는 아직 도출되지 않고 있으며, 기업 간의 단순한 열정이나 의지에서 기업가의 능력이나 산업에서의 역할 등 정의하는 입장이나 대상에 따라 매우 다양한 의미로 쓰이고 있다. 슘페터(1934)는 새로운 조직을 완전히 구성한 다음에 다른 사람들이 경영하는 방식과 같은 방법으로 경영한다면 기업가정신은 없어졌다고 주장하고 창업정신은 지속적인 혁신적이고 창조적인 파괴라고 주장하였다. 이러한 슘페터의 언급 이래로 기업가정신에 대한 학자들의 견해는 상당히 변화하여, Dollinger(1995)는 위험과 불확실성의 조건하에서 수익과 성장을 목적으로 하는 혁신적 경제조직의 창출이라고 하였으며, Hisrich와 Peters(1995)는 기업가의 심리적인 정신 상태를 말하는 것이 아닌 기업가에게 필요한 능력자체라고 하였다.

기업이나 기업가와 관련된 기업가정신에 대한 정의들을 살펴보면 기업가의 미래예측력, 혁신추구성, 자원의 생산적 조합 배분 및 할당, 이윤추구, 위험감수, 혁신적 조직창출, 새로운 가치창출, 민첩성, 기회포착능력 등을 들고 있다. 이처럼 기업가정신이란 기업가의 특성이나 능력, 기능을 추상화시킨 특성 기술이라고 할 수 있을 것이다. 하지만 기업가정신에 대한 개념들을 바탕으로 보다 구체적으로 정의하면, 기업가정신이란 '불확실한 시장 상황 속에서 현재의 상황에 대한 진단을 통해 미래를 예측하여, 위험을 감수하고 자원을 효과적으로 조합 및 배분·할당하여 기회를 포착함으로써 혁신적인 조직을 창출하고 새로운 가치를 창출하려는 의지나 행위를 총칭하는 것'이라 할 수 있다.

기업가정신의 8가지 요소를 구체적으로 살펴보면 목적지향적 기업을 설립하고 운영하는 능력, 산업환경과 상황에 알맞게 운영하는 능력, 적시적 기회를 인식하고 점검하는 능력, 지식과 기술을 축적하고 경영하는 능력, 자원동원 능력, 사업전반의 불확실성과 위험을 줄이는 능력, 새로운 경영기술과 원초성에 기여하는 능력, 네트워크를 운영하는 능력으로 볼 수 있다.

결과적으로 기업가정신이란 말을 문자 그대로 해석하면 '기업가의' '기업가적인' 정신을 의미할 것이다. '기업가 개념'의 속성들을 보면, '새로움', '진취성', '위험감수성', '혁신성', '미래예측성' 등을 들 수 있을 것이다. 그래서 이러한 특성에 따라 기업가정신은 '어떤 기업가가 사업을 할 때 위와 같은 속성에 대해 갖는 열정이나 의지'쯤으로 정의할 수 있을 것이다. 하지만 오늘날에는 기업을 대상으로 하지 않는 경우에도 기업가정신이란 용어를 쓰고 있으며, 기업가의 단순한 열정이나 의지뿐만 아니라 기업가의 능력이나 산업에서의 역할 등, 기업가정신은 정의하는 자의 입장이나 대상에 따라 매우 다양한 의미로 쓰이고 있어서, 200년 넘게 기업가정신이란 말이 사용되어 왔지만 일치된 의미를 부여하지 못하고 있다.

이상의 기업가정신에 대한 연구들을 통해 몇 가지 특징적인 구성 요소를 유추해낼 수 있다.

첫째, 혁신추구성(Innovativeness)으로 이는 슘페터(1934)가 처음 도입한 개념으로써, 혁신은 일상적인 활동에서 벗어나서 모든 물적 요소와 힘을 새로이 결합하는 신결합으로 경제주체인 기업가에 의해 수행된다고 보았다. 이러한 의미에서 슘페터의 혁신추구성은 오늘날 벤처 기업가정신의 원형으로서 혁신성은 조직이 기술혁신을 강조하거나 제품시장에서 제품의 디자인, 시장조사, 광고활동을 적극적이고 혁신적인 방법으로 추진하거나, 공정혁신, 관리관행기법을 적극적으로 도입하려는 경영관리활동을 말한다.

둘째, 위험감수성(Risk-Taking)의 수행은 위험에도 불구하고 기회를 포착하는 정신에 의미를 두는 것으로서, 기업가정신이 자원에 구애받지 않고 기회를 포착하고 추구하는 방식이라면 경영자적 특성은 먼저 보유자원을 고려하고, 기존자원을 활용할 수 있는 범위 내에서 기회를 추구하는 방식이라고 하였다.

셋째, 진취성(Proactiveness)은 시장 내 경쟁자에 대한 적극적인 경쟁의지와 우월한 성과를 산출하려는 의지를 보이거나 시장 내 지위를 바꾸기 위해 경쟁사에 대해 직접적이고 강도 높은 수준으로 도전하는 자세를 포함한다.

이상에서 기업가정신은 새로운 가치를 창출하기 위해 혁신적, 위험감수적, 진취적으로 자원을 재분배하거나 재결합하는 활동이라고 할 수 있다.

최근의 기업가정신에 대한 신개념으로는 기업가적 지향성(EO : Enterpreneurial Orientation)의 개념으로서 기업가정신의 세 구성 요소를 단일 조직수준 차원의 개별적 개념이 아닌 기업가정신의 과정(process)에 초점을 둔 통합 개념으로 발전하였다. 즉 기업의 혁신성, 위험감수성, 진취성은 기업 안팎의 다수의 요인에 의해 영향을 받으며, 무로부터의 가치 있는 것을 창출하는 창조적 능력, 계산된 위험을 감수하려는 의지 및 조직의 신규진입을 주요 개념으로 한다.

기업가정신은 창조적 파괴를 통하여 기업가에게 요구되는 혁신적 기능이며, 기업의 창업과 성장을 도모하고자 하는 기업가적 역량을 의미한다.

사례 분석

■ **빌 게이츠(Bill Gates)**

도전과 개척 정신 : 젊음의 패기와 열정으로 20세에 Microsoft사를 창립하였으며, 변화와 혁신의 주도자로서 역할을 수행하였고, 시장 확대에 대한 강한 집념을 보유하고 있다. 오늘보다는 내일이 좋아진다는 확신과 도전의 생산성 향상 정신이 실현되었으며, 소프트웨어가 하드웨어를 구동시키고 바꾼다는 신념을 구현하였다는 측면에서 도전과 개척 정신이 뛰어났다. 자신의 분야에서 최고가 되고자 하는 일 등 기업주의 경영사상을 가지고 있으며, 시장에서 먼저 움직이지 않으면 시장을 뺏긴다는 강한 정신적 신념을 소유하고 있다.

빌 게이츠의 기업가정신은 도전과 개척 정신, 근검/ 절약 정신, 일등 기업주의 정신, 분석력과 예측 능력이 대표적이다. 빌 게이츠의 성공 전략은 다음과 같이 요약할 수 있다.

① 우수한 인재 발굴 전략
  • 기술과 사업을 충분히 이해하는 CEO를 발굴하여 같이 일한다.
  • 제품시장과 사업부문 전반에 걸쳐 조직을 유연하게 구축한다.

- 기술과 사업을 깊이 이해하는 우수한 관리자와 종업원을 채용한다.

② 창조적 인력과 기술 관리 전략
- 기능별 전문가를 두고 팀에 중복 참여하게 한다.
- 전문가 스스로 연구영역을 규정하여 필요한 인력을 채용한다.
- 실습과 조언을 통해 신입사원 교육을 강화한다.
- 기술 인력을 지원, 포상하기 위해 경력체계와 직능별 제도를 확립한다.
- 승진제도를 만들고, 특별히 직능별 승진제도를 구축한다.

③ 제품의 표준화로 경쟁력을 확보하는 전략
- 표준을 주도하는 좋은 제품으로 거대 시장 개척에 조기 진입하거나 새로운 시장개척에 주력한다.
- 신제품을 점차적으로 증대시키면서 주기적으로 구형제품은 용도 폐기시킨다.
- 신제품을 기존 제품들의 연계성을 꾀하면서 표준 제품 공급자로서의 위치를 최대한 활용한다.
- 새로운 시장에 진입하기 위하여 제품들을 통합하거나 확장하고 단순화시킨다.

■ GE의 전 회장 잭 웰치

잭 웰치가 GE의 CEO로 20년 이상 근무하는 동안, 웰치는 노쇠한 제조회사를 탁월한 생산과 서비스의 거대 조직으로 전환시켰다. 그는 기업 가치를 30배 이상 증가시켰으며 수백 건의 기업인수와 10만 명 이상의 해고를 실행에 옮겼다. GE의 폐쇄적이고 은둔적인 문화를 변화시켰으며 리더들을 발탁하고 양성했다.

4E로 대표되는 훈련으로 GE는 성과에 기초한 문화에 적합한 리더들을 발견하고 개발할 수 있었으며, 4E의 높은 점수를 기록한 사람들이 궁극적으로 세계에서 가장 경쟁력 있는 조직을 건설하

고자 하는 잭 웰치의 목적을 성취하도록 도와주었다. 4E는 다음과 같다.

① 에너지(Enengy) : 에너지를 가진 개인들은 전진, 전진, 전진(go, go, go) 하기를 사랑한다. 끝없는 에너지를 갖고 있고, 당면한 업무를 해치우고자 근질거려 하며 매일 아침 일어나는 사람들이다. 이들은 시속 55마일의 세상에서 시속 95마일로 움직이는 사람들이다.

② 에너자이저(Energizers) : 다른 사람들이 목적을 실행하도록 점화하는 방법을 아는 사람들이다. 그들은 비전을 그릴 수 있고, 그 비전에 따라 행동하도록 사람들을 고무한다. 에너자이저들은 대의나 개혁에 대해 사람들이 흥분하도록 만드는 방법을 알고 있다. 그들은 일이 잘 굴러갈 때 다른 사람들에게 공을 돌리고, 일이 잘못 굴러갈 때는 본인이 책임을 진다. 그들은 칭찬을 공유하고 비난을 소유하는 것이 동료들을 활기차게 만든다는 것을 알기 때문이다.

③ 예리한 결단력(Edge) : 예리한 결단력이 있는 사람들은 경쟁적인 유형이다. 그들은 정말로 어려운 결정을 내리는 방법을 안다. 어려운 정도가 앞길을 가로 막는 것을 허용하지 않는다. 이들은 피터 드러커가 "생과 사"의 결정이라 부르는 채용, 승진, 해고를 함에 있어서 주저하지 않는다.

④ 실행(Execute) : 앞에 세 가지 E도 필수적이지만, 측정 가능한 결과가 없다면 조직에는 쓸모가 없다. 효과적으로 실행하는 사람들은 활동성(Activity)과 생산성(Productvity)이 같은 것이 아님을 이해한다. 최고의 리더들은 에너지와 예리한 결단력을 행동과 결과로 변환시키는 방법을 알고 있으며 어떻게 실행해야 하는가를 안다.

(2) 벤처기업의 창의성과 혁신 동기

기업에서 혁신적 도전이란 기업을 경영하기 위하여 어려운 일에 대한 반응을 필요로 하는 어떤 것으로서, 혁신하는 기업가란 안락하고 편안함 속에 존재하는 데 있는 것으로부터 평가

받는 것이 아니라 도전과 어려움 속에서 평가 받음을 의미한다.

1974년 피터 드러커도 저서에서 기업혁신에 대해 기술하였다. 그는 개별기업들의 미래 경쟁력 확보를 위한 혁신활동은 기존 사업영역과는 조직적으로 독립되어 이루어져야 한다고 했다. 이는 혁신활동이 실제로 방대하고 복잡한 일이기에 당장의 성과를 달성하려는 노력들과 함께 이루어질 수 없기 때문이다.

기업혁신에 대한 최초의 이론적 틀을 제시한 슘페터의 혁신이론을 살펴보면 혁신의 어려움을 Saxe(1816~1887)의 유명한 시 "The Blind Men and the Elephant"에서와 같이 서로 다른 장님들이 서로 다른 시작 포인트에서 같은 현상에 대하여 얼마나 다양한 견해를 표출하는지에 대한 우화적 표현을 알 것이다.

혁신이란 무엇인가? 혁신을 알기 위해서는 발명과의 차이를 알아야 한다. 혁신과 발명 중 발명은 새로운 제품 또는 과정을 만들기 위한 아이디어의 출현을 말하며, 전자의 경우는 실제 사용을 위하여 수행하는 최초의 시도를 의미한다. 따라서 발명과 혁신 사이에 큰 시차가 존재한다. 또한 발명을 수행하는 사람은 어떤 곳에서도 가능하나(예 : 대학), 혁신은 기업에서 발생한다. 혁신가와 발명가의 역할은 크게 다르다고 볼 수 있다. 셋째, 혁신은 보완재 또는 새로운 발명을 요구한다.

슘페터는 혁신의 다섯 가지 형태를 논의하였다. 먼저 새로운 제품, 새로운 생산방법, 새로운 자원개발, 새로운 시장의 발견 그리고 새로운 사업조직으로 분류하였다. 슘페터는 모든 혁신에는 본질적으로 불확실성이 존재하며, 다른 사람, 다른 조직보다 빠르게 움직여야 하며, 모든 사회계층에서 새로운 것에 대한 관성적 저항이 존재함을 제시하였다.

경영에 있어 혁신은 팀 또는 대기업 중심의 활동과 관련성이 높으며, 기업에서 혁신에 대한 이론적 그리고 실증적 연구는 느리게 진화하였지만, 최근에 다음과 같은 결론에 도달하였다.

첫째, 기업은 특정 혁신 경로를 발견하여 시장 선점자(First Mover)의 이점을 향유할 수 있다. 둘째, 그러나 역시 특정 경로에 락인(Lock-In)되고, 이 효과는 자기 발전을 하게 된다. 셋째, 만일 도중에 보다 우월한 혁신 경로가 발견될 경우, 시장 선점자(First Mover)는 큰 문제점에 봉착하게 된다. 그 이유는 큰 전환비용이 발생하기 때문이다.

또한 새로운 아이디어와 솔루션에 대한 개방성은 기업혁신에 대단히 중요하다. 새로운 혁신은 주어진 자원의 조합으로부터 발생하기 때문에 대부분의 중요한 혁신은 대기업 또는 큰 국가로부터 발생한다. 이러한 사례는 작은 중소, 벤처기업에게는 커다란 약점으로 등장한다.

그러나 현대 기업은 폐쇄된 체계가 아니기 때문에 외부적인 환경에 긴밀하게 접촉할 필요가 있다. 특히 벤처기업의 경우는 작은 자원을 바탕으로 혁신 활동을 하기 때문에 외부환경과 깊은 관계를 맺어야 한다. 더욱이 혁신을 위한 지식의 복잡성으로 인하여 대기업마저도 외부적 자원에 의존하게 되기 때문에 전략적 파트너 쉽을 통한 사업의 모색이 가능하게 된다.

혁신은 외부적 자원에 의하여서도 크게 영향을 받는다. 체계적인 혁신접근의 방안은 기술, 산업 그리고 기업적 특성에 근거한 시스템의 설계가 필요하다. 따라서 혁신 프로젝트를 수행하는 기업의 경우에는 사회적 그리고 경제적 환경에 대한 면밀한 분석을 함께 고려해야 한다.

기업의 혁신을 보는 관점은 다양하다. 본 절에서는 기업혁신의 최종목적인 기업경영의 안정성과 수익창출, 그리고 최고수준의 경영의 지속성이라는 관점에서 다양한 시각에서 기업의 혁신전략을 살펴봄으로써 중소벤처기업이 택할 수 있는 혁신의 방안을 모색해 보고자 한다.

❶ 경영혁신을 위한 인사관리, 선택과 집중, 그리고 기술

21세기 사람들의 입에서 회자되는 선진국 및 국내 많은 대기업과 역량 있는 중소기업들이 그 이름을 알리지 못한 타 기업들과의 차이는 무엇인가? 어떤 경영상의 요인들이 기업의 역량의 차이를 발생시키는가에 대하여 Jim Collins(2001)는 우수한 기업에서 위대한 기업으로 (Good to Great) 가기 위해 어떤 선결점이 있어야 하는가에 대한 시사점을 제시하고 있다.

위대한 기업으로 가기 위한 선순환(Positive Circulation)을 위해 Collins는 Level 5의 리더십, 인재 우선사상, 변치 않는 신념과 현실의 직시 및 수용, 고슴도치 개념, 규율의 문화, 기술로써 변화의 가속화라는 6가지 특성을 제시하였다.

〈그림 7〉 좋은 기업에서 위대한 기업으로 가기 위한 특성

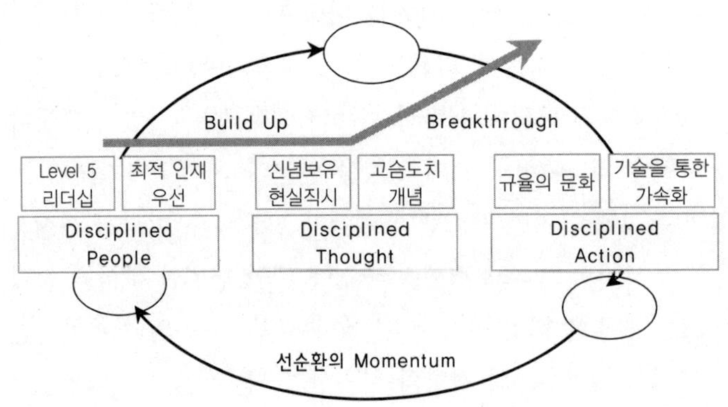

출처 : LG경제연구원(2002), Good to Great 해설서

위 <그림 7>은 사람, 사고와 행동의 같은 자원을 가지고 같을 일을 하지만, 위대한 기업이 되기 위해서는 시각과 접근법에서 무엇을 하는가가 아니라 기업을 운영하기 위해 6가지 특성을 어떻게 활용할 것인가의 관점에서 자신의 주장을 펼치고 있다.

원칙이 있는 인사관리측면에서는 Level 5 리더십, 즉 최적 인재 우선의 방법과 원칙이 있는 경영혁신을 위한 사고의 측면에서는 신념을 보유하고 현실의 직시와 고슴도치 개념을 통해 원칙이 있는 구체적 행동으로 구현이 된다. 이때는 기업내부의 규율의 문화와 기술을 통한 가속화를 통하여 기업경영의 상승을 유도한다. 이와 동일한 개념으로 이홍(2004)은 경영혁신의 한 형태로서 지식점프라는 개념을 제시하였다.

① 위대한 기업으로 나가기 위한 리더십

위대한 기업으로 나아가기 위한 기업의 인적자원의 활용에 있어서 리더십은 개인적 겸양과 신중함, 그리고 목표달성을 위한 굳은 의지를 동시에 갖춘 새로운 리더십을 통해 실현된다.

개인적 겸양은 신중함, 겸손함과 함께 개인보다 기업의 성공을 위한 야망을 가지며, 후계자 선정이 체계적으로 잘 갖추어져야 하며, 기업의 성공과 성공의 원인을 동료, 외적환경, 행운 등에 양보하는 Window Concept의 겸양이 요구된다.

이러한 개인적 겸양은 목표달성의 의지와 함께 상호작용을 통하여 리더십 5단계(Level 5 리더십)를 달성하게 되는데, 목표달성의 의지는 장기적 성과를 위한 필수업무에 대한 굳은 의지, 위대한 기업으로 가기 위한 사내의 엄격한 규칙·규율의 마련, 잘못을 자기책임으로 돌리는 책임성의 Mirror Concept을 의미한다.

개인적 겸양과 목표달성의 의지는 곧 5단계의 리더십을 형성하며, 이는 개인적 겸양과 목표달성의 의지를 동시에 갖추고 이를 통해 기업의 위대함을 달성하고 이를 지속적으로 영위하는 단계를 의미한다.

Level 1단계에서 계속 진화하여 최종적으로 Level 5단계에 이르는 인적자원관리가 되었을 때 기업의 역량이 최고조에 오르는 시점이라고 볼 수 있다.

〈그림 8〉 리더십의 계층 구조

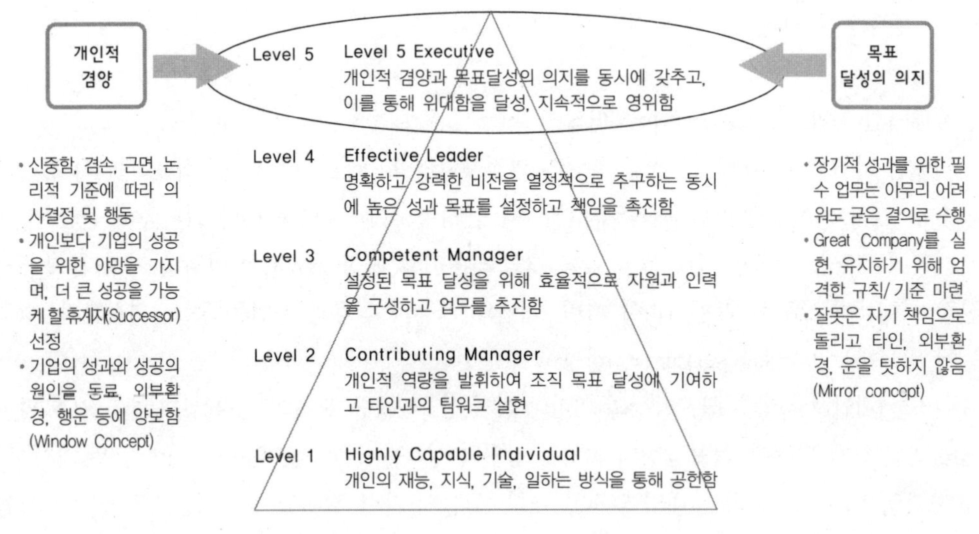

출처 : LG경제연구원(2002), Good to Great 해설서

이러한 Level 5의 리더십을 위해서는 최적의 인재를 확보하고 관리하는 것이 중요하며, 이러한 인재의 풀을 기반으로 기업의 방향성이 결정된다고 하였다. 학력이나 경력보다는 성품, 직업관 등에 기반하여야 하며 급여/보상보다는 기업가치 및 신념에 우선을 두어야 한다. 또한 최고의 인재는 최고의 기회에 활용하여 적극적인 토론, 탐구를 통한 성과를 달성해야 하며, 문제의 해결, 목표달성 후에도 인재를 유지해야 한다. 가장 중요한 인적자원관리에서 CEO의 교체 시에도 조직의 역량을 지속시켜야 하며, 환경변화에 유연하게 대처할 수 있는 조직을 갖추어야 한다. 또한 조직에 부적합한 인재들의 자발적인 탈퇴를 유도하기 위해 인재들이 최적의 위치에 있는지 파악하고 변화가 필요하면 바로 실행을 하며, 결단력이 있으나 냉혹하지 않은 인사관리 정책이 필요하다고 하였다.

② 원칙 있는 사고 – 선택과 집중

기업의 어떤 사업이 핵심사업인가에 대한 선택과 집중의 필요성이 제기된다.

위대한 기업으로 성공한 기업은 냉혹하고 부정적인 기업 외부와 내부의 역량의 현실을 직시하고, 최고로 잘할 수 있는 사업 분야를 선택하였으나 우수한 기업에서 실패한 기업으로 결정된 기업은 기업의 핵심 사업을 오해하여 부정적인 불리한 현실을 회피하여 과다한 비용을 지출하며, 돈 되는 사업이면 일단 다각화하여 진입을 하나 곧 핵심이 아님을 파악하게 되어 손실을 입게 된다.

위대한 기업은 그들이 처한 불리한 현실을 직시하고 이에 정면으로 맞서면서 위대한 도약을 달성하며, 그 이면에는 언제나 성공에 대한 굳은 신념이 있다.

현실의 직시와 극복을 위한 최상의 단계는 다음과 같다.

가. 1단계 : 대답이 아닌 질문으로 이끌어낸다. 스스로 동기 부여된, 최적의 인재들을 낙담하지 않도록 노력해야 하며, 질문을 통해 가능성과 다양성을 수용해야 한다.

나. 2단계 : 강제, 강압을 배제하고 대화와 토론에 참여한다. 한 가지 방향을 강요하지 않고 활발하고 자유로운 분위기의 대화나 토론을 유발한다.

다. 3단계 : 실패를 비난하기보다 원인을 관찰하고 학습한다. 실수, 실패를 누구에게 질책하기보다는 그 원인을 철저하게 분석하고 배울 점을 찾아내야 한다.

라. 4단계 : 중요한 사실이나 핵심정보만을 강조한다. 수많은 사실과 정보 중에서 중요한 것, 의미 있는 것을 구별해 내는 수단이 필요하다.

마. 5단계 : 현실 직시와 함께 성공에 대한 굳은 신념을 갖는다. 희망보다는 현실상황을 진실 그대로 수용하며, 동시에 성공에 대한 굳은 신념과 믿음을 잃지 않는다.

이러한 5단계를 거쳐 불리한 현실로부터 경영의 진실을 파악하고 올바른 의사결정을 하게 되며, 불리한 상황을 기회로 전환시켜 계획수립 및 성공의 가능성을 제기한다.

이러한 현실직시와 극복을 위해 Collins는 아래와 같은 모든 사고와 행동의 기준으로서 고슴도치 개념을 제시하였다. 고슴도치 개념은 모든 사고와 행동의 의사결정 기준으로 작용하며, 이를 찾아내기 위해서는 보유 역량, 경제엔진, 조직의 열정이라는 3 Circle 차원의 철저한 이해와 분석이 선행되어야 한다. 대부분의 실패한 기업들은 3 Circle의 '타당한 질문'이 없으며, 허세와 무모함의 목표 및 전략이라는 특징을 보여준다. 고슴도치 개념은 단순하고 명확한 개념으로서 질문 → 대화와 토론 → 경영자의 결정 → 검토 및 분석 → 질문 → ……의 반복적인 순환 프로세스를 통한 점검 과정이다.

〈그림 9〉 고슴도치 개념의 구조

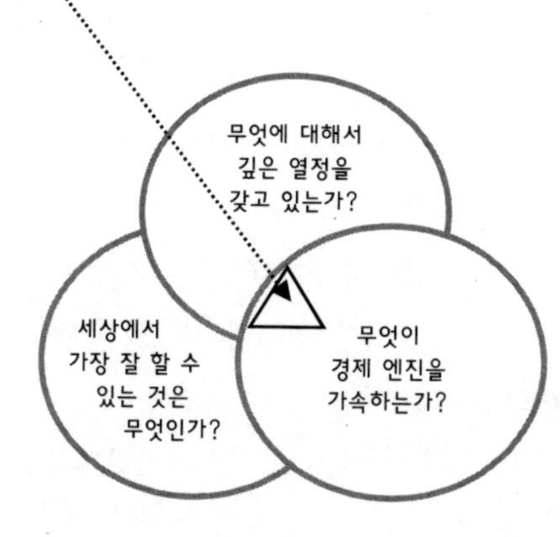

출처 : LG경제연구원(2002), Good to Great 해설서

③ 기업 내 의사결정과 행동에 대한 규율 및 원칙의 존재

위대한 기업 내에는 의사결정이나 행동에 대한 규율과 원칙이 있다. 위대한 기업이 되기 위해서는 규율의 문화와 창업가정신이 모두 높은 단계에서 만족되고 이에 의해서 모든 경영의 의사결정과 행동이 이루어지는 것이다.

통상적으로 기업의 성장이 발아 → 성장 → 성숙 → 퇴출의 과정을 밟아 가는데 많은 초기의 창업 조직은 창업가정신이 높지만 규율이 낮은 벤처 조직인 경우가 대부분이다. 이러한 발아 단계에서 대부분의 일반적인 기업의 성장과정은 창업가 정신이 낮아지면서 규율의 문화가 정착되다가 계층화, 관료화, 조직의 틀에 기업문화가 형성되어 다시 규율의 틀이 약화되는 관료주의 조직으로 전환된다. 위대한 기업은 이러한 창업가정신과 규율의 문화의 수준을 어느 정도 긴장감 있게 유지해 나갈 수 있는가가 관건이다.

많은 사람들이 3M을 혁신적 기업으로 기억하는 이유가 무엇인가? 전 세계 시장을 타겟으로 하면서도 자유로운 창의성과 모험성을 추구하는 그들의 진취적인 창업자정신에 기초한 제품개발 및 서비스에 근거한 것이다.

따라서 위대한 기업을 지속시키는 것은 카리스마적인 리더십과 통제가 아니라 고슴도치 개념과 일관된 사고와 행동을 하면서 스스로에게 충실한 자율적인 사람들로 가득한 문화 속에서 가능한 것이다.

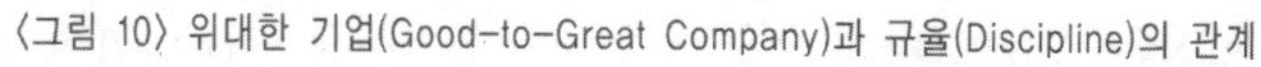

〈그림 10〉 위대한 기업(Good-to-Great Company)과 규율(Discipline)의 관계

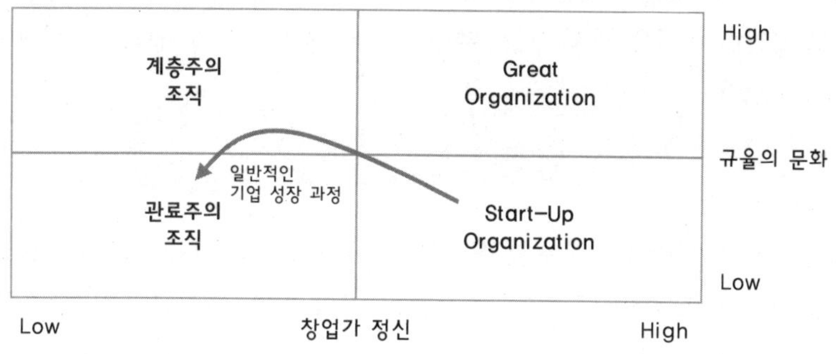

출처 : LG경제연구원(2002), Good to Great 해설서

　기업의 규율은 명확한 규칙을 기반으로 하는 틀 속에서 자유와 책임을 부여하며, 자율은 사람에서 사고로 다시 행동으로 이어지는 것으로서 자율적인 행동과 연계된다. 또한 스스로 최선을 다하는 사람들로 구성되어야 하는데, 이는 자율적인 사람들의 경우, 개인을 통제하는 것이 아니라 조직과 시스템을 관리하는 것이 필요하다. 개인적으로는 최적 분야를 확인하고 개인의 잠재력이 현실화될 수 있도록 규율을 설정해야 한다. 고슴도치 개념의 관점에서는 조직의 고슴도치 개념에 부합하지 않는 사업, 전략, 행동을 삼가는 규율을 고취시켜야 하며, 고슴도치 개념에 충실한 기업은 성공의 기회가 빈번하며 규율 없는 사업의 다각화는 실패하게 된다. 그러나 너무 강하거나 압제적인 규율은 실패를 초래하며, 리더 혼자만 자율적이어서는 안 되며 조직 전체에 자율의 문화가 유지되도록 해야 한다(미국의 크라이슬러 사의 리 아이

아코카 사장이 퇴임 후 조직의 규율이 와해되었다. 아이아코카 사장은 Level 4의 효율적 리더로서 명확하고 강력한 비전을 열정적으로 추구하는 동시에 높은 성과목표를 설정하고 참여를 촉진하는 유형이었다).

④ 기술을 통한 가속화

최고의 기술이 있는 것만으로 우수한 경영성과를 장담할 수 없다. 최초의 기술을 확보하지 않았어도 높은 목표와 노력으로 성공의 가능성은 있게 된다. 대부분 기업의 실패는 경영의 실패이지 기술의 실패가 주원인은 아니었다. 보잉이나, GE, Palm, AOL, MS 등은 해당기술의 선구자가 아니었으나 기업 내부에서 발생하는 순수한 최고에 대한 갈망과 창의적인 요구에 의해 기술을 확보하고 시장을 분석하고 창의성을 발휘하여 기술의 완성도를 높임으로써 최고의 기술적 경영을 하게 된 것이다.

신기술의 활용은 변화의 속도를 가속화했지만 변화 그 자체를 창조한 것은 아니다. 위대한 기업 임원진의 80%가 기업의 내부적 변화의 요인으로 기술의 역할을 언급하지는 않았으며, 이는 기술은 중요하지만 우수한 기업에서 위대한 기업으로 전환하는 데 있어 부차적인 역할을 한다는 "Technology is secondary"의 인식을 하고 있다.

기술은 산업화와 상업화를 위해 사업에 적용될 수 있는 도구이며, 인공적 작품, 과정, 방법이다. 세계적인 인텔과 마이크로소프트 역시 경영혁신의 한 과정으로 혁신적 기술을 인식하고 있으며, 사업을 위한 네 단계 과정으로서 기회의 인식 → 필요한 팀의 구성 및 확보 → 유형 또는 무형의 자원을 확보 → 재배치, 배열을 통한 부의 창출에 그 기본을 둔다.

❷ 지식창조를 통한 기업혁신

지식창조의 개념은 이홍(2004)의 '지식창조와 기업혁신'에 기반한다. 기업에서 혁신을 수행하기위해서는 많은 아이디어와 지식이 필요하다. 지식은 기업에서 경영의 지침으로 역할을 하며, 지속적으로 지식의 양과 질은 축적된다. 기업조직이 보유하고 있는 지식자산의 합을 지적자산이라고 정의하는데, 지적자산은 기업의 중요한 자산으로 물리적 및 금융자원 그리고 기술 등의 투입요소를 제품과 서비스로 전환시키는 데 중요한 역할을 수행한다.

기업이 일류기업으로 변모하기 위해 필요한 것은 기업이 보유한 지식이다. 기업이 질 좋은 지식을 많이 가지고 있으면 환경에 대한 적응력이 커지며, 환경을 만들어내는 능력도 좋아진다. 이 두 가지 능력을 발휘할 수 있게 하기 위해 낮은 지식에서 높은 지식으로 옮겨가는 것이 지식점프이다.

기업이 보유한 지식은 두 가지의 차원에서 나누어 설명할 수 있다. 하나는 지식의 구성 요소이고 또 하나는 이들을 담고 있는 프레임워크의 틀이다. 이 두 가지 지식차원에서 급격한 변화가 일어나면 지식점프가 일어나게 된다.

두 차원의 변화에 따라 세 가지 유형의 지식점프 현상이 일어난다.

첫째, 지식 구성 요소의 변화는 크지 않으나 지식을 담고 있는 프레임워크에 큰 폭의 변화가 생긴 경우로 지식응용으로 언급된다.

둘째, 지식의 틀에서 변화가 없으나 지식요소의 변화가 대폭으로 이루어진 경우로 지식갱신이 이루어진 것이다.

셋째, 지식요소와 틀 모두에서 변화가 발생한 경우로, 지식점프의 정도가 가장 크며 지식약진이 일어난다.

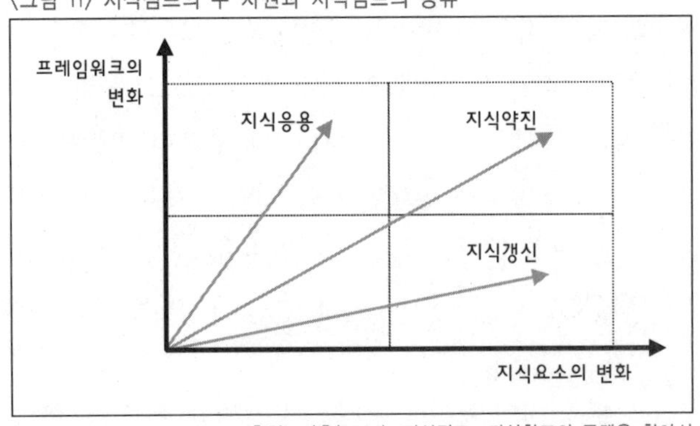

〈그림 11〉 지식점프의 두 차원과 지식점프의 종류

출처 : 이홍(2004), 지식점프-지식창조의 금맥을 찾아서

지식의 응용, 갱신 및 약진에 대한 국내 기업의 사례를 몇 가지 들어볼 수 있다.

① 지식응용

지식응용의 경우는 만도 위니아의 딤채가 좋은 예가 된다. 만도 위니아는 원래 에어컨을 만들어 온 회사이다. 자사가 익숙하게 사용하던 에어컨의 냉각기술을 김치냉장고라는 새로운 그릇(프레임워크)으로 담아 낸 것이 딤채이다. 김치의 맛은 항아리에 담아 땅속에 묻어두어 숙성시켜야만 제 맛을 만들어 낼 수 있다고 여겨져 왔다. 이런 개념을 냉장고의 형태로 변형시킨 것이 딤채이다. 에어컨과 냉장고는 온도를 낮추는 면에 있어서 기술적인 유사성이 있다. 그러나 냉장고 시장은 삼성과 LG전자 등이 선점하여 진입이 쉽지 않다.

이러한 상황에서 자신의 지식을 응용하여 그 어느 누구도 열지 못한 새로운 시장을 연 제품이 딤채이다. 이 과정에서 만도 위니아는 김치숙성과 관련된 새로운 지식도 대량으로 갖게 된다. 김치숙성의 성공요소인 1도 내 온도편차 기술개발이 대표적이다.

LG전자의 휘센 에어컨의 사례는 에어컨의 기본 프레임워크를 벗어나지 않으면서 초절전 기술이라는 지식요소의 변경을 통해 지식갱신에 이른 경우이다. 이 제품은 전 세계 40개국에서 시장 점유율 1위를 점하고 있다. 이기는 것이 불가능하게 여겨졌던 마쓰시타와 미쓰비시의 에어컨을 제친 제품이다.

② 지식점프

LG의 지식점프의 중요 요인은 절전능력 때문이다. 기존의 동종제품보다 무려 60%의 전기를 절약할 수 있는 초 절전 기술이 휘센의 생명이다. 휘센 에어컨은 다른 에어컨과 다르게 작동한다. 즉 기존의 에어컨은 용량이 큰 한대의 컴프레서가 냉매를 압축하는 방식이므로, 실내의 온도변화에 따라 이 큰 압축기를 껐다 켰다 하는 방식으로 온도를 조절하였다. 그러나 컴프레서가 작동될 때마다 부하가 커져서 전기 소모량이 매우 증가하였다. 이를 용량이 작은 두 대의 컴프레서로 대체함으로써 재작동에 의한 전기 부하를 획기적으로 줄인 것이 휘센 에어컨의 비밀인 것이다. 용량이 작은 두 대의 컴프레서를 에어컨 작동 초기에 모두 가동시키다가 일정한 온도에 도달하면 한 대의 컴프레서는 꺼지고 다른 한 대만으로 구동하는 방식인 것이다.

③ 지식약진

한편 LG화학의 퀴놀론계 항생제는 지식약진의 좋은 사례이다. 값싼 모방약이나 만들어 팔던 한국의 제약업계도 신약 개발이 가능하다는 사실을 증명해 보인 획기적인 사건이 퀴놀론계 항생제 개발이다. 이 항생제는 호흡기 감염질환을 일으키는 병원균과 기존 항생제에 내성을 보인 균에 탁월한 효과가 있는 것으로 평가되고 있다.

한국에서의 신약 개발은 대부분 복제전략이 주종이 이루어왔으나 퀴놀론계 항생제는 복제라는 신약 개발지식의 프레임워크를 뛰어넘지 않으면 안 되었다. 여기엔 복제수준이 아닌 새로운 화합물의 합성지식과 같은 전혀 새로운 지식요소가 필요하였다.

지식점프는 완성품에서만 일어나는 것이 아니다. 삼성종합화학은 주로 나프타를 분해하여 여러 종류의 화학제품을 생산하는 기업이다. 대부분의 생산은 여러 장치조작에 의해 이루어지는데, 장치산업의 설비가동을 중단시키지 않고 연속가동을 얼마나 실현하느냐가 중요하다. 하지만 설비가동을 어쩔 수 없이 중단해야 하는 일도 발생한다. 즉 나프타 분해공장의 분해가스 압축기 터빈에서 문제가 생긴 것이다. 고압축 조절 벨브를 제어하는 제어기의 신호변환기에 문제가 생긴 것이다. 이런 경우 미국이나 유럽, 일본 등에서는 공정의 안정성을 위해 공장을 정지시킨 뒤 교체작업을 하는데 삼성종합화학은 4개월 동안의 생산부서와 기술부서 그리고 계선팀을 중심으로 교체를 위한 학습이 일어났으며, 완벽한 지식을 습득했다. 그리고 불과 4시간 만에 신호변환기를 완벽하게 교체하였다. 세계적으로도 희귀한 지식갱신이 삼성종합화학에서 일어난 것이다.

이처럼 기업들이 내부 지식을 통한 기업혁신을 가능하게 한 것은 바로 기업 내부에서 스스로에게 던진 의도적인 문제였다.

의도적인 문제제기가 지식점프에 중요한 이유는 크게 두 가지로 설명된다. 하나는 이들 문제를 해결해 나가는 과정에서 큰 규모의 학습이 발생하게 된다. 어떤 기업이 오래 생존하는가라는 의문에 대하여 경영학자들은 자신의 고유한 지식과 이를 통한 역량이 풍부한 기업이라고 말한다. 이 고유한 지식과 역량을 쌓는 유일한 길이 학습이다. 기업은 매순간마다 시장이라는 경영장에서 궁극적으로 승리하기 위해 온갖 문제를 풀고 또 푼다. 스스로 학습을 통해 자기에게 의도적으로 문제를 내는 것이다.

두 번째가 문제풀이를 하는 과정에서 다른 기업들이 가질 수 없는 자사 특유의 지식을 가지게 된다는 점이다. 기업 경쟁력의 핵심은 기업특유의 지식이다. 남들도 모두 알고 있는 지식으로는 도저히 경쟁에서 이길 수 없다.

지식점프를 가능하게 한 유발요인인 의도적으로 제기된 문제를 성공리에 해결하기 위해서는 문제풀이를 위한 최소한의 지식이 있어야 한다. 우리는 이를 내부지식, 또는 사전지식이라고 한다. 내부지식은 새로운 지식을 창조할 때 바탕이 되는 지식이다. 내부지식이 없으면 거꾸로 문제를 제기하는 것 자체도 어렵게 된다. 내부 지식이 없다면 무엇이 중요한 문제이고 그렇지 않은 문제인가를 구분할 수가 없다. 만도 위니아가 딤채를 개발하겠다고 나설 때도 이미 냉동이나 냉장을 위한 공조분야에 대한 내부 지식이 있었기 때문에 김치냉장고라는 문제를 제기할 수 있었다.

내부지식은 외부지식을 습득할 때도 기초가 되는 지식이다. 또한 다른 기업의 행동을 재빠르게 모방할 때도 내부지식은 중요하다. 내부지식을 통하여 다른 기업의 행동을 평가하고 이

를 흡수하는 능력을 가질 수 있기 때문이다. 외부지식의 필요성은 지식점프의 수준이 높을수록 커진다. 현대자동차가 포니를 개발할 당시 내부지식이 매우 부족하여 외부지식을 보충 받았다. 하지만 이 경우에도 내부지식이 충실하면 외부지식을 선별해 내는 능력이 커지거나 외부지식을 적은 비용으로 얻을 수 있다.

충실한 내부지식은 대기업에서는 가능하지만, 과연 중소기업에서도 가능할지에 대한 의문을 제기할 수 있다. 내부지식이 문제를 해결하는 기본 역량이기도 하지만 의도적 문제를 통해서 내부지식을 쌓을 수 있다. 삼원정공이라는 중소업체는 스프링을 제조하는 업체로, 불량 스프링을 감소시키기 위해 스프링 생산성에 관한 지식을 쌓아간다. 한 문제를 풀고 나면 작은 지식이 쌓이고, 이 지식을 발판으로 또 작은 문제를 풀게 된다. 작은 문제에서 진전을 이루어 보면 어느 순간 자신도 모르게 지식점프에 이르는 큰 문제도 풀 수 있게 된다.

내부와 외부의 지식과 함께 강력한 노력이 수반되어야 한다. 노력의 강도는 말 그대로 얼마나 많은 노력을 문제해결에 쏟아 넣었는가를 말한다. 지식점프의 수준이 높을수록 그 만큼 힘이 드는 문제해결의 노력이 필요하다.

놀라운 사실은 노력의 강도가 의도적 문제와 이중나선구조의 관계를 갖는다. 의도적으로 제기된 문제는 사람들에게 긴장을 주고, 문제가 도전적일수록 긴장감은 더 커진다. 긴장감으로 인한 스트레스 때문에 문제에서 도망치거나 아니면 피할 수 없다는 상황인식을 통해 문제에 도전하는 경우가 이에 해당된다.

❸ 경영혁신으로서의 지식경영

우리나라는 1997년 외환위기 이후 국가경제 및 사회 전반에 걸쳐 많은 변화를 겪고 있다. 기업의 대다수 직장인들에게 '평생직장'과 '정년'이라는 개념은 사라지고 자신의 능력과 연봉, 그리고 보다 나은 근무여건을 찾아 수시로 직장을 옮기며 정해진 시간 동안 자기 업무만 수행하는 패턴으로 변화했다. 혹자는 이러한 경력관리의 패턴은 정보 혁명이 진행될수록 더 심해질 것이라고 한다. 이러한 패턴의 심화는 기업의 입장에 있어서는 업무의 연속성을 방해하는 요소이다.

업무관련 프로세스와 데이터, 정보 등은 대부분 문서로 남겨지지 않고 해당업무를 수행하는 개개인의 머릿속에 있다. 따라서 담당자가 퇴사를 하거나 휴가라도 가는 날이면 업무가 제대로 수행되지 않는다.

기업 입장에서는 이러한 환경에 대처하기 위해 업무와 관련된 데이터와 정보를 체계화하고 관리함으로써 누구든 해당업무에 바로 투입되더라도 업무 진행에 지장을 주지 않는 효율적인 시스템 구축이 절박한 상황이다. 기업에서 지식은 기업 내 데이터와 정보 등의 분석을 통해 진위와 유용성을 판단하여 실제 어떤 일에 사용할 수 있도록 유기적으로 조합된 것으로, 대부분 기업은 지식을 제대로 인식하지 못했으며 최대한 이용해 오지도 못하였다. 이러한 배경에서 출현된 새로운 패러다임이 '지식경영(Knowledge Management)'이다.

지식경영은 기업 업무 관련 데이터와 정보에 지식을 더한 지적자본을 확대할 수 있게 하는 일련의 경영절차로 기업들의 지적자본을 효율적이고 지속적으로 창출할 수 있게 해주는 새로

운 질서와 원칙을 기업에게 제공한다. 많은 대기업과 중소기업에서 이러한 사회적 변화에 대한 대응과 경영혁신을 위해 서둘러 지식을 이용하는 지식경영을 도입하고 있다. 지식경영의 성공한 예로 (주)이랜드는 사내 지식경영시스템에 '전국매장을 가장 빠르게 순회하는 법', '진열을 멋지게 하는 방법' 등과 같은 구체적인 사례를 통해 직원들로 하여금 그들의 노하우와 지식을 다른 직원에게 전수하고 모르는 것을 배우게 하고 있다.

그러나 실제로 지식경영 도입으로 성과를 거둔 기업은 많지 않다. 기업들로서는 이러한 실패 위험을 감수하면서 많은 시간과 노력을 투입해 지식경영시스템을 수립해야 하는가라는 의문을 가지게 될 것이다. 하지만 시대를 앞서는 제품개념을 소비자에게 제시하고 이를 통해 기업 경쟁력을 확보하기 위해서는 근로자의 지식, 기업 아이디어, 그리고 경험을 이용하는 지식경영이 요구된다.

지식경영을 하려는 기업이 성공하려면 다음과 같은 요소를 고려하여야 한다. 첫째, 기업 내 업무관련 데이터 및 정보 수집과 관리 체계화 그리고 이를 지식화하는 변형프로세스가 선행되어야 한다. 둘째, 시스템이 불안전하게 되는 경우나 최고 경영진과 사원들이 지식축적에 관심을 두지 않음으로 인한 지식경영시스템의 유명무실화에 주의해야 한다. 적극적으로 지식을 내놓는 직원에게는 '당근'이, 풀지 않는 직원에게는 '채찍'이 가해져야 한다. 셋째, 지식경영시스템을 수립했지만 축적된 방대한 양의 정보가 가치가 없는 경우이다. 이는 지식 축적에만 주력했지 정작 가용하고 유효한 정보로의 변환과 관리가 부재한 경우이다. 넷째, 어렵게 구축한 시스템에서 정작 정보 하나를 찾는 데 많은 시간과 노력이 소요된다면 이는 더 이상 효용가치를 상실한 정보이며 시스템일 것이다. 이를 해결하기 위해서는 정보의 품질에 대한 검증과 '왜 지식경영을 도입해야 하는가'와 같은 명확한 목적의식과 끊임없는 개선 노력이 필요할 것이다. 마지막으로 지식경영시스템의 효율적인 운영을 위해 사내외 전반에 걸친 시스템 구축을 통해 다른 시스템과의 밀접한 관계를 유지해야 한다. 현재 많은 기업에서 개발되어 운영되고 있는 ERP, SCM, CRM 등 정보를 매체로 하는 여러 시스템과의 통합과 이들 간 정보공유가 이루어진다면 더욱 유용하고 발전적인 경영혁신활동이 될 것이다.

❹ 벤치마킹과 창조적 모방경영의 중요성

본 절은 정지혜(2009)의 '창조적 모방, 혁신으로 가는 길'을 중심으로 정리한 것이다. 치열해지는 경쟁 환경에서 남을 따라가는 전략인 벤치마킹으로는 진정한 1등 기업이 될 수 없다는 비판이 일고 있다. 자본이나 조직 면에서 열악한 벤처기업에게 벤치마킹이나 모방 전략은 더 이상 유효하지 않다는 것이다.

하버드 경영대학원의 마이클 포터 교수는 2006년 열린 세계지식포럼에서 한국과 일본 기업이 한 단계 더 높이 도약하려면 "창조" 또는 "독창성", "창의성"을 통한 성장을 이루어야 한다고 주장하였다. 이는 글로벌 기업의 전략을 복제하거나 벤치마킹하는 것을 뒤따르기만 할 뿐 절대 선두그룹이 될 수 없음을 의미한다.

동종업계의 선두주자나 해당 분야 최고기업의 제품과 서비스, 사업방식 등을 자기회사에 적용하는 벤치마킹은 가장 일반적으로 시행해 온 경영기법 중 하나이다. 최근에 경영환경의 변화로 벤치마킹 전략에 대한 회의론이 증대하고 있다.

그 회의론 중 첫 번째는 벤치마킹을 통한 성공기업의 사례가 과거보다 쉽게 공유되기 때문

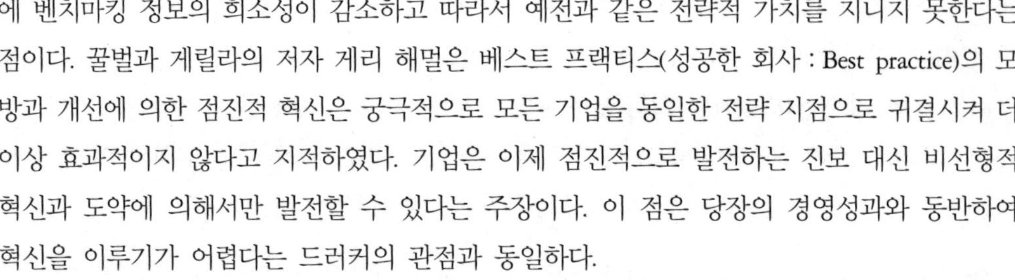

에 벤치마킹 정보의 희소성이 감소하고 따라서 예전과 같은 전략적 가치를 지니지 못한다는 점이다. 꿀벌과 게릴라의 저자 게리 해멀은 베스트 프랙티스(성공한 회사 : Best practice)의 모방과 개선에 의한 점진적 혁신은 궁극적으로 모든 기업을 동일한 전략 지점으로 귀결시켜 더 이상 효과적이지 않다고 지적하였다. 기업은 이제 점진적으로 발전하는 진보 대신 비선형적 혁신과 도약에 의해서만 발전할 수 있다는 주장이다. 이 점은 당장의 경영성과와 동반하여 혁신을 이루기가 어렵다는 드러커의 관점과 동일하다.

두 번째는 경쟁이 치열해지면서 선점효과의 중요성이 더욱 증대되었다는 점이다. 바로 특정 산업에 선발업체로 나간 기업이 시장에서 유리한 입장에 서게 된다는 "First Mover's advantage"가 적용되고 "Winner takes all"이라는 선발업체가 시장의 점유율, 매출의 상당부분을 가져간다는 승부독식의 산업구조에 기인한다. 첨단 하이테크 산업에서와 같이 제품의 교체주기가 짧아지면서 후발 진입자가 선발업체를 역전시킬 기회가 줄어든다는 점이다. 후발 진입 전략에서 중요한 것은 진입의 시기인데, 시장이 폭발적으로 성장하기 직전인, 즉 아직도 선발기업이 나누어 먹을 기회가 있는 "Battle Zone" 안에 있을 때인 역전의 가능성이 있는 적절한 시기에 시장에 들어가야 한다. 그러나 제품주기가 짧아지게 되면, 후발주자들이 더욱 빠르게 배우고 개선할 것이 요구되기 때문에 이러한 조건이 충족되지 못하면 성숙한 시장에 진입하여 수익성이 낮은 저가전략으로 경쟁할 수밖에 없게 된다.

경영환경의 변화는 곧 "창조경영"과 "혁신경영"에 대한 관심을 증대시켜 왔다. 창조경영은 기업을 지속 가능하게 만드는 유일한 비법으로 인식되고 모방은 무임승차전략(free rider)과 같은 시대에 뒤떨어진 전략으로 생각되었다.

과연 무임승차전략이라 불리는 모방은 기업들이 수행하기 쉬운 경영전략인가에 대한 질문이 필요하다. 우선 모방의 성공률 자체가 그다지 높지 못하다. 그 이유는 기업마다의 역량이나 문화적 차이가 존재하기 때문에 모방의 성과를 높이기 위해서는 기업 나름의 창의적 적용이 필요하기 때문이다. 또한 후발진입이 전략적으로 유효한 기간이 짧아진 만큼 모방하는 기업의 기술도 체계화되어 모방기간이 단축되어야 할 것이다.

또한 업계에서 영원한 1등이 없는 것처럼 경쟁상황에서 선두기업 또한 지속적인 시장의 변화와 경쟁상의 동향을 파악할 필요가 있다. 모방은 현재 처해 있는 경쟁적 위치에 따른 다른 시사점을 주기도 한다. 모방에 성공한 기업들의 사례를 보면 종종 혁신업체인 선발업체보다 기존의 유통이나 자금력에서 우위에 선 기업들을 볼 수 있다. 실제로 창고형 할인매장의 후발업체인 월마트가 재무능력의 우세로 선발업체인 프라이스클럽을 이길 수 있었다.

이러한 모방전략의 의미를 생각해 볼 때 모방의 경제적 가치를 다시 추정해볼 필요가 있다. 모방은 혁신보다 더 적은 비용으로 더 빨리 시장에 진입할 수 있다. Mansfield, Schwartz & Wagner(1981)는 모방의 비용에 대한 연구에서 모방기업이 시장에 새로운 제품을 내놓는 데 걸리는 시간이 혁신기업의 약 70% 정도라고 한다. 화학, 신약, 전자 및 기계산업의 48개 혁신제품에 있어서는 평균적으로 혁신비용의 65%에 불과하다는 사실을 발견하였다. 특히 이 연구의 대상 제품이 대부분이 특허에 기반한 제품이라는 사실에 비추어 볼 때 모방비용이 상대적으로 높은 산업인 점을 감안한다면 하이테크 혁신제품이 아닌 경우는 모방에 따른 비용절감효과가 더 클 것으로 제시하였다.

또한 모방은 사과 맛 확인이론(Used Apple Policy)의 시각에서 사과를 한입쯤 놓쳤다 해도 선발업체의 행동에서 시행착오 없이 맛있는 사과를 고르고, 남은 사과 전부를 먹을 수만 있다면 오히려 이득이라는 점이다. 물론 선발업체가 사과를 먹었을 때의 표정을 통해 금세 알아내고, 재빨리 시장진입 여부를 결정해야 하는 순발력을 가지고 있어야 한다. 결국 사과 맛 확인이론은 불확실한 시장에 대한 위험을 줄이고, 적합한 타이밍에 시장에 진입함으로써 단순한 모방 이상의 역량으로 시장에서의 우위를 가지는 경쟁전략이라고 할 수 있다. PC 시장의 IBM, 컴퓨터 운영시스템의 마이크로소프트가 사실은 영리하게 사과를 뺏어먹은 후발주자들이다.

이상과 같은 모방경영의 비용절감의 이득과 함께 기술중심의 혁신성을 가져야 하는 중소 벤처기업들이 혁신전략으로 모방경영에서 얻어야 할 것은 바로 창조적 모방이다. 즉 후발업체들이 최초의 혁신을 수행했던 선발업체보다 더욱 '독창적'으로 발전적인 경영을 통해 창조적일 수 있음을 의미한다.

성공적인 창조적 모방을 위해서는 선행 성공사례의 유형을 분석할 필요가 있다.

첫째, 더 나은 제품과 가격으로 혁신을 완성한다. 혁신에 대한 공과는 대부분이 시장의 선발업체의 제품개발에 집중되어 왔다. 그러나 후발업체는 선발업체의 혁신적 제품개발의 기술적 완성도를 높이거나 상업적 가치가 미흡한 초기제품을 대중저인 관심을 불러오게 만드는 경우이다.

많은 사람들이 P&G의 팸퍼스를 최초의 일회용 기저귀 제품으로 생각한다. 사실 일회용 기저귀라는 제품은 존슨앤존슨의 계열사에서 처음 만들어졌으나, 기존의 기저귀를 대체할 만큼 만족스럽지 못했다. 장거리 여행과 같은 특수한 경우만 어쩔 수 없이 사용하는 전체시장 점유율 1%에 불과한 상품이었다. 이러한 제품을 P&G가 개발연구 노력 끝에 초기 제품보다 품질이 우수하면서 가격 경쟁력이 있는 제품을 출시하는 데 성공한 것이다. 단순히 비슷한 제품의 가격을 낮추는 것만으로는 혁신 제품이 되기는 부족하며, 선발업체의 기본적인 제품 아이디어는 모방하되 더 높은 수준의 제품을 만들어 혁신적 아이디어를 혁신적 사업으로 완성시킬 수 있는 후발업체의 기술력에 성공의 포인트가 있었던 것이다.

둘째, 새로운 영역으로 혁신을 재정립한다. 선발 진입자가 자신의 제품이나 기술이 가진 시장을 충분히 파악하지 못하는 경우에 창조적 모방자들은 제품력의 큰 개선 없이도 초기 혁신기업들이 미처 몰랐던 혁신의 활용가능성을 발견하는 것만으로도 가치를 높이는 경우가 있다.

존슨앤존슨은 아스피린과 비교해 진통효과도 떨어지고 항염증성이나 혈액응고방지효과 등의 부가 효과도 없는 아세트아미노펜이라는 성분의 시장성을 발견하고 이를 타이레놀이라는 제품으로 시장에서 성공시켰다. 맥닐이라는 제약회사에서 만들어진 이 성분은 존슨앤존슨에게 인수된 이후 아스피린보다 순하고 위에 자극이 적으며 부작용이 없는 제품으로 포지셔닝되어 시장에 출시되었다. 타이레놀은 기존 선점 약품의 약점을 부작용 없는 진통제라는 강점으로 전환하여 두통약 시장을 장악하게 되었다.

셋째, 고객과 마케팅에 초점을 맞추어 혁신의 시장성을 높인다. 새로운 시장의 초기에는 제품의 기술적 측면이 크게 강조된다. 이러한 기술의 상당부분은 공급자 중심이어서 쥐덫의 오류(Mousetrap follacy)라는 함정에 빠지기 쉽다. 쥐덫의 오류는 일명 발명가의 오류로 지칭되어 마케팅 및 시장상황의 정확한 인식 없이 기술 중심의 좋은 기술이 만들어지면 시장이 저절로 생기고 소비자들이 선택할 것이라는 제조 중심의 사고이다. 그러나 창조적인 후발 업체는 기술 중심의 초기 혁신을 고객 중심, 시장 중심으로 바꾸어 사업성을 높인다.

최초의 포켓용 컴퓨터 제품은 애플의 뉴튼이었다. 결국 시장은 후발주자인 팜에 의해 역전되었다. 뉴튼은 데스크 PC의 축소판과 같은 제품으로 기술적 측면에서는 팜의 제품보다 훨씬 경쟁적이었다. 그러나 시장은 문서나 일정관리 등의 제한된 용도이지만 저렴하고 빠른 팜의 제품을 선호하였다. 팜의 성공은 초기에는 소수의 유통망으로 판매를 제한하여 인기제품이라는 여론 형성에 성공하고, 대량판매기에는 애플의 뉴튼보다 대중적인 유통망을 활용하여 시장점유율을 높이는 데 기여하였다.

이러한 팜의 마케팅은 하이테크 마케팅 중 캐즘 마케팅의 기본 규칙을 그대로 전개한 것으로 타겟시장을 통한 볼링앨리 전략에서 성공한 후 대량마케팅의 토네이도 마케팅을 통한 시장의 장악이라는 매우 성공적인 사례를 낳았다.

또한 후발주자의 마케팅 전략에는 반드시 선발 혁신 기업의 실수나 실패가 필요한 것은 아니다. 선발기업과의 전면전을 피하고 새로운 시장을 창출할 수도 있다. 복사기 시장에서 캐논은 개인과 중소기업을 타겟으로 선두업체인 제록스와의 직접 경쟁을 피했고 기기의 속도 대신 적당한 품질과 중간대의 가격을 차별점으로 내세워 시장을 만들어 나갔다. 반면 IBM, 코닥은 제록스와 동일하거나 비슷한 전략으로 더 낮은 가격, 더 높은 품질의 경영전략을 세웠으나 시장에서는 큰 설득력을 얻지 못했다.

이상의 사례들은 초기시장 선발업체들의 혁신을 능가하는 차별점이 없다면 후발주자늘이 업계 1등 업체를 공략하여 창조적 모방이라고 할 수 있는 단계까지 가기 어렵다는 점이다. 이미 지배적인 게임의 룰이 정해져 있다면 후발업체들은 업계에 통용되는 차별성 있는 전략을 수립해야 한다.

⑤ 지속가능한 가치 창조경영 전략

'속빈 강정, 모토로라 쇼크, 가격하락 심화, ……' '국내 핸드폰 기기의 영업수익률 감소' 등은 2006년과 2007년 IT 기업들의 성적표를 대신하는 표현이다. 매출이 증가해도 수익성은 악화될 수 있음을 의미한다. 레이저의 폭발적인 판매 덕택에 세계 휴대폰 시장 2강으로 화려하게 부활한 모토로라가 2006년 하반기부터 실적부진에 시달리고 있다.

모토로라의 경우 2006년 4분기 매출은 전년대비 19% 가량 증가하였으나 영업 이익률은 10%대에서 4.4%로 추락하였다. 불과 1년 전만 해도 성공신화로 전 세계 핸드폰 업계의 벤치마킹 대상인 모토로라인지라 충격이 컸다.

2006년도 4분기부터 수익성이 크게 악화되더니 급기야 2007년 1분기 매출 전망치를 하향 조정해 수익·매출 모두에 비상이 걸렸음을 스스로 시인했다. 모토로라의 위기는 점유율 확대에 너무 치중한 탓도 있었다.

시장 분석가들은 "판매량을 늘리기 위해 저가 폰에 치중하다 매출은 늘었지만 수익률이 떨어지는 구조를 갖게 됐다. 모토로라의 위기는 적절한 시기에 새 제품을 투입하지 못했고, 그동안 단일 모델에 대한 의존도가 너무 컸던 게 패착이라며 후속 모델도 제품의 차별화가 없어 신선감을 주지 못했다"고 지적했다.

〈그림 12〉 세계 휴대폰업계의 부침 동향 분석

출처 : 매일경제(2007. 4. 3)

반면 소니에릭슨은 최근 무서운 속도로 성장하며 수익성 또한 크게 향상되었다. 한때 LG 전자에 밀려 업계 5위로 추락했던 소니에릭슨은 2006년 하반기부터 3위인 삼성전자마저 위협하고 있다. 2006년 4분기에는 삼성전자(8.0%)의 두 배 가까운 영업이익률(13.3%)을 기록했다. 소니에릭슨은 워크맨폰 등 특화폰의 호조에 힘입어 모토로라와는 사뭇 다른 행보를 보이고 있다. 높은 수익률을 자랑하며 국내 삼성전자를 위협하고 있다. 두 휴대폰 업체의 희비는 최근 정체 상태에 있는 한국 휴대폰업체에 고부가가치의 휴대폰의 지속적인 성장의 필요성 및 저가의 프리미엄급 핸드폰의 보급을 통한 고객확대방안이라는 두 가지 적잖은 시사점을 던져주고 있다.

북미 시장에 주력하는 모토로라의 퇴조는 주춤하는 한국 업체에는 호재다. 하지만 전문가들은 일시적인 수혜보다는 모토로라와 소니에릭슨의 희비에서 한국 업체들이 배울 점을 찾을 것을 주문한다. 전문가들은 시장 요구에 맞는 제품을 적절한 시기에 출시하는 것, 대형 히트 상품보다는 소형 인기 상품군을 많이 보유하는 것, 타 제품과 차별된 가치를 창출하는 작업 등 고객이 원하는 차별화 폰으로 승부해야 동반돼야 한다고 지적했다.

소니에릭슨의 성공포인트에서 지속 가능한 수익성 확보의 방안을 찾을 필요가 있다. 고객기반의 가치 창조와 비용 구조의 최적화 측면에서 중요한 몇 가지 중요한 시사점을 제공하고 있다.

〈표 14〉 소니에릭슨의 지속 가능한 이익 창출의 성공 포인트

	이익의 창출	소니에릭슨의 추진 전략
1	가치상승	고객가치 창조를 통한 업스트림 마케팅 파트너의 가치−제품이 아닌 비즈니스 패키지
2	1+3	전략적 자원의 시너지와 스필오버
3	비용구조의 효율화	핵심에 집중하는 일관성과 기다림 가치 사슬의 효율성 극대화

출처 : 정성천(2007), 지속 가능한 이익 창출의 성공 포인트, LG 주간경제

① 고객가치 창조를 통한 업스트림 마케팅

이익을 창조하는 가장 확실한 방법은 가치를 극대화하는 것이다. 고객의 구체적인 니즈를 정확하게 찾아내거나 창조하고, 경쟁사보다 더 큰 만족을 줄 수 있는 가치를 발굴해내는 것이 업스트림 마케팅(Upstream Marketing)이다.

브랜드의 구축, 판촉활동, 고객 서비스 제공 및 관리가 다운스트림 마케팅이라면 팔고자 하는 제품의 표적 고객을 결정하고 그들이 무엇을 원하는지를 파악하는 것이 업스트림 마케팅이다. 구체적으로 살펴보면 경쟁사들의 제품을 사용하고 있더라도 자사의 제품을 잠재적으로

사용할 가능성이 있는지를 파악하는 것이다. 제품에 대한 소비자의 반응을 직접 확인하기 위해서는 고객이 어떻게 행동하며 시간이 지남에 따라 고객의 행동이 어떻게 변화하는지를 파악해야 하며 동시에 최종 소비자의 잠재된 니즈를 발굴하는 노력이 병행되어야 한다.

소니에릭슨은 브랜드 샵을 중심으로 경쟁력 있는 업스트림 마케팅을 추진하여, 소매체인점을 고급스럽게 장식하고 소비자들에게 제품 및 서비스, 어플리케이션 등을 직접 경험하게 하여 MP3 플레이어 수준의 음질을 갖춘 워크맨폰과 디지털 카메라 수준의 샤이버샷폰을 탄생시켜 매니아 고객층의 로열티를 만족시키고 잠재 고객까지도 신규고객으로 확보할 수 있었다.

이러한 업스트림 마케팅은 고객의 잠재적 니즈에 한발 앞선 대응을 가능케 함으로써 해당 브랜드에 대한 고객의 충성도를 높이는 효과를 이끌어내고 있다.

② 제품이 아닌 비즈니스 패키지로 진화하는 파트너십

소니에릭슨은 유통 부문의 파트너인 도소매업자에게 단순히 제품만을 제공하는 것이 아니라 제품에 관련된 스토리부터 가격 시나리오 및 연간 마케팅 계획까지 공유하는 비즈니스 패키지를 제공하였다. 특히 유럽은 단순한 사업자 중심의 시장이 아닌 개방형 오픈시장의 성격이 결합되어 사업자끼리의 경쟁도 심하지만 유통에서의 경쟁도 무시할 수 없다. 따라서 전략적 파트너가 되기 위해서는 파트너의 니즈를 보다 빨리 앞서서 제안하고 선도해 나갈 필요가 있는 것이다.

결과적으로 파트너들은 시장을 보다 세분화하여 공략할 수 있는 기회를 얻게 되었으며, 최근에는 인터넷 폰과 웹폰에 대한 제품 스토리를 제공하고 동시에 소비자들의 사용 환경과 배경에 대한 소비자정보에 대한 지식을 공유함으로써 새로운 시장을 공동으로 개척하고 있다.

공동사업 초기부터 선 시장 점유율 확대, 후 이익창출의 극대화라는 공통의 마케팅 전략 목표 아래 제품제공과 함께 시장탐색 브랜드 샵 운영 및 AS까지의 서비스 패키지를 제공하였다.

③ 전략적 제휴를 통한 시너지와 스필오버 효과의 극대화

소니에릭슨의 성공은 에릭슨의 통신기술과 가전업체인 소니의 가전 브랜드의 시너지 효과가 컸음이 사실이다. 소니에릭슨은 카메라와 음악 재생 기능에 쓰이는 실질적인 원가보다 훨씬 비싼 가격에 판매하였으며, 이는 소니의 휴대용 오디오인 워크맨과 디지털 카메라인 사이버샷 브랜드가 휴대폰과 결합되어 발생한 스필오버(spill-over) 효과라고 할 수 있다. 따라서 소니에릭슨의 비싼 폰이 아닌 저가 폰도 브랜드가 소비에릭슨이면 소니사의 사이버샷이나 워크맨을 소유한 듯 자신할 수 있어 시장에서 소비자들이 반응한다는 것이다.

④ 핵심에 집중하는 일관성과 기다림

소니에릭슨은 소니와 에릭슨의 휴대폰 부문이 2001년 합병되면서 탄생하였다. 합병 당시 전 세계 10%대의 시장 점유율 유지를 목표로 하였지만 실제로 2002년에는 4%까지 떨어져 한국의 LG에 뒤쳐지기도 했다. 그러나 4~5년간 4~6%를 오가며 큰 변화 없는 시장상황이 진행되었다. 그러나 그 시간 동안 가격이 비싼 프리미엄급의 핵심제품의 타겟에 자원을 집중하는 일관성을 고수하였다. 애플과 같이 소수 매니아의 공략을 통해 고객층을 확보하고 브랜드 이미지를 발전시킨 것이다.

워크맨폰과 사이버샷폰의 브랜드 인지도가 상승하게 되었고, 제품의 일관성을 소비자에게

지속적으로 인식시키기 위해 각 모델별로 시리즈를 만들어 판매하였다. 이러한 시리즈화의 관리는 업데이트 된 차기모델에 대한 진입 비용을 적게 지불하고 소비자에게 제품을 인식시킬 수 있는 비용을 절감시키는 효과를 가져왔다.

결과적으로 소니에릭슨으로부터 중소 벤처기업인들이 얻을 수 있는 시사점은 시장 요구에 맞는 제품을 적절한 시기에 출시하는 것, 대형 히트상품보다는 소형 인기 상품 군을 많이 보유하는 것, 타 제품과 차별된 가치를 창출하는 작업 등이 동반돼야 한다는 점이다.

기업생존의 기본법은 이익창출이며 기업의 혁신의 노력 및 성과도 이익창출이라는 결과로 얻어야 한다. 하버드대학의 램 차란이 말한 것처럼 이익이 발생한 기업이 좋은 성장이듯이 지속가능한 이익을 창출하는 내실 있는 성장을 위한 새로운 가치창출의 방안을 모색해볼 필요가 있다.

❻ 독점기술을 보유한 기업의 성장 전략

기업이 생존을 위해서는 비즈니스 및 기술의 새로운 독점의 기준을 마련할 필요가 있다. 위대한 기업들은 규모나 성장전략보다 차세대 독점에 초점을 맞추어 전략을 짠다. 치열한 경쟁시장에서 정면 대결은 더 이상의 수익을 가져다주지 않기 때문이다. 기업에 이익을 줄 수 있는 것은 오직 독점뿐이다. 왜 어떤 기업은 성공하고 어떤 기업은 실패하는가? 왜 많은 기업들이 주도적인 독점 사업을 놓치는가? 갓 등장한 신생기업이 어떻게 경쟁업체를 물리치고 지배적인 지위를 차지하는가? 성공한 기업들은 모두 어떤 종류든 독점 영역을 보유하고 있다. 따라서 기업은 어떤 종류의 독점을 소유하고 있는가가 중요하다.

독점이란 충분한 기간 동안 소유할 만한 공간이다. 즉 특정 고객층이나 상품의 어떤 기능 또는 어떤 매력적인 특징 같은 특별한 것을 돈을 벌 수 있을 만큼 충분히 오랫동안 소유하고 있는 기업, 즉 배타적으로 지배하고 있는 기업을 의미한다.

독점이 의미가 있으려면 소유할 만한 공간을 높은 이익을 누릴 수 있을 만큼 충분히 오랫동안 지배할 수 있어야 한다. 어떤 공간에서 유일한 판매자가 되었을 때 '이익을 남길 수 있을 만큼 충분한 기간'이란 당신이 투자한 돈을 회수하고도 이익을 남길 수 있을 만큼의 기간을 의미한다.

사례분석

■ 혼다의 미니밴 오디세이 이야기

혼다의 오디세이 미니밴은 사려는 사람이 너무 많아 영업사원들이 정가를 다 받으면서 거기에 1,000달러 이상의 웃돈을 요구하는 경우도 적지 않다. 왜 다른 자동차 회사들은 오디세이처럼 뒷좌석이 접히면서 트렁크 안으로 쏙 들어가 평평한 바닥을 만드는 미니밴을 만들지 않는 것일까? 그 비밀은 자동차 회사의 제품공학부 부장인 빌 스토웰로부터 들을 수 있었다.

바로 미니밴의 트렁크 바닥을 만드는 데 쓰이는 다이스가 그 비밀의 핵심인 것이다. 다이스는 금속을 가공할 때 사용하는 틀 같은 것으로, 이 다이스는 비싸기도 하지만 최소한 18개월 전에는 주문을 해야 간신히 공급받을 수 있다. 오디세이의 트렁크 바닥을 만드는 데 사용되는 다이스는 세 번째 좌석을 접어 밀어 넣을 수 있도록 움푹 들어가게 설계되었지만 다른 미니밴의 다이스는 그렇지 못하다는 것이다. 다이스의 공급 제한에 또 다른 요인이 있었는데, 그것은 미니밴의 트렁크 다이스를 바꾸기 위해서는 돈과 시간이 많이 든다는 이야기였다. 자동차 업체들이 다이스 하나를 새것으로 교체하기 위해서는 제품 생산을 일주일 이상 완전히 중단해야 하기 때문에 결국 자동차회사들은 제품 생산을 멈출 수가 없어서 새로운 모델을 출시할 때까지. 다이스를 못 바꾼다는 것이다.

통상 자동차 회사들은 4년마다 한 번씩 새 모델을 출시하는데, 이 점에 혼다가 가진 장점이 분명해졌다. 혼다는 뒷좌석이 접혀 트렁크 안으로 쏙 들어가는 오디세이를 1999년 말에 처음 선보였다. 다른 주요 자동차 회사들은 2000년 초에 새 모델을 선보였다. 4년마다 한 번씩 새 모델은 내놓다는 점을 감안하면 다른 자동차 회사들은 최소 2004년까지는 뒷좌석이 접히는 미니밴을 내놓을 수 없게 되는 것이다. 실제로 닛산은 2004년에 뒷좌석이 완전히 접혀 바닥과 평평하게 설계할 수 있었고 포드는 2004년에 여기서 더 나아가 2열과 3열 모두 납작하게 접혀 화물칸을 훨씬 넓게 사용할 수 있도록 하였다. 혼다는 2004년까지는 뒷좌석이 접혀 트렁크 안으로 쏙 들어가게 만들 수 있는 유일한 자동차 회사였다. 이 기간 동안 혼다는 10%도 안 되는 점유율로 미국 미니밴 시장에서 창출되는 전체 이익의 1/3 이상을 차지한 독점기업이었다.

여기서 독점은 한 기업이 이익을 남길 수 있을 만큼 충분한 기간 동안 소유할 만한 사업 영역이나 공간을 지배하고 있다는 뜻이다. 독점이 의미 있으려면 소유할 만한 공간을 높은 이익을 누릴 수 있을 만큼 충분히 오랫동안 지배할 수 있어야 한다. 또한 그 사업 영역이나 공간은 배타적으로 지배할 수 있고 수익성도 있다는 뜻이다. 독점의 기술로 성공한 기업들은 다음의 4가지 공통점이 있다.

첫째, 지속가능한 경쟁우위를 갖춰서 성공하지 않았다.
둘째, 경쟁이 심한 성숙산업에서 성공했다.
셋째, 오랫동안 계속 성장한다.
넷째, 경쟁업체들이 고전하는 산업에서 오히려 번성한다.

결과적으로 지속가능한 경쟁우위는 아무것도 보장해주지 않는다. 수익성을 보장받으려면 독점을 소유해야 한다.

(3) 벤처기업의 기술관리(MOT : Management of Technology) 동향 및 발전 전략

미국의 대표 제조업체였던 IBM은 1992년 약 15조 원(160억 달러)의 천문학적 적자를 기록했다. 1980년대부터 컴퓨터 산업의 패러다임이 메인프레임에서 PC로 급변하자 풍전등화의 위기에 처한 것이다. 그러나 IBM은 위기를 딛고 글로벌 초우량 기업으로 재탄생하였다. 비결은 제조업체에서 서비스 기업으로의 변신에 성공했기 때문이다. IBM은 90년대 이후 부가가치가 낮은 범용제품의 제조는 대거 아웃소싱으로 외부화하는 한편, 부가가치가 높은 IT하드웨어와 소프트웨어, 시스템 설계, 운용, 컨설팅 등을 고객 맞춤형으로 제공하는 토털 솔루션 업체로 거듭났다.

IEEE(2004) 포럼에서 전 세계 IT 분야의 석학 1,038명은 Bio, Nano, Mega Computing, Robotic를 향후 10년을 좌우할 핵심 기술 분야로 전망하였다. 향후 지식경제시대의 대표산업으로는 정보기술(IT), 생명공학(BT), 나노기술(NT) 등 지식기반 하이테크 산업과 컨설팅업 등 지식기반 서비스산업이 손꼽힌다. 이들 지식기반산업에서의 성패는 시장의 표준이 될 수 있는 가치 있는 지식재화를 누가 먼저 창출하느냐에 따라 갈린다. 가치 있는 지식재화를 선점하기 위해서는 시간과 비용이 들고 실패의 확률도 높다. 시장을 선점하는 기업이 승자독식의 혜택을 보기 때문에 지식경제 시대에 제조업시대에 한국의 저임금－저비용을 앞세운 빨리 따라 하기와 같은 전략으로 선진 업체를 따라잡기는 불가능하다.

이러한 관점에서 국내 벤처기업의 생존력에 있어서 지식기반의 고도화에 둔 원천기술 및 응용사업의 중요성은 말할 나위가 없다.

본 절에서는 지식기반경제에서 창의성에 기초한 신성장동력으로서 정보기술(IT), 생명공학

(BT), 나노공학(NT), 디지털콘텐츠(CT)의 기술 및 산업동향과 발전 전략에 대하여 분석하고자 한다.

❶ 정보통신(IT : Information Technology) 동향 및 발전 전략

IT(반도체와 정보통신)는 국내 경제를 성장시키는 주도산업으로 확고한 자리를 잡았다. IT 분야가 수출에서 차지하는 비중이나, 세계 IT 분야에서 우리기업들이 점하는 위상도 크게 상승하였다. 한국은 2002년 세계 메모리의 45%, TFT-LCD의 41%를 점유하였다.

역사적으로 기술 혁신의 발전 과정은 아래 <표 15>와 같다.

〈표 15〉 기술혁신의 발전 과정

기술혁신	기술혁신명칭	해당 주요국가	중요기술	발생연도
1차	산업혁명	영국	Arkwright의 제분	1711
2차	증기기관	영국	리버풀–멘체스타 간에 증기운행	1829
3차	철광 및 전기	미국/ 독일	Pittsburgh 제철소	1875
4차	석유 및 자동차	미국	Ford' T–Model	1908
5차	정보통신	미국	인텔의 Microprocess	1971

출처 : Perez(2002), Technological Revolutions and Financial Capital

기술혁신의 관점에서 패러다임이라는 말은 어떤 이론적 틀이나 짜임새를 의미한다. 토마스 쿤은 '과학혁명의 구조'에서 패러다임을 '한 시대의 견해나 사고를 지배하고 있는 이론적 틀이나 개념의 집합체'로 규정하고 이를 원용하여 과학의 발전을 크게 두 가지로 분류한다. 첫

째는 진화적인(evolutionary) 발전으로서 기존의 패러다임 내에서 개선을 지향하며 기존 연구들을 변형시켜 나아가는 발전이고, 둘째는 혁명적인(revolutionary) 발전으로서 패러다임 자체를 개혁하여 새로운 세상을 여는 발전이라고 한다. 과학의 진정한 진보는 이러한 혁명적인 발전을 통하여 이루어진다고 한다.

역사학자들은 인류사회에서 패러다임의 변화를 가져온 혁명적인 발전으로 다음과 같은 것들을 꼽는다. 하나는 불의 발견이다. 불을 다스리기 시작하면서 인류의 생활에는 혁명적인 변화가 일어났다. 식생활이 달라지고 주거형태가 달라지고 불을 활용한 기술들이 발달하기 시작한 것이다. 또 하나는 인쇄술의 발명이다. 지식을 공유하는 방식에 변화를 줄 수 있었고 지식 전파의 범위와 양, 그리고 속도가 급속히 증가하여 인류의 발전 속도가 빨라지기 시작하였다. 다음으로는 산업혁명이다. 에너지와 물질 간의 전환을 통하여 동력을 발생시키고 이에 의거하여 그 전에 할 수 없었던 일들이 가능해지면서 대량 생산의 모드로 삶이 전환되고 대규모의 기업들이 등장하면서 전에 볼 수 없었던 산업군들이 생겨나고 이에 따라 사회적 구조가 바뀌고 제도가 새롭게 구축되었다.

이렇게 보면 우리가 지금 겪고 있는 정보 혁명은 인류가 겪는 패러다임 전환의 네 번째이다. 정보가 물질에서 분리되어 정보들만으로 구성된 가상 세계를 만들어 나가면서 우리의 생활에 획기적인 변화가 일어나고 있다. 이러한 패러다임의 변화상을 빨리 인지하고 앞으로의 변화에 대비하여야 할 시기이다. 변화상의 파악과 예측을 기존의 패러다임에서 바라보아서는 어렵다. 패러다임을 넘어서는 사고가 절실한 시기이며 그만한 대가가 즉각적으로 나타나는 시기인 것이다.

IT산업은 IT가치의 공급자가 IT산업발전을 선도하기보다는 수요자의 욕구와 방향이 주도한 IT산업발전이 이루어져 왔다.

1997년도 닷컴업체의 붐업은 공급자 중심의 IT산업발전을 이끌었으나, 2000년에도 닷컴 거품이 꺼진 후에는 수요자들이 IT산업의 도전과 기회에 대한 반응이 중요한 역할을 수행하기 시작하였다.

특히 <그림 13>의 IT산업의 중요 발전단계를 살펴보면, 초기에 기기와 시스템 중심에서 중기에는 정보전달의 인터넷 표준으로, 향후 20년 동안은 수용자의 반응에 중요한 역할을 할 수 있는 정보와 콘텐츠 전달의 상대적 중요성이 높아지는 방향으로 진화하고 있다.

〈그림 13〉 IT발전의 중요 단계 및 결정 요인

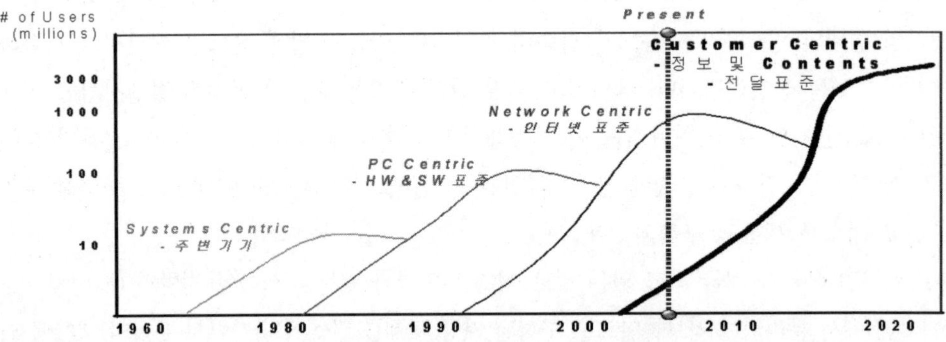

출처 : David Moschella(2003), Customer-Driven IT, 서문
조상섭(2006), 기술개발과 상용화전략 – 시장중심 IT기술개발 및 경영을 위한 전략

국내 IT산업의 동향을 살펴보면, 2000~2005년까지는 컴퓨터, 통신, 반도체의 발달을 통해 디지털 컨버전스를 지향하며, 2005~2008년까지 유/무선 통합, 통신-방송의 융합과 온라인

오프라인의 결합을 통해 유비쿼터스 IT로 전개된다. 그 이후 미래의 IT는 바이오테크(BT)와 나노테크(NT)의 융합을 이루는 메가 컨버전스의 달성을 목표로 한다.

　최근 가장 큰 변화는 IT산업의 선도 활동영역이 다수의 공급자 중심의 활동영역에서 수요자 중심의 활동영역이 많아지고 상대적으로 중요하게 되었으며, 최근 추세는 IT수요자가 새로운 응용 플랫폼, 사회적 적용체계 그리고 지원정책을 제공하는 경향이 높아졌다. 향후 10여 년은 새로운 IT활동영역을 뒷받침할 정부 정책의 중요성이 높아지지만 공급중심의 활동영역이 축소되거나 절대적 중요성이 감소한 것은 아니다.

〈그림 14〉 다양한 산업분야에서의 오픈소스 Software의 적용 증대

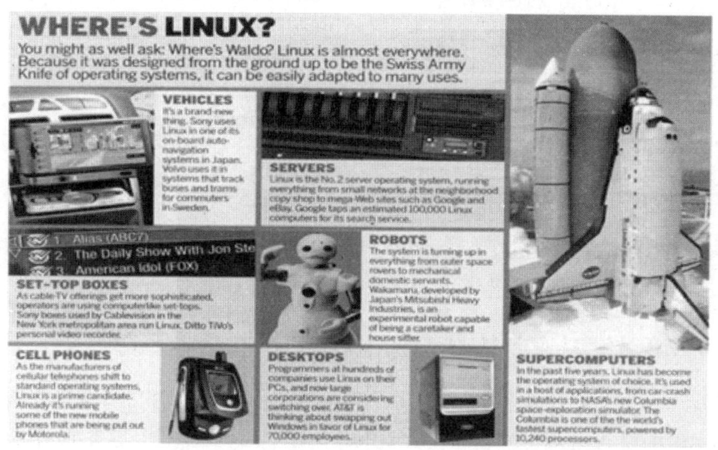

출처 : Businessweek(2005)

글누림 문화콘텐츠 총서 18

가트너(Gartner)는 2007년은 물론 향후 3년간 성숙단계에 이를 것으로 예상되는 10대 기술(The Top 10 Technologies for 2007)을 2006년 제25차 가트너 데이터센터 연례회의에서 아래와 같이 발표하였다.

- 오픈소스(Open Source)
- 가상화(Virtualization)
- 정보 액세스(Information Access)
- 유비쿼터스 컴퓨팅(Ubiquitous Computing)
- 그리드 컴퓨팅(Grid Computing)
- 컴퓨터 유틸리티(Compute Utilities)
- 멀티코어 프로세서(Multicore Processors)
- 웹 2.0(Web 2.0)
- 네트워크 통합(Network Convergence)
- 수냉 방식(Water Cooling)

10개 기술 중 오픈소스, 가상화, 그리드 컴퓨팅, 멀티코어 프로세서, 수냉 방식, 웹 2.0, 네트워크 통합 등 7개 기술은 단기적 관점에서 주류를 이루는 기술로서 많은 사용자에게 사용될 수 있는 기술이어야 한다. 반면 정보 액세스, 컴퓨터 유틸리티, 유비쿼터스 컴퓨팅 등 3개 기술은 미래 시대를 대표하는 기술이지만, 향후 3년 내에 사용자들이 시범운영하기에는 적절하지 못할 것으로 예상한다.

최근 우리나라가 경험하고 있는 IT 환경변화를 살펴보면, 새로운 기술개발 및 도입 그리고 기술 상용화가 가속화되어가는 기술 혁신적인 IT 환경에 접어들고 있음을 알 수 있다. 현재 추진 중인 IT 839 성장 동력의 경우를 살펴보면, 8대 서비스-3대 인프라-9대 신성장 동력을 가치사슬별로 연결시킴으로 IT 신기술의 클러스터링(집적화)을 구축한 IT 기술혁신의 한 종류로 볼 수 있다.

이러한 정부의 신산업 육성 방향은 다음과 같은 목표를 가지고 있다.

- 첫째, 잘 구축된 IT 인프라를 기반으로 하는 SW, 디지털콘텐츠와 같은 신산업의 육성 필요성
- 둘째, IT 신산업을 이끌어 갈 전략의 필요성
- 셋째, 통신사업자의 구매 수요 담보를 통한 IT 전략에서 소비자 니즈를 중시하는 전략의 필요성
- 넷째, 성장 잠재력과 고용창출 효과가 큰 IT 신산업의 발굴, 육성 전략의 필요성
- 다섯째, 정보화, 통신, 방송서비스에 대한 IT 수요측면과 R&D, 산업이라는 공급측면의 연계를 통한 선순환의 구조강화의 필요성
- 여섯째, 반도체와 CDMA를 이어나갈 IT 네트워크 관련 산업의 육성 필요성

IT 839 전략을 수행함에 있어서 정부와 기업은 각각의 역할을 수행하고 있다. 즉, 8대 서비

스 구축을 위해 정부는 서비스 표준방식의 결정, 주파수 배분, 사업자 허가, 법제도 정비, 경쟁체제 유지를 수행하며, 기업은 서비스를 준비한다.

3대 인프라 구축에 있어서도 정부는 표준화의 선도, 기반기술의 개발, 초기시장 창출 및 투자자금의 지원을 수행하며, 기업은 기술개발 및 시범사업의 추진을 담당한다. 9대 신성장 동력에서도 정부는 표준화, 애로기술의 지원, 공공시범사업의 추진을 담당하고, 기업은 국내외의 시장을 확대하고, 기반구축, 원가절감의 방안을 모색한다.

〈표 16〉 IT 839 전략

8대 정보통신·방송 서비스	3대 첨단 인프라 구축	9대 신선장 동력
• WiBro(휴대 인터넷, Wireless Broadband) • 위성 및 지상파 디지털멀티미디어 방송(DMB) • 홈네트워크 • 텔레매틱스 • 전자태그(RFID) • 광대역 코드분할다중접속(W-CDMA) • 지상파 디지털TV(DTV) • 인터넷 전화(VoIP)	• 광대역 통합망(BcN) • U-센서네트워크 • 차세대인터넷 프로토콜(IPv6)	• 차세대 이동통신 • 디지털TV • 홈네트워크 • IT SoC(Syste on Chip) • 차세대 PC • 임베디드 SW • 디지털콘텐츠 • 텔레매틱스 • 지능형 로봇

출처 : 정보통신부 연감(2002)

〈표 17〉 IT 839 세부 전략 목표

구분	과제명	2010년까지의 목표
8대 서비스	WiBro 서비스	06년 서비스 본격 개시
	DMB 서비스	06년 양방향 서비스 도입
	홈네트워크 서비스	07년 1천만 가구 도입
	텔레매틱스 서비스	07년 서비스 이용자 천만 명
	RFID 활용서비스	07년 최소형, 저가 RFID 개발
	W-CDMA 서비스	06년 시 지역 전국망 구축
	지상파 DTV	05년 전국망 구축
	인터넷 전화(VoIP)	06년 서비스 이용자 400만 명
3대 인프라	광대역통신망(BcN)	10년 2천망 가입자 확보
	U-센서 네트워크	10년 실생활에 u-life 본격 활용
	IPv6	10년 IPv6 전면 전환
9대 신성장 동력	차세대 이동통신	07년 4세대 이동통신 시제품 개발
	디지털 TV	07년 통방융합서비스 서버/ 단말기 개발
	홈네트워크	07년 통신, 방송, 게임 융합 홈서버 구축
	차세대 PC	07년 입을 수 있는 컴퓨터 개발
	임베디드 S/W	07년 임베디드 S/W 2대강국 진입
	디지털콘텐츠	07년 세계 3대 공개 S/W 생산국
	텔레매틱스	07년 차량 내 모바일오피스 구현
	지능형 서비스로봇	07년 지능형 로봇생산강국

출처 : 정보통신부 매뉴얼

IT 839 정책의 대표 성과로는 다음을 들 수 있다.

① DMB
  • 지상파 DMB 서비스가 2005년 12월 시작됨
    - Eureka 147기반(700kbps@1.5MHz 대역폭)
    - World DAB 포럼 및 표준이 채택됨
  • 위성 DMB : 2005년 5월 서비스 개시

② WiBro 세계 최초 개발

WiBro는 휴대인터넷으로 휴대전화와 무선랜(LAN) 서비스의 장점을 합쳐 놓은 것과 같은 서비스로 이동 중 초고속 인터넷, 게임 및 비디오 시청이 동시에 가능하며 또한 저렴하게 이용할 수 있다. WiBro의 추진은 유·무선 전환 시장 및 초고속 인터넷 시장이 포화 상태를 보임에 따라 새로운 시장 창출을 통한 통신시장의 차세대 성장 동력의 발굴 필요성에 기인한다. WiBro- sms 차세대 이동통신 DFDM 기술은 2005년 12월에 세계표준으로 채택되었다.
  - 고속의 전송속도 : 30Mbps
  - 이동성 보장 : 60km/h

③ URC 로봇

100만 원대의 로봇 생산

삼성경제연구소(2003)가 정리한 국내외 기관이 예측하는 차세대 유망기술은 다음과 같다.

〈표 18〉 국내외 기관이 예측한 IT 분야의 차세대 유망기술

대분류	중분류	유망기술
IT	스마트홈	홈네트워크, 디지털 그린가전, 헬스케어
	디지털가전	디지털멀티미디어 방송, 디지털 TV, 디지털셋톱박스, 스마트카드, 서비스로봇, 전자종이
	Post-PC	텔레매틱스, PDA, Wearable Computer
	소프트웨어	Agent S/W, 음성인식 S/W
	네트워크	Ad-hoc N/W, 양자암호
	전자의료기기	실버의료기기, 영상진단기기, 모바일 헬스기기, 한방의료기기
	비메모리반도체	인텔리전트 SoC, 무선네트워크용 칩, e-Car용 칩, 텔레매트릭스용 칩
	전자부품, 소재	LED, 유기EL, LCD 2차 전지, 센서, 탄소나노튜브, 전자소재
BT	BIT 융합기술	바이오칩, Bio-IT, 인공장기
	바이오	면역치료제, 유전자치료제, 세포치료제, 맞춤의학, 바이오신소재, 약물전달시스템

출처 : 삼성경제연구소(2003), CEO information, 산업판도를 바꿀 10대 미래기술

차세대 유망기술에서 IT 분야의 유망 아이템을 몇 가지 소개하면 다음과 같다.

① SoC : 반도체와 각종 부품을 하나의 칩으로 구현하는 것으로, CPU, DSP(Digital Signal Processing), 메모리 등이 수행했던 기능을 하나의 칩에서 실현하는 것이다. 이 기술은 소형화, 소비 전략 절감을 통해 전자기기의 성능향상과 원가절감에 기여한다. 동시에 SoC의 발달은 CPU(인텔), 메모리(삼성전자) 등 특정제품을 주도하는 기업들의 제품 간 영역을 무너뜨리게 된다.

반도체 업체들도 자사의 주력 반도체를 중심으로 다른 부품을 통합하는데, Intel, TI(Texas Instrument), 도시바, 소니 등이 SoC 칩의 개발을 주도하고 있다.

② 탄소나노튜브 : 탄소가 긴 빨대 모양으로 연결된 구조로 미래의 반도체, 센서 등의 핵심소

재로 사용될 신물질이다. 지금까지 전자산업을 이끌어 온 실리콘 기술의 한계를 돌파하는 기술로, 전자정보통신, 환경, 에너지, 의약분야 등에 응용되어 새로운 제품이 창출된다.

③ 전자종이 : 종이처럼 얇고 구부러지는 디스플레이로 간편성이라는 종이의 장점을 가지면서도 대용량, 동화상 표시 등 기존의 LCD, PDP 디스플레이의 성능을 보유한다. 소니, 캐논 등이 전자종이 개발에 나서고 있으며 미국 기업은 상용화 제품을 내놓을 예정이다. 이를 통해 책, 신문, 잡지 등 출판업의 유통이 오프라인에서 온라인으로 이동하며 동화상의 구현이 가능해져 방송산업과의 융합도 진행을 촉진시킬 수 있다.

④ 서비스 로봇 : 인간의 가사와 사무업무를 지원하는 로봇인 서비스로봇은 지능을 가지고 스스로 움직이면서 인간을 돕는 것으로서, 가사용, 엔터테인먼트용, 업무지원용, 의료용 등의 용도로 구분된다. 일본 업계가 앞서가고 있으며, 99년 소니의 AIBO에서 시작되어 인간형 로봇의 구현을 목적으로 움직임과 지능의 두 축에서 연구되고 있다.

2005년 이후 전 세계적으로 IT 분야의 공급과잉과 경쟁격화로 신기술 개발이나 표준을 둘러싼 경쟁이 치열해지고, 이 싸움에서 밀리게 되면 성장주도 산업으로서의 위상이 흔들릴 가능성도 배제할 수 없게 되었다.

따라서 지속적인 성장을 위해서는 IT 분야의 우위를 유지하면서 새로운 성장엔진의 발굴을 위해 기존의 산업지도와 업계 판도를 일시에 바꾸는 새로운 와해성 기술을 개발해야 한다. 와해성 기술은 기존 기술과는 별개의 것으로 움직이기 때문에 한국과 같은 후발자도 대등한 입장에서 도전할 수 있으나, 현재 국내기업이 주도하고 있는 분야 역시 와해성 기술이 큰 위협요인이 된다. 따라서 업계의 판도를 바꿀 정도로 위력이 있는 와해성 기술 중에서 우리가 도전할 분야를 선정하고 기업과 정부가 역량을 집중해야 한다.

정부와 민간기업이 연계되어 있는 IT산업의 가치사슬을 살펴보면 다음과 같다.

〈그림 15〉 정부와 민간기업이 연계된 IT산업의 가치사슬

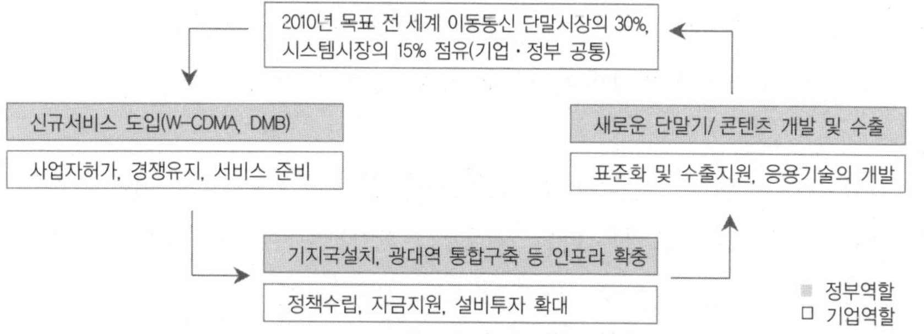

출처 : 정보통신부(2007), 2007년 정보통신 산업정책방향

반도체, 휴대폰의 뒤를 잇는 미래 먹거리 창출을 위한 신성장 동력분야 기술개발의 가속화 및 독립적 상품화가 지속되어야 한다. 또한 시스템/ 대기업 분야의 경쟁력을 기반으로 부품소재/ 중소벤처 육성 강화 및 시장수요에 부응하는 글로벌 IT 인력의 양성이 요구된다.

새로운 IT 산업의 발전 전략 수립을 위해 IT 패러다임의 변화가 요구된다. 즉 IT 산업 국제 분업의 확산과 경쟁이 심화됨에 따라 제조업 부문을 시작으로 경쟁압력이 증가되고, 인터넷, SW, IT 서비스 등 소프트 부문이 IT 패러다임 변화의 핵으로 등장하게 되었다. 세계 IT 시장

의 패러다임 변화에 적극 대응할 수 있는 새로운 전략이 모색되어야 한다.

따라서 새로운 IT 전략의 방향이 재정립되어야 한다.

① 글로벌 전략의 수립 : IT 생산 국제 분업 확대를 감안한 지속 성장해법의 모색.

② 완제품 중심에서 핵심경쟁요소에 집중하여 부가가치 원천변화에 적극대응.

③ 산업구조의 유연성 제고 : SW/ 부품 경쟁력 강화, 산업 간 융합촉진.

④ 중장기적 IT 인프라 개선 : IT 기술혁신 체제, 우수 인재양성 등.

현재 IT산업 그리고 수요자 중심의 IT산업 발전을 결정하는 요인들은 다음과 같은 4가지로 볼 수 있으며, 이러한 결정 요인은 다른 산업에서 찾아보기 어려운 요인이다.

① 위험과 보상 : 기술중심의 IT산업 환경에서 기업가정신과 적절한 보상(Winner-take-all or Near)이 뒷받침되어야 한다.

② 인내와 열정 : 사업 성공에 장기간의 시간이 필요하며, 수요자와 자원을 유인할 열정이 필요함.

③ 표준설정과 협력 : 새로운 기술/ 산업환경에 알맞은 표준결정이 중요하며, 각 가치사슬상의 성장과 속도가 다르기 때문에 협력이 필요하다.

④ 경쟁에 의한 새로운 출발(Start-Up) : 새로운 기술채택과 사업화는 새로운 기업과 경쟁기업의 위협 속에서 이루어진다.

　　최근 IT 산업정책 환경이 IT 산업발전에 중요한 기술을 개발하여 공급하는 정책도 중요하지만, 기술이 최종 활용되는 시장과 사용자의 선택측면에서 IT 산업정책을 수립한 후 수요자 중심에서 바라보는 IT 산업정책이 요구된다.

〈그림 16〉 IT 산업정책 환경변화 요인 분석

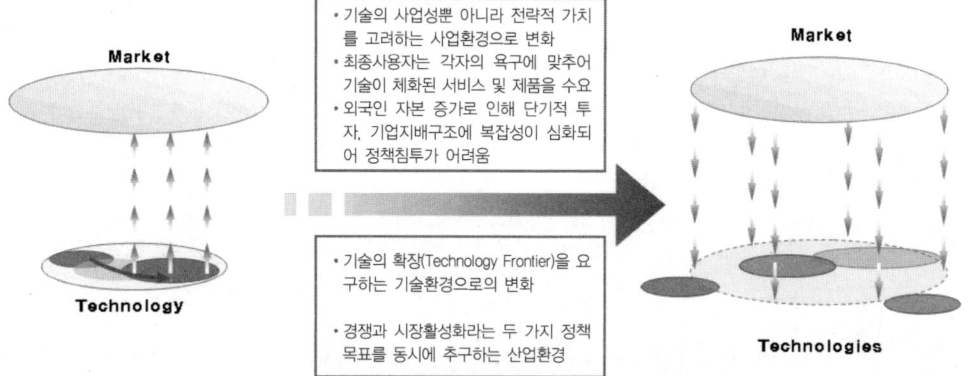

출처 : Teubal(2002), J. E. E. p.243
조상섭(2006), 기술개발과 상용화 전략－시장중심 IT 기술개발 및 경영을 위한 전략

정보통신의 새로운 패러다임을 이끌어 가는 신기술의 환경변화분석을 살펴보면 <표 19>와 같다.

〈표 19〉 CDMA, WiBro, DMB로 본 환경변화 분석

구분		CDMA	WiBro, DMB	WiBro, DMB 비교
기술 환경	국내	• 기술기회 영역이 좁음 • 단일 기술에 대한 산학연의 총체적 개발 참여	• 기술기회영역이 넓어짐 • 기술의 개발보다는 활용성, 경쟁자와의 협조가 더욱 중요	• WiBro는 유사기술 간 경쟁 • DMB는 사업자 간 경쟁
	국외	• 기존기술 Catch-up Position • 사실상 표준이 기술시장 선도	• 기술 리더십 • 표준화 기구에 의한 기술선점 중요성 증대	
산업 환경	공급 (사업자)	• 잠재적인 내수시장을 답보 • 기술개발과 서비스 상용화의 축차성 • 기술의 내재가치 중시	• 잠재 시장규모의 불확실성 증대 • 기술개발과 서비스 상용화 간의 관계성 약화 • 기술의 전략적 가치도 중시	• WiBro는 유선사업자의 전략적 선택 • DMB는 서비스 사업 영역의 확장
	수요 (사용자)	• 즉시성과 상호결집이 매우 강한 서비스 • 사용자선택 수동성	• 즉시성이 약한 서비스에 대한 통신비 지출 부담감 • 사용자선택 능동성	• WiBro에 대한 수요자의 활용은 능동적 • DMB는 수동적
	자본 조달	• 국내 자금 중심의 local community 형성	• 단기적 성과를 요구하는 기업지배구조	
정책 환경	기술	• 국가와 기업의 동일한 R&D 목표 및 공유	• 정부와 기업 R&D 목표의 괴리 증대 • Time to Market 원리를 중시	
	규제	• 국기 차원의 시장 활성화 • IT 산업 내에서 규제정책 작동	• 시장 활성화를 위한 규제 완화 가속화 • 경쟁체제 구축의 필요성증대 • 산업 간 Convergence 규제제도 필요	• WiBro는 여타 서비스와의 결합이 중요 • 이해 집단 간의 조정과 시기가 중요사항

출처 : 조상섭(2006), 기술개발과 상용화전략―시장중심 IT 기술개발 및 경영을 위한 전략

❷ 나노기술(NT : Nano Technology) 동향 및 발전 전략

나노기술이란 나노미터 수준에서 물체들을 만들고 조작하는 기술을 통칭하는 말이다. 나노는 10억분의 1을 나타내는 단위로, 1 나노미터는 10억분의 1m로 머리카락 굵기의 약 8만분의 1, 수소원자 10개를 나란히 늘어놓은 정도에 해당한다. 따라서 나노기술은 원자 혹은 분자를 적절하게 결합시켜 새로운 미세 구조를 만들어 기존 물질을 변형 혹은 개조하거나 새로운 물질과 기능을 창출하는 초미세 극한기술이다. 나노기술의 구체적인 형태는 옷감과 같이 손으로 만질 수 있는 물질에서부터 병균을 죽이는 나노 로봇과 같은 상상의 산물에 이르기까지 매우 다양하다.

최근 범국가적으로 나노기술의 산업, 경제적 측면에서 중요한 이유는 다음과 같다.

첫째, 나노기술은 종래의 기술과는 지배법칙이나 발상이 전혀 다른 혁신기술이라는 관점에서 중요성이 강조되고 있다.

둘째, 나노기술이 주목받는 것은 현재의 경제적, 기술적 정체상태를 돌파할 수 있는 가능성을 가지고 있기 때문이다. 미국 나노기술 주도계획에 따르면 나노기술은 21세기에 미국의 가장 중요한 전략적 과학기술 분야가 되며, 이를 통해 제조, 의약, 국방, 에너지, 운송, 통신, 컴퓨터, 교육 등의 전 분야에서 현재의 마이크로 기술을 대체할 수 있다. 고기능성 신소재산업, 소형, 고속, 저소비 전력의 정보전자 산업, 질병 진단학과 치료학, 생명공학 관련 사업 등이 대표적이라고 할 수 있다. 이는 새로운 경제환경의 변화 흐름에 맞추어 새로운 성장엔진을

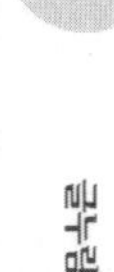

발굴하고 산업구조를 개편함에 있어서 나노기술의 활용이 핵심임을 제기하고 있다. 특히나 사회문화적으로 살펴볼 때 통합 정보 가전제품의 출현과 식량문제의 근본적 해결과 같은 삶의 질 향상을 가져올 것으로 예상된다. 이러한 사례로서 양방향 TV 내장 개인 컴퓨터, 고성능 휴대용 개인 단말기, 화상 전화기 등 고기능의 가전제품이 출현된다.

특히 나노기술은 정보기술 및 생물기술에 이어 향후 수십 년간 과학기술의 핵심적인 분야가 될 것으로 예상되고 있으며, 다른 기술들에 비해 기반이나 속도에서 급속하게 성장하고 있다. 이는 미래 국가 전략산업의 하부구조의 구축 및 나노기술 관련 전문 벤처기업의 활발한 육성이 가능하기 때문이다. 나노, 바이오(BT), 정보기술(IT) 등은 융합기술 영역을 확대해나가고 있다.

나노기술은 아직 기술발전 초기단계이지만, 2006년부터 경제적 영향이 본격적으로 나타나고 과학적, 기술적 성과들이 나타나면서 산업변화가 본격화될 것으로 기대되고 있다.

나노기술에 관련된 제품은 크기가 줄어들면서 물질의 성질이 바뀌고 이를 통해 물질의 효용성을 높일 수 있는 경우를 의미하는 것으로, 오염발생방지, 오염제거와 같은 환경친화성 기술이나, 연료전지, 전극, 실리콘 반도체를 바꿀 극미세 회로 등도 예상되고 있다. 나노 이론가들이 궁극적으로 꿈꾸는 것은 분자를 조립하여 완전히 새로운 물질이나 장치를 만드는 것이다. 이를 분자공학(Molecular Manu-facturing)이리고 한다. 이를테면 혈관을 타고 움직이는 나노 로봇은 자체 에너지를 갖고 특정 목적을 수행할 수 있는 두뇌를 갖고 있어야 하는데, 분자 단위에서 조작이 되어야 한다.

〈그림 17〉 나노 테크놀러지의 적용

출처 : Businessweek(2005)

나노기술의 특성은 경제적 측면에서는 기술집약적인 신산업의 다양한 창출로 고부가가치 전략품목의 새로운 개척과 선점이 가능한 분야라는 점이며, 사회문화적으로는 고기능의 제품 출현과 나노기술을 이용한 유전자 조작 및 질병치료를 통해 삶의 질 향상에 기여할 수 있다는 점이다. 또한 IT와 BT와의 융합이 가능하다는 점도 매력적이다.

① NIT(NT + IT) 융합기술

기반적 성격이 강한 나노기술과 시스템적 성격이 강한 정보통신기술이 접목되어 반도체, 생명공학, 환경, 정보통신 등의 여러 분야에 활용될 수 있는 신개념의 기술창출이 가능한 분야로서, Realis(2002) 자료에 의하면, 2015년 전 세계 **IT-NT** 융합기술제품의 시장규모는 나노소재가 3,000억 달러, 나노가전이 1,000 달러에 이를 것으로 예상하고 있다. 나노튜브 트랜지스터의 개발을 통해 반도체의 성능을 획기적으로 높이는 연구나 디스플레이에 사용되는 나노기술 부품의 개발도 진행 중에 있다. 또한 향후 미래의 모든 정보통신 고기능 소자에 필수적으로 적용되는 기반 기술이 될 전망이다.

국내의 경우도 탄소나노튜브가 포스트 반도체를 견인할 10대 신성장동력과 산업판도를 바꿀 미래기술로 선정되어 활발한 투자가 이루어지고 있다.

② NBT(NT + BT) 융합기술

나노 또는 바이오 분야의 기술을 채용하여 상호 기술발전의 문제점을 극복하거나 새로운 기술분야를 창출하는 분야로서, 나노바이오센서 등으로 진단분야의 혁명을 가져오며 생명과학과 나노소자의 상호기술을 이용한다. 전 세계적으로 나노생체분석, 나노바이오센서, 나노생체재료에 대한 연구가 활발하게 진행되고 있다.

이 중 바이오 **MEMS** 분야는 급성장하고 있어 국내의 우수한 반도체 공정 기술 인프라를 고려하면 이 분야에 내한 기술 경쟁력 확보의 가능싱이 크며, 약물 전달 시스템시장은 앞으로 평균 15% 이상 성장하여 2010년경에는 1,000억 달러 이상의 시장을 형성할 것으로 예상되고 있다.

<표 20> 나노기술과 BT, IT

구분	기술분야	기술개발영역
NIT	정보처리	양자컴퓨터, 나노전지 등
	정보전송	나노복합 광통신용 광소자 기술, 실리콘 나노전광소재 / 소자 원천기술 등
	정보저장	테라급 초고밀도 자기 정보저장 매체기술 등
	정보표시, 재료 및 공정	차세대 리소그라피 원천기술, MEMS 기술 등
NBT	나노바이오 센서	나노 보건 진달기술, 나노 바이오 센서팁과 시스템 기술 등
	나노생물	생체모방 나노소재기술, 바이오/ 화학 센서, 광바이오 시스템, 생체나노머쉰 등

나노기술 산업의 전 세계적 동향을 살펴보면, 현재 세계적으로 미국과 일본이 나노기술개발의 주도권을 확보하기 위해 기반을 강화하는 단계이며, 유럽·중국 등 각국에서 나노기술의 중요성을 인식하고 투자를 확대해 나가는 추세에 있다. 나노기술의 산업화는 전자, 통신, 환경, 생명과학, 재료공학, 방위산업, 의학 등 사회 전반의 패러다임을 바꿀 수 있는 과제로 나타나고 있다.

미국과 프랑스 등은 일반적으로 과학적인 측면, EU·한국·대만 등은 산업과 관련된 전략을, 미국·일본·독일은 다양한 분야에서 특수 분야로의 집중 전략을 채택하고 있다. 나노기술을 활용한 제품 및 산업화는 아직 본격적으로 이루어지지 않고 있지만 기술의 잠재력과 파급력이 엄청난 기존의 산업 및 기술의 흐름을 바꾸는 새로운 패러다임이 되기 때문에 선진 각국은 국가 핵심기술로 선정하여 기초기술개발과 연구기반 구축을 위해 적극 투자하고 있다.

국내산업의 현황을 살펴보면 국내 신기술 산업 중 나노기술 분야는 2010년까지 연평균 49.5%의 높은 증가율을 보이면서 국내 시장 규모는 1,246억 달러에 이를 것으로 보이며, 세계시장에서 차지하는 비중도 2002년 1.9%에서 세계시장의 24.3%까지 확대될 것으로 전망되고 있다.

〈표 21〉 신기술 산업별 국내시장 규모

구분	2002년	2005년	2010년	연평균증가율 (2005~2010년)
IT	372	467	682	7.9%
BT	12	22	60	22.3%
NT	50	167	1,246	49.5%
소계	434	656	1,988	21.0%

출처 : 국가과학기술위원회(2001), 과학기술기본계획

국내의 나노기술 분야의 기술수준은 최고 선진국인 미국, 일본과 비교하여 25~30% 수준으로 평가되지만, 다른 신기술산업에 비해 가장 취약한 편이다. 국내의 경우 나노 화장품이나 세탁기 등의 상품이 등장하는 등 나노 파우더를 이용한 제품이 생산되고 있다. 나노기술의 개발 성과가 아직까지 산업화에 연결되지 못하고 있는 이유는 나노기술 관련 연구 성과가 민간 개발연구로의 유인효과가 낮고, 기술특성 또는 연구단계에 따른 기타 기술로의 연계가 미흡하며, 나노기술의 상품화 및 산업화의 전략이 없기 때문으로 해석되고 있다.

나노분야의 산업성장의 기반 구축을 위한 정부 정책을 살펴보면, 산업자원부는 산업화를 지향한 나노기술의 연구개발 지원을 1999년부터 추진하고 있으며, 주로 산업기반 기술개발사업과 기술기반 구축사업, 기술기획사업의 3분야로 구축하여 추진하고 있다. 또한 2007년까지 총 3천억 원을 투입해 나노기술 클러스터(Nano Technology Cluster)를 조성하며 현재 1천억 원을 들여 상용화 가능성이 높은 나노소재와 소자, 공정 등을 중심으로 일괄적으로 기술지원이 가능한 나노기술센터(가칭)를 설비하여 매년 400억 이상을 투자하여 나노기술 관련 사업기술 개발 사업을 추진하고 있다.

현재 국내의 나노기술은 나노복합소재, 나노코팅소재, 나노공정 및 분석장치, 촉매 환경소재 등을 중심으로 산업화가 추진되며, 장기적으로는 에너지 저장, 항공산업 소재, 나노 바이오 소재, DNA 칩, 나노소자, 대용량정보저장장치, 디스플레이 산업 등 응용분야로의 확장이 예상된다. 향후 10년간 나노기술 산업은 연평균 30% 이상 성장해 오는 2010년에는 1조 달러가 넘는 시장을 형성하게 된다. 나노기술의 구체적인 산업화 전략을 살펴보면 다음과 같다.

나노기술은 다른 신기술에 비해 상업화단계에 진입하는 데 상대적으로 많은 시간과 투자를 필요로 한다. 기업들이 관심을 가질 수 있는 단계까지 정부가 원천기술 개발을 지원한다는 정책기조를 가지고 있어야 하며, 성급한 상업화 논리보다는 기존 산업의 체질 강화와 신산업의 기반을 강화시킨다는 차원에서 추진할 필요가 있다.

모든 나노기술이 실용화되기까지 10~20년씩 오래 걸리는 것은 아니며, 몇몇 기술은 상업화된 응용분야에 적용되고 있다.

최근 국내에서도 특허 출원 및 연구개발 건수가 계속 증가하고 있는 상황을 고려하면, 기술개발 테마의 발굴, 다학제 간 협력, 산학연 협력에 의한 시장창출을 위한 노력, 나노기술에 대한 일반적 인식의 구체화 및 확산 등이 필요하다.

정부의 나노기술기반 강화는 대규모 투자보다는 유망분야를 발굴, 집중지원하는 것이 효율적이며, 국내의 나노기술 수준은 선진국에 비해 다소 미흡하지만, 기술의 실용화 시기와 중요성을 고려한 개발의 우선순위 결정 및 연구자원의 집중이 필요하다.

나노분야의 벤처기업들도 연구개발 능력과 마케팅 능력의 결합을 통해 시장에서의 성공모델을 만들어내기 위한 전략의 추진이 필요하며, 융합기술을 성공적으로 발전시키기 위해 핵

심기술과 응용관련 기술에 대한 획득 및 개발을 위한 노력이 동시에 이루어져야 한다. 또한 나노기술 자체가 기술발전 주기상 초기 단계이므로 원천 기술에 대한 독립적인 연구 개발역량 강화를 위한 구체적인 정책방안이 필요하다.

해외교류를 통한 기술력 향상 및 핵심인력 육성 추진과 함께 내부적으로는 국내 연구개발 체제에서도 선택과 집중의 강화를 통해 고급인력의 양성 및 기술개발에 대한 차별적인 전략이 필요하다.

또한 나노기술은 고가의 연구 및 공정장비가 필수적이지만 벤처기업 및 연구자들이 장비 및 시설구축의 애로사항이 많기 때문에 전문분야별, 지역별 클러스터의 연구시설의 확충 및 공동활용을 통해 효율적인 장비운영 방안을 마련할 필요가 있다.

현재 정부는 나노종합연구방비센터 및 나노기술산업화지원센터의 연계, 나노연구개발 총 정보의 네트워크 구축, 나노기술정보교류회 등 나노기술개발을 위한 핵심장비 공용구축과 관련 자원을 연계하는 정책을 시행하고 있으나 정보의 교류뿐만 아니라 장비공동활용을 촉진시킬 수 있는 방안을 강화할 필요가 있다.

자원의 합리적 배분과 활용을 위해 개발 시점 및 가능성을 고려한 투입자원의 합리적 배분이 필요하다. 즉 실용화, 산업화 시기를 고려한 자원 배분 정책이 실시되어야 하며, 현재 강점 분야는 아니지만 미래에 경쟁력을 확보하지 않으면 안 되는 분야에 일정 개발 자원을 전략적으로 투자하며, 산학연 협의체 의견을 수렴하여 장기적 안목으로 정책적인 배려를 해야 한다.

또한 나노 전문 인력을 체계적으로 육성해야 한다. 산업체, 대학, 연구소 간의 인력 공유를 통한 나노 전문 인력의 양성, 산업체, 연구소 등의 나노기술 실무경험이 있는 전문가를 대학

강사로 활용하거나, 나노 전문 교수를 국내 산업체 안식년 근무의 활성화 방안 등이 마련되어야 한다. 또한 대학 내 나노기술 전공을 개설하여 나노기술 개발에 필요한 폭넓은 전문지식을 습득할 수 있는 프로그램을 개설할 필요가 있다.

❸ 생명공학기술(BT : Bio Technology) 동향 및 발전 전략

생명공학기술은 전통적인 발효, 육종 기술뿐만 아니라 유전자 재조합기술, 세포융합, 최근 각광받고 있는 바이오칩에 이르기까지 생물체를 대상으로 적용하는 방법론의 개념이며 DNA 구조 규명과 유전자 재조합기술의 개발이 획기적인 발전의 촉매가 되었다.

바이오산업은 생물체가 가지는 유전, 번식, 성장, 자기제어 및 물질대사 등의 기능과 정보를 생명공학기술을 이용하여 인류에게 필요한 유용물질과 서비스를 재가공, 생산하는 고부가가치 산업이다. 바이오 산업은 바이오 테크놀로지를 기반으로 인류의 보건, 식량, 환경 등의 문제를 해결하고자 하는 응용분야이다. 바이오산업의 응용범위 확대는 생명공학기술(BT)의 발전뿐만 아니라 근본적으로는 생명체에 대한 개념의 변화에 기인한다. 제품과 서비스(의약, 식품, 농업, 환경, 해양, 에너지 등)를 생산하기 위해 생물학적 매개물(세포, 효소)을 사용하여 물질의 처리과정에 과학적, 공학적 원리를 응용한 것이다.

생명공학기술은 발효 및 육종기술을 바탕으로 포도주, 빵 등을 만드는데 이용되던 전통적 생명공학기술과 유전자재조합기술, 세포융합기술 등을 이용한 현대적 생명공학기술로 구분가능하다.

1990년 시작된 인간 지놈 프로젝트의 영향으로 유전자 정보해석 분야의 경쟁이 치열해졌으며, 최근의 추세는 분석기기 및 컴퓨터, 정보기술의 발달로 대표되는 IT(정보통신기술)와

BT(생명공학기술)가 융합되는 경향을 보이고 있다. 융합분야는 생물 정보학, 지노믹스, 바이오칩과 같은 신 분야를 탄생시켰다.

바이오산업은 기술, 지식 집약적으로 핵심특허 및 신기술 의존도가 높은 고부가가치 산업으로 21세기 산업성장을 주도할 분야로 주목을 받고 있다.

바이오기술은 의약, 화학, 환경, 식품, 에너지, 농업, 해양 등 많은 산업부문의 기반기술로 자리 잡아 21세기 산업의 핵심적 역할을 하게 되었다. 특히 IT와의 융합이 이루어지는 집적화 산업이며, 미래에는 전자정보 기술을 확보한 기업이 진입하기에 유리하게 된다. 따라서 화학, 기계, 전자, 전산, 소재기술을 통한 하드웨어 및 소프트웨어, 소모품, 서비스의 다양한 결합이 가능하게 된다. 또한 완성품에서의 핵심기술 및 특허의 비중이 높아 시장선점의 효과가 크며 모방 전략이 적합하지 않을 수 있다. 반도체/ 컴퓨터 등에 비해 초기 성장단계에 있으며, 21세기 국가경쟁력을 좌우하게 될 첨단산업 중 가장 높은 성장이 예상되는 급속 성장산업이다.

BT 산업의 구조를 살펴보면 다음과 같다.

BT 산업은 경쟁이 심하고 기술혁신이 중요한 전형적인 지식산업(Liebeskind, et al ; Engelhard, 2002, 삼성경제연구소, 2003)으로서, 빠르고 지속적인 기술혁신을 하지 못할 경우 경쟁우위가 오랫동안 지속되지 못하는 무한경쟁과, 막대한 투자에도 불구하고 최종적인 결과물의 성과에 대한 예측을 하기가 어려운 불확실성이 매우 높다. 또한 독자적인 지적재산권의 중요성이 매우 크며, BT 분야 인력확보의 중요성이 매우 핵심적인 요소가 된다.

특히 최근의 BT 산업은 인간 유전자의 완전해독 이후 신생약품의 개발에 있어서 과거의 저효율 범용신약에서 개인 맞춤형 신약으로 BT 산업의 패러다임이 전환되었고, 각 관련업체

간의 제휴에 의한 협력과 분업이 필수적인 사업방식으로 부각되었다.

BT 산업 발전의 역사를 살펴보면, 1980년대 초부터 미국을 중심으로 발전하였으며, 바이오 기술에 대한 자본의 대량투자로 BT 벤처기업 수가 크게 증가하였으며, 이는 BT 산업 초기에 벤처 캐피탈의 우호적인 투자 분위기에 의해 큰 영향을 받았다. 1980년 초기의 BT 산업은 신약 제조회사들의 신약 개발이 주류를 이루었고, 1990년대 인간 지놈연구가 활기를 띠면서, 복잡한 기업 간 제휴구조를 통해 제품개발에 필요한 요소기술을 제공하는 등 투자회수가 빠른 비즈니스 모델이 유행하였고 그에 따라 BT 산업의 가능성을 증대시켰다.

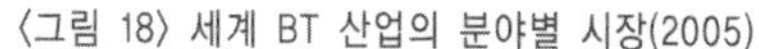

〈그림 18〉 세계 BT 산업의 분야별 시장(2005)

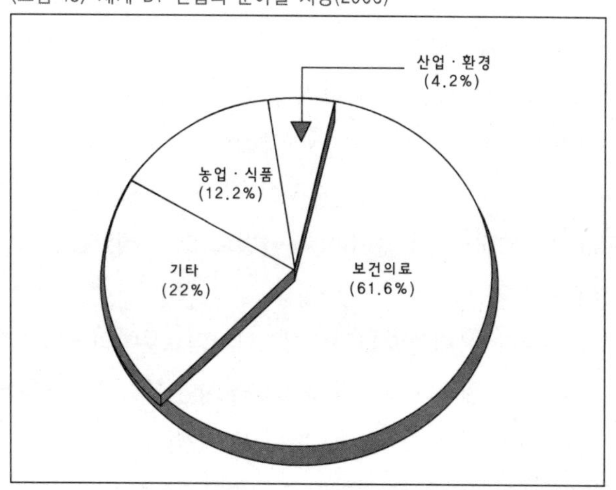

출처 : Datamonotor

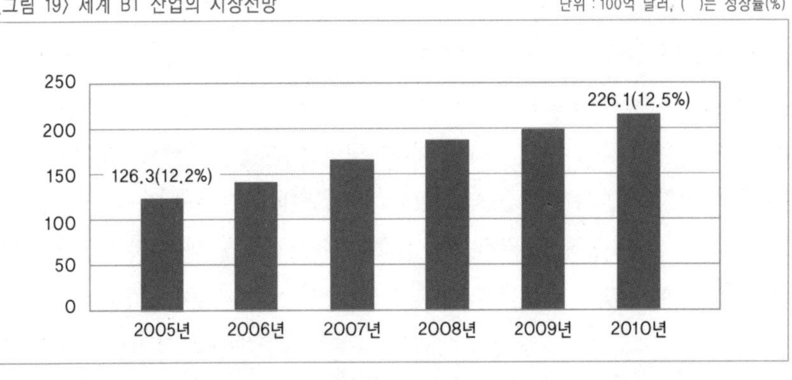

2006년 미국의 국가생명공학정책연구센터에서 나온 '주요국의 바이오산업 동향분석'에 따르면 전 세계 BT 산업 시장은 2005년 1,263달러 규모이며, 이는 2001년 이후 연평균 12.8%의 성장률을 보였으며, 2010년에는 2,261백억 달러(약 210조 원) 규모에 이를 것으로 예상되고 있다. 지역으로 보면 미국과 캐나다의 북미 시장이 전 세계 매출의 절반을 차지하고 있으며, 아시아, 태평양(26.9%), 유럽(16.2%)의 순이다. 분야별로 보면 의약품이 전체 BT 산업 매출의 61.5%를 차지하고 있다.

BT 산업은 색으로 분류된다. 유럽연합(EU)에서는 보건의료분야의 BT는 피의 붉은 색을 따서 '레드(red) 바이오'로, 미생물을 활용해 산업용 화학물질이나 바이오에탄올과 같은 연료를 생산하는 것은 친환경적이라고 해서 '화이트(white) 바이오', 유전자 변형농산물 등 농업 분야 BT는 나뭇잎의 색을 따 '그린(green) 바이오'로 분류하고 있는데, 세계 BT 산업을 이끌고 있는 미국은 레드 바이오가 시장의 66.6%를 차지하고 있으며, 그린은 4.4%, 화이트는 0.1%에 불과하다.

세계 2위인 아시아 태평양 지역은 레드가 44%로 1위지만 그린(28.2%), 화이트(12.9%)도 높은 비중을 차지해 미국과 차이를 보인다. 2005년 일본이 161억 달러로 아시아 태평양 시장의 절반을 점유하였으며, 중국은 62억 달러(18.2%)를 점유하였다.

우리나라 BT 산업 규모는 약 30억 달러 정도이다. 최근 제약 산업을 기반으로 부상하고 있는 인도는 2003~2004년에 7억 900만 달러의 시장을 형성한 것으로 조사되었다. 유럽의 경우는 세계 유수의 제약사들이 포진하고 있어, 레드 바이오가 71.7%로 미국보다 더 높은 것으로 나타났다. 프랑스, 스페인 등 농업이 발달한 국가에서는 그린바이오가 11.8%로 높이 나타났으며, 유럽 BT 산업의 최대시장은 영국으로 37.8%를 차지하고 있으며, 독일, 벨기에, 프랑스, 이탈리아의 순서로 나타났다.

2007년 5월 미국 보스턴에서 개최된 BT(생명공학) 분야의 최대 전시회인 '바이오 2007' 행사에서는 BT의 산업화가 주된 관심사였다. 예년엔 기업들이 개발한 기술을 소개하는 부스가 대부분이었지만 올해는 임상시험 대행업체나 계약생산업체, 의약품개발 컨설팅 등의 기업이 등장하였다. 특정분야의 BT를 중심으로 전시회가 진행되던 것에서 벗어나 분야에 상관없이 기술의 상용화가 핵심과제로 떠오른 것이다. 전 세계 BT 산업에서는 미국, 유럽의 선도 그룹과 중국, 인도 등 후발주자 간 치열한 경쟁이 벌어지고 있다.

조선일보(2007. 7. 21일자)에 따르면 BT 의약품의 특허가 만료되면서 경쟁이 더욱 치열해지는 것으로 나타났다. 아시아태평양과 유럽에서 그린 바이오나 화이트 바이오가 나름대로 성과를 보인다고 해도 미국이 레드바이오로 세계 BT 시장을 좌우하고 있는 것으로 분석된다. 그만

큼 경쟁도 치열하지만 한번 성공하면 엄청난 이익을 볼 수 있다. 대표적인 BT 의약품인 이피오(EPO) 단백질은 사람의 신장에서 분비되는데 적혈구 생성을 도와 빈혈치료제로 개발됐다. 엄청나게 비싸고 세계적으로 10조 원의 시장을 형성하고 있는데, 이 빈혈제를 개발한 암젠사는 소규모 바이오업체임에도 시가 총액 800억 달러에 이르는 세계 13위 제약회사로 급성장하였다. 최근 의약품의 특허가 만료되면서 복제약 분야에 인도 기업들이 높은 경쟁력을 가지고 바이오분야의 성장을 높이고 있다.

BT 산업은 BT 기업(요소기술기업과 전문 BT 기업)의 기업 간 가치사슬이 세분화되면서 특정 분야에 전문화된 소규모의 BT 기업의 중요성이 점점 커지게 되었다.

국내의 경우 정부가 세계 BT 산업에서 경쟁할 수 있는 분야로 약물전달기술 등을 기반으로 한 바이오 신약과 줄기세포나 동물의 장기를 이용한 이식 등의 바이오 장기, 혈액 한 방울로 질병 유전자를 찾아내는 바이오 칩 세 분야를 선정하여 집중 투자하고 있다.

국내 BT 전문가를 대상으로 한 설문에서 바이오 신약은 2005년 현재 미국의 58% 수준이며, 바이오 장기는 66%, 바이오칩은 65%이다. 이를 2020년까지 각각 90%, 95%, 95%까지 높인다는 것이 정부의 목표이다. 중국의 경우 전체적인 기술 경쟁력은 우리의 74% 수준이나 2020년이 되면 오히려 우리를 앞설 것으로 예측되고 있다.

한국의 경쟁력은 선진국과 중국 등 후발국의 틈새에서 우리가 가지고 있는 장점을 극대화하는 전략이 필요하다. IT 산업기반을 활용한 유비쿼터스 헬스 분야가 전망이 밝으며, 유전자나 단백질을 검출하는 바이오칩을 휴대전화와 인터넷 통신망과 결합해 언제 어디서든 질병진단이 가능하기 때문이다.

BT 분야의 사업의 특성은 9개의 특징으로 대변된다. 여기서 설명되는 9개의 특징은 임상 신약 등의 레드바이오 분야에 초점을 두고 기술하고자 한다.

〈그림 20〉 BT 분야 사업의 9대 특징

전략적 제휴	특허획득·관리

네트워크 경쟁	M&A를 통한 확장	대형제약사와의 협력

대학의 중요역할 수행	사회적 관계(PR)의 중요성	조직문화(유연성·창조성)	벤처 캐피탈의 활용

출처 : 삼성경제연구소(2003), 바이오테크 기업의 사업 전략

① 네트워크의 기능

BT 산업과 같은 지식집약 산업에서는 기회주의적인 행동 가능성 때문에 전략적 제휴의 체결이 대단히 어렵다. 기술을 가지고 있는 기업이 제약 기업 또는 기술을 도입하려는 파트너 회사보다 정보를 더 많이 보유하고 있기 때문에, 상대 파트너 회사가 의무를 다하고 있는지를 파악하기가 현실적으로 곤란하다. 즉 제휴분야에는 저급한 인적, 기술적 자원을 투입하고, 자체 R&D에는 고급인력을 배정할 가능성이 있기 때문이다.

② 전략적 제휴를 통한 사업의 전개

미국의 경우 매년 수백 건의 새로운 제휴관계가 형성되며, 장기간 지속적인 제휴관계를 유지하는 관계형 제휴가 제품 및 기술의 일회성 교환만 이루어지는 거래형보다는 일반적인 형태이다. 또한 제휴형태 중 가장 일반적인 것이 라이센싱으로 라이센싱 제휴는 개발 초기단계에서 성사되는 경우가 대다수이며, 전략적 제휴에서는 규모의 확장보다는 핵심역량의 확보가 가장 중요하다. 이는 BT 산업에서 기업의 규모는 성공의 필수 요소가 아님을 의미한다.

③ 대형제약사와의 공존

BT 산업의 기업은 자금시장에서 자사의 신뢰성을 확보하고, 부족한 능력을 보완하기 위해 대형제약사와의 제휴가 필요하다. 대형제약사와의 제휴는 벤처 캐피탈 등 자본시장에서 자사의 가치를 확인시키는 시그널 효과를 가져 오며, 대형제약사가 벤처 캐피탈보다 BT 기업의 기술과 제품에 대한 위험도 및 신뢰도를 더 잘 파악할 수 있는 능력을 보유하고 있다고 판단되기 때문이다.

BT 기업이 창업초기이고 제휴경험이 없을수록 시그널 효과는 더욱 중요하게 된다. 향후 벤처 캐피탈 등 자금시장으로부터 자금조달 시 프리미엄을 받을 수 있기 때문에 대형제약사와의 할인된 제휴도 손해가 아닌 것으로 인식되고 있다. 또한 취약한 분야의 전문성 보완의 기회도 제휴의 동기가 된다. 제약기업은 지분참여 방식을 통해 BT 기업의 R&D 과정에 대한 모니터링과 불확실성을 해소하는 장치를 마련하고 있다.

④ M&A를 통한 사업영역의 확장

M&A는 특정분야에서 전문성을 강화하거나 사업영역을 확장하고자 할 때 추진하는 것으로서, 전문성 강화를 위한 M&A는 R&D, 마케팅 비용의 절감, 특정분야 및 지리적 영역의 확대,

특정분야에서 전문기업으로서의 입지 확보 등이 목적이다. 사업영역을 확장하기 위한 M&A 는 특정분야에 대한 의존성을 감소시키고 특허 만료나 경쟁심화에 대한 대응력을 강화하는 목적으로 추진한다.

그러나 M&A는 전략적 제휴에 비해 실패가능성이 높은 것으로 나타났다. 그 이유는 인수기업과 피인수기업 간의 비전과 장기적 성장 전략을 일치시키기가 쉽지 않으며, 피인수기업의 핵심인력 유출을 방지하는 것이 M&A 성공의 핵심적 요소이다.

⑤ 특허보유 및 관리의 중요성

BT 기업에게는 특허의 획득이 가장 중요한 사업 전략으로서, 특허가 BT의 핵심 전략으로 부상되었다. 특허의 취득은 자체연구, 대학 등 외부로부터의 라이센스나 다른 회사와의 합병을 통해 달성하는데, 특허는 대개 개발초기에 출원하는 것이 일반적이다.

⑥ 대학, 공공연구소의 역할

대학, 공공연구소는 BT 기업의 중요한 기술원천을 제공하는 것으로, 이들 기관의 역할은 BT 산업의 발생초기에 더욱 중요하고, 기업들이 제휴 네트워크를 형성함에 따라 산업이 폭발적인 성장을 하게 되었다.

⑦ 벤처 캐피탈의 활용

BT를 포함한 벤처산업에서 벤처 캐피탈로부터의 자본유치는 사업성패의 핵심적인 요소가 된다. 벤처 캐피탈로부터의 투자는 확실한 잠재수요, 성공적인 임상실험의 결과, 과학기술력, 핵심사업 부문에서의 리더십, 적절한 지적재산권 포트폴리오 보유, 제휴에 관한 명확한 전략이 투자기준이 된다.

⑧ 유연한 조직구조와 창조성의 중시

대부분 과학자인 임직원들의 사회적 네트워크 활동을 통해 구성원들 사이의 정보흐름과 의사소통이 원활하도록 조직구조를 주기적으로 혁신한다. 자율성과 역동성을 유지 발전시키는 팀문화가 발달하여 구성원들에게 권한을 부여하는 임파워먼트(empowerment)가 중요한 사항이 된다. BT의 경우는 다 기능적 인력보다는 전문화된 인력이 필요하기 때문에 핵심인력의 확보가 BT 기업 CEO의 가장 큰 핵심적인 업무로 인식된다.

⑨ 사회적 관계의 중요성

BT 산업은 사회로부터의 윤리적, 문화적 저항이 심한 산업으로 고가의 신약에 대한 정부 및 시민단체로부터의 거센 압력이 있으며, 유전자 변형생물체(GMO)의 안정성 및 생태계에 대한 영향과 관련된 논란에 휩싸일 수 있다.

국내 BT 벤처기업이 기업의 생명성을 유지하고 세계적인 경쟁력을 갖기 위해서는 몇 가지 면에서 주의를 요한다.

첫째, 위험도와 기업역량을 고려하여 사업 분야를 결정한다.

BT 기업은 자원과 역량이 부족한 소규모 기업이 대부분이기 때문에 미국의 BT 기업의 경우는 사업의 불확실성과 위험도가 상대적으로 낮은 기존 치료제의 개선이나, 잠재 시장규모가 일정 수준 이상의 분야를 중요 타겟으로 한다. 따라서 규모가 큰 블록버스터 시장을 타겟으로 할지 틈새시장을 타겟으로 할지를 결정해야 한다.

둘째, 제휴 및 아웃소싱을 효과적으로 활용한다.

경쟁자, 대학, 공공연구소 등 연계가 되어 있는 구성원들과 효과적인 관계를 설정한다. 제품을 개발할 때는 경쟁관계의 BT 기업과 경쟁적 협력 관계를 유지할 때 가장 효과적인 것으로 나타났으며 R&D 기능을 적극적으로 아웃소싱하는 전략도 고려해 볼 수 있다.

셋째, 설립초기부터 국제적 관점에서 사업을 전개한다.

사업 초기부터 해외시장으로의 진출방안과 전략을 마련한다. 진출 국가의 지적재산권의 보호규정과 신약승인 절차의 차이에 대한 검토가 필요하며, 국가별 제도, 문화 등 경영환경의 차이를 면밀히 검토하고, BT 제품의 연구, 개발, 시판에 대한 윤리적, 환경적 측면의 태도의 다양성을 받아들이고 차이점에 대한 사전준비를 해야 한다.

❹ 디지털콘텐츠기술(CT : Digital Contents Technology) 동향 및 발전 전략

디지털콘텐츠기술의 동향은 한국소프트웨어진흥원의 디지털콘텐츠 산업백서(2007)의 총론 내용을 일부 요약 정리하여 제시하고자 한다.

디지털콘텐츠란 기존의 아날로그 형태로 존재하던 정보나 문화 창착물 등의 콘텐츠가 디지털화된 것을 말한다. 디지털화된 모든 정보를 포함하는 개념인 디지털콘텐츠는 문자, 소리,

화상, 영상 등 인간이 이용 가능한 모든 의사소통의 형태로 이루어진 정보의 내용물을 지칭하는 콘텐츠라는 단어를 근간으로 한다. 콘텐츠라는 범주에는 출판, 영화, 방송, 사진 등의 시각적 미디어와 음악, 라디오 등의 청각적 미디어, 게임이나 데이터베이스 등 인터렉티브한 형태를 취하고 있는 콘텐츠까지 광범위한 분야가 포함된다. 디지털콘텐츠는 아날로그로 존재하는 콘텐츠를 0과 1로 이루어진 디지털 부호로 인코딩하거나 직접 디지털 부호로 제작하여 유통하거나 소비하는 산업을 모두 포괄한다.

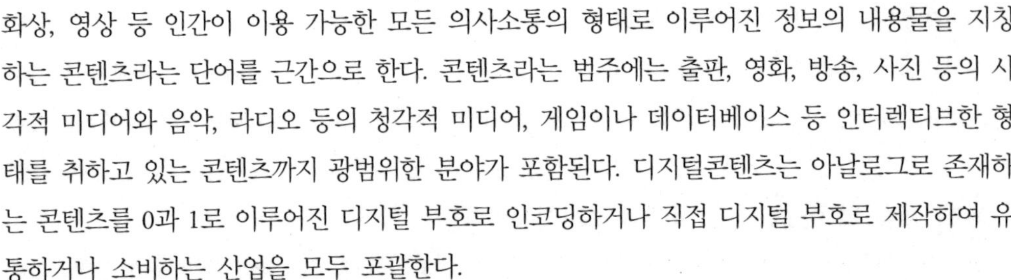

최근 아날로그로 유통되던 영상, 책 등의 정보 및 창작물들이 이제 본격적으로 디지털로 바뀌어 유통되고 있으며 기존의 정보 및 창작물뿐만 아니라 시장에 나오는 상품들의 대부분이 아날로그와 디지털로 동시 혹은 약간의 시차를 두고 디지털로 발매되고 있다. 시차를 두고 시장에 선보이는 상품들도 디지털화까지의 시간이 점점 짧아지고 있어 디지털콘텐츠가 새로운 상품의 유통창구로 정착되어 가고 있음을 알 수 있다. 최근에는 처음부터 디지털로만 발매되는 상품들도 등장하고 있으며, 온라인으로만 볼 수 있는 만화라든지 플래시를 이용한 온라인 애니메이션, 디지털 싱글 음반 등이 늘고 있는 것도 이러한 추세를 반증한다고 할 수 있다.

디지털콘텐츠의 사업 분야는 현대 디지털 비즈니스의 특성 상 소비자의 기호와 니즈를 신속하게 반영하고 새로운 기술과 관련된 기회를 잡지 못하면 뒤쳐지는 것이 일반적이기 때문에 기업들은 새로운 분야를 빠르게 개척하고 있다.

한국소프트웨어진흥원의 디지털콘텐츠 산업분류의 카테고리는 다음과 같다.

〈그림 21〉 디지털콘텐츠 산업분류

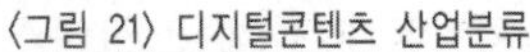

게임	디지털 방송	디지털 영상	정보 콘텐츠	e러닝	디지털 음악	전자책	거래/중계	솔루션
• 아케이드 • PC용 • 비디오 • 온라인 • 모바일	• D-TV방송 • 인터넷방송 • 모바일방송	• 디지털영상 제작 • 애니메이션 • 캐릭터	• 종합정보 • 금융/경제 • 생활정보 • 오락정보 • 의료 • 법률 • 위치기반 • 기타 전문정보		• 벨소리/연결음 • BGM • Full-Track		• 온라인콘텐츠 서비스 • 패키지유통	• 저작물 • 콘텐츠보호 • 모바일 솔루션 • CMS • CDN • 과금/결제 • 기타

출처 : 한국소프트웨어진흥원(2007), 2006~2007 디지털콘텐츠 산업백서

국내 디지털콘텐츠 산업의 시장 규모 및 동향을 살펴보면 다음과 같다.

국내 디지털콘텐츠 산업의 시장 규모는 2001년 2조 8,722억 원을 기록한 이래 연평균 25.8%의 높은 성장률을 기록하며 2006년에 9조 597억 원에 다다랐다. 이는 2005년에 비해 12% 성장한 것으로 10조 원 시장을 눈앞에 두게 되었다.

〈표 22〉 국내 디지털콘텐츠 산업매출액

구분	디지털콘텐츠 매출액						성장률	
	2001년	2002년	2003년	2004년	2005년	2006년	2005~2006년	2001~2006년
합계	28,722	41,279	57,721	68,886	80,885	90,597	12.0%	25.8%

출처 : 한국소프트웨어진흥원(2007), 2006 국내 디지털콘텐츠산업 시장조사 보고서

디지털콘텐츠의 분야별 시장규모 및 현황을 살펴보면 2006년 디지털콘텐츠 제작 서비스 분야의 시장규모는 2005년 대비 11.6% 성장한 7조 6,061억 원을 형성한 것으로 나타났으며, 제작 서비스 분야에서 콘텐츠 매출의 성장률이 광고매출의 성장률보다 높게 나타났다. 광고의 경우에 있어서도 온라인 광고에 대한 인식이 확대되면서 검색광고, 배너광고 등의 인터넷 광고의 비중이 크게 증가하였다.

무선 네트워크를 통해 휴대용 단말기로 서비스되는 콘텐츠와 관련 솔루션의 국내 시장규모는 2005년 대비 12.2%의 성장률을 기록한 9,501억 원으로 나타났다.

2005년 대비 2006년도 모바일 방송의 성장과 모바일 게임 시장의 정체, 음악시장의 감소가 나타났다. 반면 2005년 전체 시장의 6.3%에 불과하던 모바일 방송 시장은 2006년 지상파 DMB 방송이 본격화되면서 12.3%까지 그 비중이 증가한 것으로 조사되었다.

디지털콘텐츠 산업의 기업현황 분석을 위해 사업체 수를 살펴보면 2006년 디지털콘텐츠를 제작하여 서비스하거나 이에 필요한 각종 기술과 솔루션을 개발하여 제공하는 사업체수는 2005년 3,446개에서 76개(2.2%) 증가한 3,522개로 파악되었다. 이는 많은 중소기업들이 시장에서 퇴출되거나 경쟁력을 가진 중소기업들이 대기업에 흡수되면서 디지털콘텐츠 대기업들이 출현하게 되었다. 이중 제작서비스 분야의 사업체 수는 총 2,963개로 2005년 대비 7.1% 증가했고 솔루션 분야는 559개로 2005년 대비 17.7% 감소한 것으로 나타났다.

〈표 23〉 국내 디지털콘텐츠 사업체 수 변화 추이 (단위 : 업체 수)

구분	2001년	2002년	2003년	2004년	2005년	2006년	연평균증가율
제작/서비스	1,121	1,811	2,202	2,563	2,767	2,963	21.5%
솔루션	238	301	780	802	679	559	18.6%
계	1,359	2,112	2,982	3,338	3,446	3,552	21.0%

출처 : 한국소프트웨어진흥원(2007), 2006 국내 디지털콘텐츠산업 시장조사 보고서

2006~2007년도 한국소프트웨어진흥원은 디지털콘텐츠 산업 트렌드 및 비즈니스 동향분석의 큰 틀을 다음과 같이 정리하였다.

① 온라인 광고시장의 폭발적 성장 및 포털의 집중화

콘텐츠 거래 및 중개시장과 디지털 방송시장, 이러닝 시장 등의 성장이 크게 나타났다. 특히 콘텐츠 거래 및 중개시장의 큰 성장은 온라인 광고의 폭발적 성장에 기인한다. 검색광고 시장의 활황이 큰 역할을 했으면, 검색 및 배너 등 온라인 광고에 대한 광고주들의 인식이 크게 증가되었으며, 광고의 성과를 측정하는 기법의 발전 등이 광고주들의 인식전환을 통해 총 광고매출 증가에 기여한 것으로 나타났다.

한국인터넷마케팅협회 자료에 따르면 2006년 상반기 인터넷 광고시장의 규모는 4,247억 원으로 이 중 네이버가 차지하는 비중이 1,718억 원에 이르고 있어 포털사이트에 대한 광고 집중화가 가속화되고 있는 것으로 나타났다.

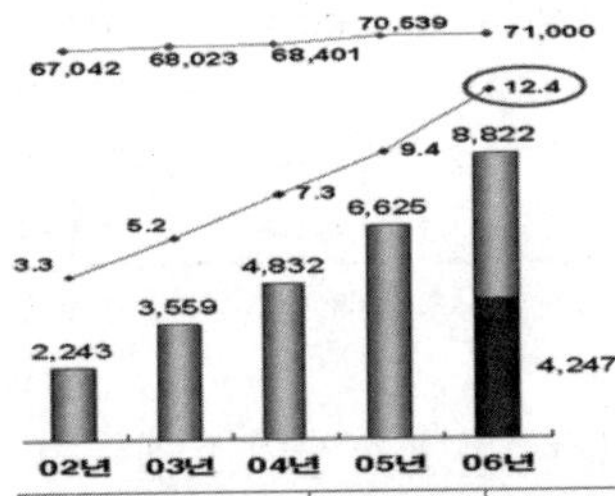

〈그림 22〉 전체광고비 대 인터넷광고비

2002년~2006년
전체광고비 6% 성장
인터넷광고 300% 성장

전체광고시장의 침체 속에서도
매년 30% 이상의 고성장 지속

성장율	2002년	2003년	2004년	2005년	2006년
전체광고성장율		1.5%	0.6%	3.1%	0.7%
인터넷광고성장율		58.7%	35.8%	37.1%	33.2%

출처 : (사)인터넷마케팅협회(2006), 2006년 광고비 예측

〈그림 23〉 광고주별 2006년 2/4분기 대비 2007년 2/4분기 인터넷광고비 예측

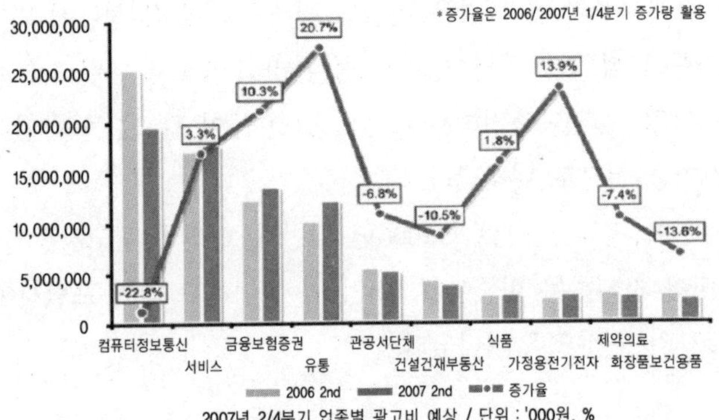

출처 : (사)인터넷마케팅협회(2007), 2007년 광고비 예측

② UCC 열풍의 확산

　UCC란 사용자가(User) 창작해낸(Created) 콘텐츠(Contents)이다. 블로그, 개인 홈페이지, 각종 동호회 커뮤니티 등이 모두 UCC 기반 서비스에 해당한다. 네이버를 현재의 위치에까지 오르게 하는 데 매우 큰 역할을 한 지식인 서비스도 역시 UCC를 기반으로 하는, UCC로만 이루어진 서비스이다. UCC에는 디지털비디오, 블로그, 포드캐스팅(podcasting), 모바일 폰 사진 및 동영상, 그리고 위키(wikis)와 같이 웹을 매개로 한 개인 미디어 활동의 창작물이 모두 포함된다.

　<표 24>는 기존의 웹 1.0에서 UCC를 포함한 웹 2.0 패러다임으로의 변화는 인터넷, IT, 미디어, 전자상거래, 디지털가전을 비롯한 디지털 비즈니스 전 분야에 큰 영향력을 확대하고 있음을 나타낸다. 기존의 생산, 유통의 메커니즘이 변화하였고 UCC의 결합과 동시에 지능화, 맞춤화의 경향이 특징이다. 이러한 경향은 디지털 융합시대를 맞아 인간, 기술, 산업간 융합이 사회와 문화의 패러다임을 바꾸고 있다. 최근 주목을 받고 있는 영상기반의 UCC는 UCC의 독립제작자가 인터넷포탈이나 전문사이트에 영상을 제시하고, 인터넷이라는 유통 플랫폼을 통하여 TV, PC, 모바일의 다양한 기기를 통해 또 다른 소비자를 만나게 되는 개방된 융합의 형태를 취한다.

〈표 24〉 UCC를 포함한 웹 2.0의 분야별 영향도

	인터넷 검색	인터넷 미디어	전자상거래	디지털 가전
이용자 참여, UCC	UCC 기반 검색 확대	UCC 기반 수익모델 모색	오픈마켓 형태로 이전 가속화	인터넷 연계형 솔루션 확대
동영상	동영상 검색 기술 진보	인터넷 동영상이 킬러앱으로 정착	동영상, 부가가치형 쇼핑몰로 진화	TV, 캠코더 등의 인터넷 단말기화
지능화, 맞춤화	검색 시스템의 인공지능화	개인화, 양방향의 미디어 구현	개인화된 쇼핑 솔루션 제공	S/W적으로 기능고도화
모바일화	모바일 검색의 중요성 증가	모바일TV, 모블로그 확대	모바일 상거래 실험지속	휴대폰 등의 혁신 가속화

출처 : 권기덕(2007), 웹 2.0과 기업의 활용전략, 삼성경제연구소

인터넷의 등장과 네트워크의 발전은 UCC를 가능하게 했으며, 개인 중심의 다양한 융합 미디어와 특화된 서비스가 등장하면서 개인이 정보와 콘텐츠의 소비자인 동시에 생산자로서 활동할 수 있는 보다 편리한 환경이 형성되었다. UCC는 개인의 개성과 취향을 표출할 수 있는 수단이 됨과 동시에 새로운 문화 커뮤니케이션 수단으로 발전하고 있다는 것이다. 웹 환경의 변화는 오직 읽는 기능만 하던 사용자가 읽고 쓰는 기능까지 참여하게 되었으며, 서비스 인터페이스가 폐쇄되어 운영자가 제공하는 제약 속에서 서비스를 즐기는 것에서 개방된 서비스 체계에서 커뮤니티 속의 소비자들의 콘텐츠를 공유하게 된다.

UCC를 포함한 Web 2.0은 특정한 기술이나 플랫폼을 지시하기보다는 현재 웹을 통해 진행되고 있는 성공적인 비즈니스 모델과 서비스의 특징들을 의미한다. 사용자들에 대한 개방, 참여, 공유를 개념으로 정하고 있는 Web 2.0과 비교할 때 Web 1.0에서 사용자는 웹기반 비즈

니스 Value Chain 내의 피동적인 정보수용자가 되고, 사용자가 서비스, 콘텐츠 생산과정에 참여 및 기여하는 행동들을 정확하게 반영하지 못해 왔다.

〈그림 24〉 Web 1.0 비즈니스의 Value Chain

Contents →	Platform →	Network →	Terminal →	→ 사용자
이용자에게 전달되는 정보를 생성하는 사업 영역	전달되는 정보를 전달 가능하도록 패키징하는 사업 영역	정보가 전달되어질 수 있는 Infra를 제공하는 사업 영역	정보가 이용되는 접점을 제공하는 사업 영역	
• 음악, 게임, 영상 등 콘텐츠 기획 및 제작 • One Source Multi-Use (방송 콘텐츠 재활용)	• 온/오프 콘텐츠 유통 • 유무선 연통 플랫폼 • 개인화 서비스 • Multi-Platform 구축	• xDSL, HFC, BcN • WiFi, Wibro, HSDPAi • 유무선 통합 서비스 • 캐버리지 확보	• 카메라, MP3, PMP • 다기능 휴대폰 • Multi-Device • 3D 멀티미디어 지원	
• CJ Entertainment • 앤씨소프트, 넥슨 • Disney, News Corp • Time Warner	• Nate, Naver • Daum, Yahoo • Google, MSN • Softbank, Livedoor	• SK Telecom • KT/ KTF • LGT/ 데이콤 • AT&T, NTT DoCoMo	• 삼성전자, LG전자 • 아이리버 • Nokia, Sony • Cannon, Apple	

출처 : 컨퍼런스 코리아(2006), 차세대 인터넷 웹 2.0

그러나 Web 2.0에서는 인터넷 서비스를 사용자, 사업자, 광고주, 파트너 등 모든 참여자들이 상호작용하는 클러스터로 간주하고, 그 속에서 콘텐츠, 수익 등 일련의 비즈니스 과정이 나타난 인터넷 생태계로 인식하고 있다(<그림 25>).

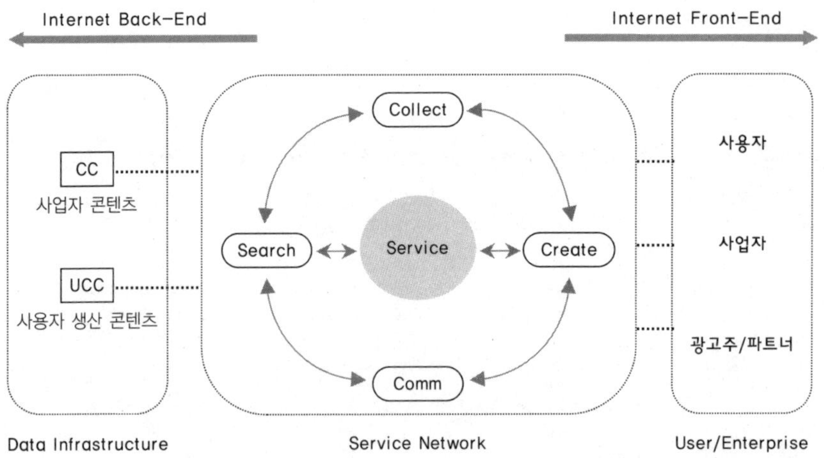

출처 : 컨퍼런스 코리아(2006), 차세대 인터넷 웹 2.0

③ 방송과 통신 융합 논의와 신규서비스 확대

2006년은 방송과 통신 분야에 있어 융합 논의(컨버전스)가 본격화되고 다양한 신규 서비스들이 확대되면서 전체 시장의 성장에도 영향을 미쳤다. 신규 서비스로는 2005년 출범한 위성 DMB와 지상파 DMB는 두 서비스 간 경쟁 관계가 형성되면서 부작용도 있었지만 양방향 데이타 방송이 본격 시범방송에 들어갔다. 2007년 11월부터 IPTV 시범 서비스가 실시됨에 따라 미디어, 커뮤니케이션, 데이터 서비스를 동시에 제공하게 되어 본격적인 개인 브로드밴드

시대를 여는 계기가 되었다.

④ 대기업의 디지털콘텐츠 사업 진출 및 시장 지배력 강화

SKT의 YBM 서울 음반 인수, 연예매니지먼트 IHQ 인수, 음악/영상펀드에 대한 투자, YTN 미디어 지분 인수, KT의 올리브 나무 지분 인수, 싸이더스 FNH 인수, 스타이라이크의 최대 주주, IPTV 사업 진출 KT 캠퍼스로 이러닝 시장 진출 등 통신 기업들의 콘텐츠 사업 강화가 두드러졌다. CJ 그룹의 경우 엠넷미디어의 출범 및 곰 TV 인수, 기타 삼성전자, 대성그룹 등 대기업의 콘텐츠 산업 진출 또는 사업 강화에 구글의 R&D 센터 설립 등 외국계 기업들까지 디지털콘텐츠 시장에 뛰어들었다. 이러한 대기업들의 공세 속에서 기존에 디지털콘텐츠 전문 업체들도 수많은 인수·합병을 실시하였다.

향후 디지털콘텐츠산업의 시장전망은 아래와 같이 정리할 수 있다.

디지털콘텐츠 산업의 성장이 지속적으로 되기 위해서는 양과 질적인 측면에서 많은 디지털콘텐츠 상품이 생산, 공급되어야 하며, 채널확대와 다양한 컨버전스 콘텐츠를 통해 공급증가를 유도할 수 있는 신규서비스가 시장에서 빨리 자리를 잡아야 한다. 정책부문에서의 문제로 상용화가 늦춰지고 있는 IPTV나 낮은 수익성으로 향후 전망이 불투명한 DMB 서비스, 이제 상용화의 첫걸음을 떼고 있는 WiBro, HSDPA 등의 휴대용 무선 인터넷 등 다양한 신규 서비스의 안정화 및 시장 확대가 요구된다.

콘텐츠의 유료화에 대한 사회적 인식부문도 중요한 문제이다. 음악시장에서의 저작권 분쟁과 불법콘텐츠의 단속 조치 등 사회 전반적으로 유료 콘텐츠에 대한 인식이 크게 개선되고

있어, 향후 국내 디지털콘텐츠 시장은 2007년 10조 원 규모를 넘어서서 2011년경에는 15조 원이 넘는 시장으로 성장할 것으로 기대된다.

(4) 소비자와 시장분석–소비자 욕구의 파악, 비즈니스 시장분석 능력

❶ 시장세분화 전략

STP 접근법은 시장세분화로부터 시작하게 된다. 잘못된 시장세분화는 전체 마케팅 전략의 방향을 오도할 가능성이 높다. 시장세분화는 자사제품이나 경쟁제품들을 살 가능성이 있는 고객들 혹은 자사사이트나 경쟁사이트에 접속할 가능성이 있는 사람들에 대해 비슷한 특성을 가진 사람들끼리 동질적 고객집단으로 묶는 과정이다. 그러나 실제로 시장세분화를 효과적으로 실행하여 자사에 가장 유리한 세분시장을 표적시장으로 선정하는 작업은 매우 어렵다.

기업은 다음의 이유에서 시장세분화 및 표적시장을 선정한다.

첫째, 소비자들은 욕구나 기호가 서로 다르다. 소비자는 원하는 제품이 다르고 즐겨보는 방송이나 자주 가는 사이트가 다르며, 또 구매결정방식이 다르다. 예를 들어 어떤 사람들은 야후와 같이 사이트 위주로 검색하기를 좋아하고 또 다른 사람들은 구글과 같이 문서 위주로 검색하기를 좋아하는 등 검색을 하더라도 사람들마다 선호하는 방식이 다르다.

둘째, 같은 세분시장 내의 소비자들 간에, 그리고 서로 다른 세분시장의 소비자들 간에 동질성의 정도가 일정하지 않다. 고객들에 대한 집단화가 가능한 것은 소비자들 간에 다른 정도 혹은 비슷한 정도에서 차이가 나기 때문이다. 만약 소비자들 간에 다른 정도가 아주 균등하다면, 이들을 집단화하는 것이 불가능해진다. 예를 들어 신세대끼리는 비슷한 점이 많은 반면, 신세대와 기성세대는 차이가 크게 나기 때문에 신세대와 기성세대로 집단화가 가능하다.

셋째, 특정의 세분시장에 마케팅 노력을 집중했을 때 그 효과가 더 커진다. 모든 소비자들을 만족시키기 위해서 조금씩 골고루 회사의 마케팅 자원을 분산시키는 것보다는 특정 세분시장에 집중적으로 마케팅 자원을 투입하는 것이 훨씬 그 효과가 뛰어나다. 왜냐하면 투입자원이 효과를 거두기 위해서는 일정량 이상의 지속적 투자가 요구되기 때문이다. 또한 특정 세분시장에 자원을 집중하고 그 외의 세분시장을 포기한 기업은 자신의 전략적 선택에 대한 절박감으로 인해 전력투구를 하게 되며 이러한 기업의 전사적 마케팅노력을 고객들도 인지하기 마련이다. 본 절의 STP는 인터넷 마케팅에 초점을 두어 기술하고자 한다.

① 시장세분화에 사용되는 변수들

시장세분화 변수란 효과적인 마케팅 프로그램의 개발을 위하여 소비자들을 비슷한 집단으로 구분할 때, 즉 세분화할 때 기준이 되는 변수이다.

시장세분화에 많이 사용되는 기준변수는 인구통계적 변수, 인터넷 관련 심리묘사적 변수, 인터넷 사용행동 및 전자상거래 사용행동, 특정 사이트에서의 구매 관련 행동변수들이다. 세분화변수가 되기 위해서는 첫째, 소비자들의 구매 관련 활동이나 웹서핑 활동을 대표해줄 수 있어야 한다. 둘째, 세분된 소비자 집단들이 그 변수로 인하여 집단의 특성에 있어서 차이가 많이 나야 하며, 셋째, 측정하기 쉽고 특성을 이해하기가 쉬워야 한다.

가. 인구통계적 세분화변수

인구통계적 세분화변수란 나이, 성별, 가족 규모, 가족 수명 주기, 소득, 직업, 교육 수준, 종교 등 사회를 구성하는 사람들의 특성을 나타내는 변수를 의미한다. 나이, 성별 등의 인구통계적 변수는 구매행동의 차이를 가장 잘 설명하는 세분화변수로 여전히 받아들여지고 있다. 인구통계적 변수는 측정하기가 비교적 쉽고, 마케팅 담당자들이 세분시장의 차이를 쉽게 이해하는 데 도움을 준다. 인구통계적 변수들의 많이 사용되는 또 다른 이유는 세분시장의 크기를 파악하는 데 유용하기 때문이다.

나. 심리묘사적 세분화변수

심리묘사적 세분화변수란 개인들의 생활방식, 태도나 개성, 느낌 등의 특성변수를 말한다. 동일한 인구통계적 집단 내에 있는 소비자들도 성장과정, 사회학습이나 구매경험 등에 따라 매우 다른 심리묘사적 특징을 가질 수 있다. 일반적으로 심리묘사적 변수를 활용한 세분화는 인구통계적 변수만을 고려한 시장세분화보다 구매 관련 행동을 더 잘 설명한다.

심리묘사적 세분화변수의 대표변수로는 라이프스타일 변수가 있다. 라이프스타일은 사람들의 활동(activity), 관심(interests), 의견(opinion)과 관련된 변수들(AIO변수)로 구성되어 있다.

기술분석적 변수를 활용한 세분화는 기술관련 제품이나 서비스를 출시하려고 하는 기업들이 소비자들의 기술에 대한 태도를 감안한 마케팅 전략을 수립하는 데 사용된다.

포레스터 리서치는 소득, 신기술 수용 정도, 라이프스타일 성향 등의 기술분석적 세분화변수를 이용하여 전체시장을 고소득전문가집단, 전통형집단, 오락애호가집단 등 10개 제품 소유여부 및 사용에 관한 정보와 1년 이내에 여러 가지 조건이 바뀌었을 때 다른 제품으로 바꿀 의향을 이용하여 소비자집단의 특성파악과 미래 구매의도를 조사하고 있다. 또한 새로 나올 것으로 예상되는 제품의 사용동기와 기술 관련태도를 조사하여 이를 앞의 기존 제품에 관한 정보와 종합적으로 분석하였다.

다. 행동분석적 세분화변수

행동분석적 세분화변수는 소비자들의 인터넷 사용 관련 변수나 구매 관련 변수를 말한다. 앞의 세분화변수들은 나이, 성별, 태도, 느낌 등의 변수를 통해 간접적으로 각 세분시장의 구매행동을 설명하려고 하는 데 비해 행동변수는 소비자들의 실제 구매행동이나 실제 구매행동과 직접 관련된 변수들을 측정하는 것이다. 따라서 행동변수를 근거로 한 시장세분화가 실무에 적용하는 데 있어 가장 유용하다고 할 수 있다.

인터넷 비즈니스를 수행함에 있어 세분화를 할 경우 구매와 관련된 변수들에는 인터넷을 통한 구매정보탐색, 인터넷에서의 구매동기, 기대효익, 인터넷에서의 구매의향, 구매경험, 구매량, 애호도, 쇼핑몰의 전환경험, 인터넷 구매 시 위험인지 정도 등이 있다. 인터넷에서 구매하는 제품에 관련된 변수들로는 제품구매동기, 추구편익, 사용경험, 사용량, 상표애호도, 상표전환경험 등을 들 수 있다. 대체로 구매 관련 세분화변수들은 비즈니스 모델이 정해진 후에 효율적인 운영을 위하여 표적시장을 대상으로 한 구체적 세분화에 활용되며, 이러한 변수들에 대한 정보는 인터넷 사이트의 서버에서 클릭 스트림(click-stream) 혹은 쿠키(cookie)의 형태도 수집되어 데이터마이닝이나 특별히 설계된 자동분석 프로그램에 따라서 분석된다.

Peppers와 Rogers(1993)는 인터넷 사업을 하고 있거나 혹은 인터넷 사업을 준비하고 있는 기업들이 자사고객의 특성을 고객욕구의 다양성과 가치로 평가한 고객의 분포를 바탕으로 각 회사의 고객들이 4개의 마케팅 전략 방향 중에 어떤 곳에 속하는지를 평가한다.

다음 2개의 질문은 당신 회사가 기반으로 하는 고객들이 고객구분 메트릭스상에서 어떤 위치에 있는지를 밝혀내는 데 도움을 줄 것이다. 각 질문에 있는 5개의 선택 안에서 가장 적합한 선택 안을 골라보시오.

질문1. 당신이 기반으로 하는 고객들이 가치를 창출하는 데 있어서 어느 정도의 편향성을 지니고 있는가?
1) 절반 혹은 절반 이상의 장기수익은 2% 미만의 고객들로부터 벌어들인 것이다.
2) 최소한 당신 수익의 절반은 5% 정도의 고객들로부터 벌어들인 것이다.
3) 최소한 당신 수익의 절반은 10% 정도의 고객들로부터 벌어들인 것이다.
4) 최소한 당신 수익의 절반은 20% 정도의 고객들로부터 벌어들인 것이다.
5) 상위 20%의 고객들로부터 벌어들인 수익은 총수익 중 절반도 차지하지 못한다.

질문2. 당신의 고객들이 당신의 회사에 바라는 요구사항은 얼마나 다양한가?
1) 거의 모든 고객들은 우리가 판매하는 제품과 서비스에서 거둘 각자의 취향에 맞는 독특한 크기, 색깔, 스타일, 구성 등을 지닌 제품을 원한다.
2) 각각의 우리 고객들은 우리가 만든 제품과 서비스에서 아주 폭넓고 다양한 것을 원해서 우리 제품과 서비스를 매우 다양한 용도로 사용한다.
3) 우리 고객들이 우리의 제품과 서비스로부터 원하는 것은 각각 다르고 다양하다. 그렇지만 그들 각각의 욕구를 잘 정리하여 집단별로 분류하는 것이 가능하다.
4) 비록 비용민감도나 품질에 대한 요구수준에서 약간의 차이는 있지만, 우리 고객들은 서로 같거나 비슷한 용도로 제품이나 서비스를 소비하는 경향이 있다.

5) 우리 고객들은 언제나 기대에 부응하는 일관되고 표준화된 방식으로, 전체 고객들에게 제품이 잘 구성되어서 제공되어지기를 원한다.

질문 1과 2의 응답을 토대로 아래 메트릭스에 귀사의 위치를 확인하면 앞으로 해야 할 마케팅 전략 방향을 찾을 수 있다.

〈표 25〉 마케팅 전략 매트릭스

고객 가치	5 다양 3 동일 1	고객사용량에 따라 구분	1:1 마케팅
		일반마케팅	표적시장 전략
		5　　　동일　　　3　　　다양　　　1	
		고객의 욕구	

② 시장세분화 방법 및 시장의 조건

세분화의 목적, 대상, 변수의 선정이 이루어졌으면 시장세분화 대상이 되는 소비자들로부터 적절한 인터넷 조사방법을 통해 앞에서 설명한 세분화변수들에 대한 자료를 수집하게 되며, 그 다음단계에서는 통계적 방법을 활용하여 전체시장을 세분집단으로 나누게 된다. 시장세분화에 많이 사용되는 통계적 방법은 빈도분석, 교차분석부터 요인분석, 다차원척도분석법 등의 전통적인 통계방법이 있다.

복잡한 통계적 방법을 이용한 시장세분화가 반드시 더 바람직하다고 할 수는 없다. 효과적

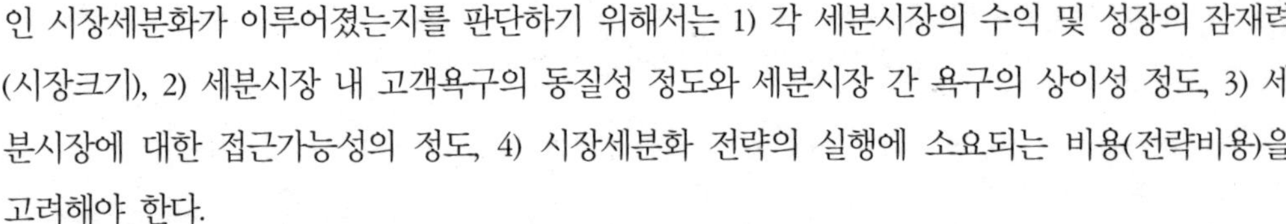

인 시장세분화가 이루어졌는지를 판단하기 위해서는 1) 각 세분시장의 수익 및 성장의 잠재력(시장크기), 2) 세분시장 내 고객욕구의 동질성 정도와 세분시장 간 욕구의 상이성 정도, 3) 세분시장에 대한 접근가능성의 정도, 4) 시장세분화 전략의 실행에 소요되는 비용(전략비용)을 고려해야 한다.

하나의 세부시장은 독자적인 마케팅 프로그램을 시도할 가치가 있을 만큼 시장규모가 크고 이익의 발생가능성이 높은 동질적 집단이어야 한다. 전체 소비자 중 특이한 구매행동을 가진 극소수의 소비자집단을 표적으로 한 차별적 마케팅 전략으로는 이익을 낼 수가 없으므로, 이를 독립된 세분시장으로 구분할 필요가 없을 것이다. 하지만 인터넷 환경이 되면서 개별 소비자들을 위한 차별적인 마케팅 전략인 개인화 전략이 가능해짐에 따라 이익을 낼 수 있으면서 차별화가 가능한 소비자집단의 적정 크기가 많이 작아졌다.

❷ 목표시장의 설정

목표시장을 설정한다는 것은 시장세분화 분석 후, 얼마나 많은 시장 또는 어느 시장을 어떻게 접근할 것인가를 결정하는 전략 과정이다.

① 목표시장 선정기준

가. 시장의 충분성 : 기본적으로 잠재적인 세분시장의 적정한 규모와 성장성을 검토해야 한다. 즉 자사가 마케팅 노력을 하여 충분한 수익을 거둘 수 있는 충분한 큰 시장이 되어야 한

다. 기업의 능력에 비해 너무 큰 시장을 선정하는 경우는 경쟁상황을 이겨나가지 못하므로 여러 다른 세분화 기준에 의하여 동종 산업 내에서 틈새시장을 선정하여 고객 맞춤형 서비스를 제공할 수 있는 것이 바람직하다. 다시 말해, 인터넷 시장규모나 사용자 수에 너무 얽매이게 되면 정작 중요한 목표 고객을 놓칠 수 있다.

나. 시장침투가능성 : 세분시장에 경쟁자들보다 더 잘 침투할 수 있는 가능성을 의미한다. 경쟁자들은 산업 내의 경쟁자, 신참자, 대체재, 구매자, 공급자 등 도처에 있다. 인터넷 사업은 진입장벽이 매우 낮아 지식과 아이디어만 있다면 누구든지 도전해 볼 수 있는 영역일 수 있다. 따라서 현재 인터넷에 진출해 있는 경쟁자뿐 아니라 진출 가능한 새로운 신참자에 대한 가능성을 고려해야 한다. 그러므로 자신의 능력으로 시장을 침투하여 방어할 수 있는 세분시장을 선정하여야 할 것이다.

다. 투입자원 능력 : 자사의 경영목표와 인적자원, 재무자원, 기술자원 등의 가용성을 고려하여 세분시장을 선정해야 한다. 즉 시장에 참여할 수 있는 나름의 경쟁적 우위성이 있어야 한다.

라. 세분시장의 비용수익(cost&benefits) : 세분시장에서 자사가 얻을 수 있는 시장점유율, 가능 매출액, 이익, 그리고 그 세분시장에 참여함으로써 얻게 되는 기업 이미지 등의 수익과 시장의 안정성, 손실가능성 등의 비용을 주도면밀하게 분석하여야 한다.

② 목표시장의 선정대안

표적시장의 선정은 이론적으로는 시장세분화에 의해 얻어진 각 세분시장의 매력도를 평가하여 자사의 마케팅 목적에 가장 적합한 세분시장을 선정하는 것이다. 시장세분화와 표적시

장의 선정은 기업이 어떻게 시장을 이해하고 있고 표적시장에서 어떻게 시장기회를 포착하는 가를 보여주는 전략적 의사결정이다. 비즈니스 모델의 선정은 실제로는 표적시장의 선정과 동시에 이루어지게 된다.

표적시장 선정 시 고려요인으로서, 여러 세분시장 중에서 특정의 표적시장을 선정하는 것은 비즈니스 모델을 결정하는 것만큼 어렵고 중요한 과정이다. 기업은 표적시장을 선정하는 과정을 통해서 마케팅 전략의 방향을 보다 명확하게 정할 수 있게 된다. 표적시장을 선정하는 데 고려하는 기준으로는 1) 시장크기 2) 시장특성과 자사특성 간의 적합도 3) 경쟁정도 4) 기업의 전략적 의도를 들 수 있다.

시장 크기가 표적시장 선정에 중요한 이유는 특정시장을 대상으로 한 영업을 통해 수익성이 확보되어야 하기 때문이다. 기업은 시장 크기를 고려하는 데 있어 단순한 현재의 세분시장을 구성하고 있는 사람 수뿐만 아니라 그들이 자사의 사이트에서 정보와 제품을 구매할 가능성, 구매력 혹은 사용량 등을 함께 고려해야 한다.

경쟁정도는 세분시장에 관심을 보이고 있는 경쟁 사이트의 수와 그들의 마케팅 노력 정도를 말한다. 시장의 규모만을 보고 시장에 진입하려는 많은 기업들이 흔히 고려하지 못하는 요소가 경쟁강도이다. 자사의 비즈니스 모델이 다른 경쟁사와 비교해서 차별적인 우위가 없음에도 불구하고, 많은 기업들이 단순히 규모가 큰 세분시장에 진출하게 된다. 전 세계적으로 야후와 같이 특정 비즈니스 모델에서 1위를 하는 기업이 아닌 경우에는 자사의 비즈니스 모델의 특징을 차별적으로 인식시킬 수 있는 세분시장을 표적시장으로 삼는 것이 바람직하다.

표적시장 선정 시 가장 중요한 기준의 하나가 기업의 전략적 의도이다. 특정시장에서 성공적인 사업을 하기 위해서는 자신의 전략 의도를 명확하게 하고 그에 따라 자신의 경쟁력과 핵심역량을 규정하여야 한다. 기업의 전략적 의도는 표적시장을 선정하는 토대가 될 뿐만 아니라 표적시장의 범위를 넓혀나가는 데 중요한 지침이 된다.

❸ 포지셔닝

시장이 세분화되고 목표시장이 선정되고 나면, 마케팅 전략의 다음 단계는 포지셔닝이다. 포지셔닝은 기업들이 목표 세분시장의 고객들 마음속에 자사의 제품을 심게 함으로써, 경쟁제품과 비교한 자사의 독특한 우위를 세분시장에 전달하도록 하는 것이다. 포지셔닝을 위한 전략은 제품, 유통경로, 가격 및 촉진에 대한 전략을 결합한다. 궁극적으로 포지셔닝은 자사의 상표가 무엇을 의미하는지를 소비자의 마음속에 명확하게 하는 것이다.

제품 포지셔닝(Product Positioning)이란 제품을 시장에 소구하기 위한 기본적 개념을 개발하고 강화시키고자 하는 마케팅 의사결정과 활동을 의미한다. 제품 포지셔닝을 위하여 가장 중요한 것은 고객들이 어떻게 인지하고 있는가이다. 즉 여러 경쟁 상표 중에서 우리 제품 및 서비스에 대한 고객의 머릿속 상태를 파악하는 것이다. 또한 포지셔닝이 분석에 의하여 자사 상표와 강력하게 경쟁이 되고 있는 경쟁 상표를 파악하여 대응 전략을 마련할 수도 있다.

포지셔닝을 실무에 적용하는 경우, 경영 컨설팅의 구상에 적용해 보면 가격과 서비스 제시 방법이라는 두 속성으로 작성해 볼 수 있다. A사는 온라인을 통하여 경영서비스를 제공함으로써 다른 국내의 경쟁 컨설팅회사보다 저렴한 가격을 제시할 수 있으므로, 저렴성과 온라인이라는 것이 A사의 포지셔닝 개념이 된다.

인지도 분석을 하기 위해서는 우선적으로 시행해야 할 것은 경쟁 상표를 파악하는 것이다. 같은 제품군에 속하더라도 직접 경쟁관계에 있는지 아닌지를 평가하여야 한다. 경쟁 상표를 확인한 후에는, 고객들이 특정 제품을 선택하는 경우 어떠한 평가기준(제품의 속성)을 중시하여 판단하는가를 파악하여야 한다. 주로 많이 사용하는 평가기준은 제품의 속성과 관련한 가격, 품질, 성능, 디자인, 스타일, 서비스, 용도 등이 이용된다. 그 다음은 고객조사를 통하여 고객들의 제품 평가 요소들에 대한 경쟁 상표별 상대적 중요도를 측정하여 상표 선호도를 평가하게 된다. 즉 포지셔닝을 구성하는 요소는 경쟁(Competition), 고객(Customer), 자신의 제품(Company) 세 가지의 3C로 구성된다. 또한 마케팅의 가장 중요한 전략은 STP이다. 3C와 STP는 마케팅 전략의 핵심이 된다.

(5) 벤처 하이테크 마케팅

❶ 하이테크 마케팅의 추이

2006년도 아시아 주요국의 경제 상황을 살펴보면, 내수가 증가세를 지속하는 가운데 대부분의 국가에서의 성장률은 전년 수준을 상회할 것으로 기대되고 있으며, 특히 IT 경기회복, 중국, 일본의 경기 호조에 따른 수출 증가, 인프라 투자 및 설비투자 확대 등에 그 주요 원인을 들 수 있다.

반도체, 디스플레이, 통신을 비롯한 아시아 및 세계 IT 경기의 초점을 둔 전망을 살펴보면, 디지털 가전, 특히 컨버전스의 흐름에 견주어 급격한 수요증가에 힘입어 반도체 가격과 반도체 장비 수주, 통신기술 및 시장 확대 등도 역시 안정적으로 회복세를 보이고 있다. 반도체

DRAM의 512MB는 상승세, 256MB는 보합세를 보이고 있으며 NAND 플래쉬 현물가격은 상승세를 보이고 있다.

2006년 초부터 전반적인 반도체 경기의 회복세 지속에 대한 기대감이 확산됨에 따라, 이는 정보통신 산업분야의 소비심리 회복 등과 상호적인 견인에 힘입어 그 성장동력을 확대시키고 있다.

Harvey Nash Group과 Pricewaterhouse Coopers의 조사(2006. 1)에서도 미국 CIO의 33%가 IT 분야의 예산을 전년 대비 10% 이상 인상할 것으로 계획하고 있는 것으로 나타났다. 또한 주요 IT 산업조사 기관 중 하나인 가트너 역시 2006년 세계 IT 경기의 확장을 예상하는 등 전반적인 IT 경기에 낙관적인 전망을 제시하고 있다.

e-Marketer가 전망하는 미국의 2006년 IT 7대 트렌드는 다음과 같다.

1. 온라인 광고의 전체 광고비 중 5% 돌파
2. 초고속 인터넷 보급 확대와 소비증대에 따른 전자상거래의 성장
3. 초고속 인터넷 서비스의 지속적인 보급 확대
4. Google, Yahoo 등 동영상 검색 서비스 강화 및 Apple의 iTunes 등 온라인 비디오 보급 확대
5. 휴대폰을 이용한 모바일 TV 시청자의 증가
6. 세계 4대 검색엔진(Yahoo, Google, MSN, AOL) 등 검색엔진 포털의 영향력 증가
7. 인터넷 전화로의 전환 진행

이러한 전 세계적인 변화와 함께 한국의 2006년 IT 동향을 살펴보면 2006년은 인터넷이

더욱 진화되어 신규 IT 서비스가 본격화됨에 따라 "걸어 다니는 인터넷"이 실현되고 생활 곳곳에 침투하는 디지털 프론티어의 확산이 가속화된다는 국내 전문가들의 견해가 있다. 이는 2006년 4월부터 서비스된 Wibro 서비스, 3.5세대 이동통신인 HSDPA 상용화, 인터넷 동영상 서비스 경쟁강화 등을 예로 들 수 있을 것이다.

국내의 경우 역시 미국과 동일한 유형으로서 무선 인터넷 서비스의 확대, 동영상 검색서비스의 성장과 동영상 블로그의 활성화 등 세계 주요전망과 유사한 경향을 보인다.

2006년 Wi-Fi 무선 네트워크 확산에 따라 휴대전화에도 Wi-Fi 기술이 적용되고 통화품질 향상 및 다양한 서비스 제공이 보편화되었으며 음악, 동영상, 결제, 지도서비스 등이 강화되었다.

IT 품목별로 살펴보면 정보통신 분야의 경우 디지털 가전부문은 디지털 TV가 성장을 주도하였으며, 이는 디지털 HD와 와이드 스크린 중계가 진행된 2006년 독일 월드컵 특수가 디지털 TV의 시장 확산의 계기가 되었다. 특히 LCD 시장의 경우 대형 TV 부문의 수요창출에 따라서 LCD TV의 경우 연평균 약 80%의 성장을 전망하고 있다.

정보통신의 경우 휴대폰은 선진국 시장의 신규수요 및 교체수요의 둔화 등으로 성장둔화가 예상되나, 오히려 국내의 경우는 DMB 방송 활성화에 따른 DMB 폰으로의 전환 등 시장 수요가 확장될 것으로 기대하고 있다. 또한 플래쉬 메모리 가격 인하에 따른 가전제품 시장의 성장세를 예상할 수 있을 것이다.

2006년 Wi-Fi는 더욱 확산되어 미국 및 유럽 등지에서 무선 인터넷 접속의 일반적인 방식으로 자리 잡았고 미국과 영국을 중심으로 Wi-Fi의 제공계획을 구체적으로 제시하고 있다.

한국의 경우는 Wibro 서비스가 서울 지역에서 서비스되었으며, 비교적 저렴한 이용료로 이동 인터넷 대중화의 촉매가 될 전망이다. 3.5세대 이동통신인 HSDPA 서비스도 2007년 상반기 내 상용화되면서 무선 인터넷 경쟁에 합류할 것이다.

이러한 IT 기반의 사업군은 그 특성상 시장수요의 예측 및 잠재적 수요처의 확보가 생산라인의 확충 및 가격결정, 공급과 수요의 조절 등에 첨예한 영향을 미치며, 반도체 및 LCD 라인을 비롯한 IT 기반의 제품 특성은 완성품보다는 완성품을 구성하는 부품으로서의 기능이 있기 때문에 소비자에게 어필할 수 있는 제품시장군의 규모에 따라 사업의 성패를 결정할 수가 있다. 또한 이러한 부품으로서의 한계가 타 업체의 부품과 연결되어 완성품의 기능을 100% 실현시킬 수 있는 기술적인 하모니도 중요하다. 이러한 측면에서 자사가 가지고 있는 기술이 시장의 표준모델로서 자리를 차지하고 있는가가 하이테크 기업의 생존을 좌우할 가장 중요한 기술적 포인트가 될 것이다.

기업이 보유한 표준기술이 전 세계의 표준으로 성장할 수 있는가는 일본 SONY의 베타맥스 VCR 표준과 JVC가 주축이 된 VHS 표준 간의 경쟁에서 SONY가 패배하여 엄청난 시장기회의 손실을 감수해야 했던 사례는 IT 하이테크 시장에서의 기술과 품질 능력이 표준 장악의 충분한 조건이 될 수 없음을 명백히 보여주고 있다.

이러한 표준기술과 관련된 경쟁은 차세대 DVD 표준 설정의 사례에서도 볼 수 있다. 차세대 DVD의 세계 표준 채택을 둘러싼 블루데이 진영과 HD DVD 진영의 대결 역시 10여 년이 지난 지금도 진행 중이다. 현재 블루데이 진영엔 삼성전자, LG전자, 소니, 필립스 등이 있으며, HD DVD 진영엔 도시바, 인텔, 마이크로소프트 등이 포진해 있다. 특히 일반 중소벤처기업의 경우 반도체 및 반도체 장비업 및 디스플레이사업, 정보통신사업의 경우 이러한 기술표준은 대기업의 변화하는 기술동력과의 매칭 여부가 기업의 성패와 직접적인 연결이 되기 때문에 기술개발에 대한 위험을 더욱 많이 가지게 된다.

따라서 IT 하이테크 상품, 기술을 보유하는 기업들은 일반 소비재나 인터넷에 기반한 상품 및 서비스를 제공하는 기업의 마케팅과는 차별화된 방안으로써 시장의 확산을 가속화시켜야 한다.

❷ 하이테크 산업에서의 수확체증법칙과 표준전쟁의 정책적 시사점

산업혁명 이후에 나타난 획기적인 생산성 향상은 몇몇 기업들로 하여금 대형화를 통해 규모의 경제를 달성하게 해주었고, 이는 부익부 빈익빈의 메커니즘을 형성함으로써 수확체증(increasing returns)의 일면을 보여주었다. 이와 같은 공급 측면의 수확체증 효과는 최근의 신경제 혹은 네트워크 경제에 이르러서 수요 측면의 수확체증 효과와 합쳐지면서 비로소 엄청난 효과를 발휘하게 되었다.

하이테크마케팅에 적용되는 수확체증의 법칙은 네트워크 경제의 가장 단적인 예라 할 수 있다. 하이테크 경제성장과 발전의 가장 대표적인 법칙인 Moore의 법칙은 아래의 <그림 26>과 같다.

1965년 페어차일드 반도체사의 연구소장인 Moore는 반도체 칩 하나에 놓인 트랜지스터의 수가 매년 2배로 증가한다는 사실을 발견하였다. Moore는 이를 수정하여 매 18개월마다 트랜지스터의 수가 두 배로 증가할 것이라는 이른바 무어의 법칙을 발표하게 되었다. 그 후 이 법칙은 20년 이상 정확하게 지켜졌다. 1971년에 2,300개의 트랜지스터의 수가 26년 후인 펜티

엄 2에서는 750만 개에 이르는 성과를 가져온 것이다.

〈그림 26〉 무어의 법칙

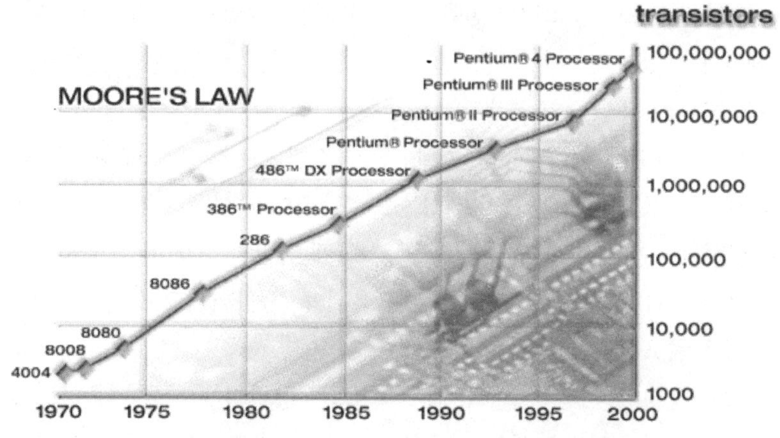

출처 : 김상훈(2004), 하이테크마케팅, 박영사

둘째는 자사의 핵심역량인 원천기술을 적극적으로 공개하는 정책을 취하는 기업(SUN이나 Linux)들이 출현하였다는 점이다. 물론 마이크로소프트와 같이 비공개 원칙을 고수하고 있는 기업들도 많이 있지만 기술을 독점함으로 해서 시장까지 독점하는 것이 점차 어려워지고 있는 실정이다. 오히려 기술을 공개하거나 공개가 용이한 구조 즉, 오픈 아키텍처로 설계하여 많은 참여자를 유도하는 것이 표준을 장악하는 데 유리하다는 입장을 보이는 기업들이 늘어가고 있다.

세 번째는 경쟁자 간의 전략적 연계가 두드러지게 증가되고 있다는 점이다. 비우호적인 관계에 있었던 기업 간의 전략적 연계나 합병이 많이 이루어지고 있다. 소니와 삼성의 제휴, 온라인과 오프라인의 경쟁자가 합병하거나 흡수하는 등 운영상의 시너지나 원가절감과 같은 공급 측면의 규모의 경제보다는 고객의 공유 혹은 확대를 겨냥한 수요 측면의 시너지를 추구하는 경향이 늘어가고 있다.

이는 하나의 산업 내에 다수의 경쟁자가 공존할 수 있다는 수확체감 경제와 달리 하이테크 산업에서는 오직 하나만이 살아남는다는 절박한 공감이 이루어졌기 때문으로 볼 수 있다.

이와 같은 세 가지 신경제의 대표적 현상들은 하나같이 수확체감의 법칙에 기반한 고전경제학 이론에 위반되는 것처럼 보이며 공통적으로 고객 기반의 확보 혹은 확충을 하여 규모를 먼저 크게 한다는 것에 있다. 특히 선도 진입자 우위가 큰 하이테크 산업에 있어서는 초기시장의 장악이 매우 중요한 것이 사실이다.

하이테크 상품 및 산업은 가격차별화, 품질차별화를 통하여 시장을 창출하는 일반 소비재 상품 및 산업과 달리 네트워크를 통해 소통될 수 있는 연계고리 발굴이 더욱 그 힘을 발휘하게 된다.

다음으로는 원천기술을 통한 산업표준 확보의 중요성에 대해 알아보겠다.

"LG전자는 1990년대 후반 큰 두통거리에 직면했다. 95년에 3억 6,000만 달러를 들여 인수한 TV 제조사 제니스가 끝 모를 적자에 허덕였기 때문이다. 말 그대로 밑 빠진 독에 물 붓기였다. 회사를 정리해야 할 상황까지 몰릴 정도로 수렁에 빠진 이 회사를 구원한 것은 원천기술이었다. 98년 말에 미국이 디지털 방송을 시작하면서 이 회사가 개발한 북미식 디지털방송 전송규격(VSB) 원천기술이 보물단지가 된 것이다. 제니스의 원천기술 하나만으로 들어오는 로열티 수입이 해마다 수천만 달러에 달한다. 이처럼 원천기술은 엄청난 부가가치를 창출하기도 하며 때론 기업의 운명과 업계판도를 송두리째 바꿔놓을 정도로 위력적이다".

위의 기사에서도 알 수 있듯이 원천기술은 매우 중요한데 그 이유는 무엇일까?

〈표 26〉 원천기술 확보의 중요성

승자독식	원천기술 확보에 성공하는 국가와 기업이 시장을 선점하여 부가가치를 지속적으로 창출할 수 있는 원동력으로 작용함.
모방은 있어도 특허는 영원하다	원천기술을 바탕으로 전략적 제휴나 네트워킹 형성을 주도하고 표준화 과정에서 협상력을 극대화함.
절대강자의 리더십 확보	원천기술을 확보한 기업은 기술흐름의 리더십을 확보하여, 다른 기업들이 보완적인 제품과 서비스를 축적하고 개발할 수 있는 기반을 제공함.

전 세계 기업들은 바로 이런 이유로 원천기술 확보에 사활을 걸고 있다. 원천기술을 이용한 표준을 확보한 기업은 다른 기업들이 따라올 수밖에 없는 기술전반을 보유하게 되는데, 이는 앞으로 한국의 제조업이 나아갈 방향이다.

① 국내 원천기술 확보 수준

한국은 응용기술 부문에서 세계 최초로 꼽히나 원천기술 확보 면에서는 여전히 부족하다. 국내 기업의 해외 로열티, 특허 사용료 지급액은 2006년에만 44억 달러를 웃돌고 있다. 10여

년 전 미 퀄컴에서 CDMA 원천기술을 도입한 한국은 세계 최초로 이 기술의 상용화에 성공했지만 그 대가로 최근 3년 동안 1조 5,000억 원의 엄청난 로열티를 들여야 했다.

최근 이러한 로열티 수렁에서 빠져 나오려는 움직임이 활발하게 진행되고 있다. 정보기술(IT) 업계의 경우 와이브로(이동하면서 초고속인터넷을 이용할 수 있는 무선 휴대 인터넷) 핵심기술인 직교분할주파수다중접속(OFDMA) 기술은 세계 특허의 51%를 삼성전자와 LG전자 두 회사가 가지고 있다. 삼성전자는 이를 바탕으로 와이브로 운용시스템을 무선통신 종주국인 미국 전역에 보급하는 길을 만들었다. 무세탁 세탁기술로 유명한 경원엔터프라이즈는 2007년 6월 세정수 제조기술이 국제 표준으로 채택됐다.

원천기술을 보유한 기업을 인수·합병(M&A)하여 그 기술을 보유하는 것도 빈번하게 일어나고 있다. 두산중공업은 2006년도 세계4대 발전설비 원천기술 보유업체인 미쓰이 밥콕사를 1,600억 원에 인수하였다.

원천기술 확보는 날로 격심해지는 글로벌 경쟁에서 우위를 잡을 수 있는 핵심 원동력이다. 한국 기업들은 2000년 이후 전자, 제약, 중공업 등 분야에서 상당한 수준의 원천기술을 쌓아왔다. 포스코의 파이넥스를 비롯해 DMB나 와이브로 같은 정보통신 관련 기술이 대표적인 경우이다. 주성엔지니어링, 코아로직처럼 반도체 장비나 통신 분야에서 세계적인 경쟁력을 갖춘 부품업체들도 나왔다.

삼성전자는 와이브로의 해외 보급이 본격화되면 2012년까지 생산 유발효과가 33조 원을 넘는다고 추정했다. 실제로 통신부품을 만드는 중소기업인 KMW가 최근 미국의 스프린트사와 96억 원 규모의 와이브로용 안테나 공급계약을 하는 등 와이브로 효과가 현실로 나타나고 있다.

■ 포스코 파이넥스

포스코가 연구에 착수한 지 11년 만에 세계 최초로 파이넥스 공법을 실현시켰다. 연구비 5,000억 원을 투입하여 제조원가를 20% 낮추었다. 포스코는 2007년, 4년 만에 하루 150만 규모의 파이넥스 공장의 가동에 들어갔다. 기존 공정보다 생산원가가 20% 이상 절감되고 오염도가 적다. 파이넥스는 가루 상태의 철광석과 석탄을 그대로 유동 환원로에 넣어 쇳물을 만드는 공법으로 철광석 가루를 송편 크기의 철광석으로 가공하고 석탄가루를 공장에서 가공해 코크스를 만든 뒤 고로에 넣어 쇳물을 만드는 기존 공법에서 소결, 코크스 단계를 생략할 수 있다. 15년에 걸쳐 600여 명의 연구 인력이 투입되고 5,000억 원이 넘는 연구개발(R&D) 비용의 결과이다.

② 국제 기술표준의 최종 승자

아무리 뛰어난 원천기술을 개발해도 국제표준으로 채택되지 않으면 죽은 기술이 된다. 전 세계 기업들에게는 80년대의 VCR 표준 전쟁 사례가 국제기술표준 획득의 중요성을 제시한다. 당시 베타방식의 소니가 VHS 방식의 마쓰시다와 VCR 기술표준을 놓고 맞붙었다가 완패하여 시장과 주도권을 완전히 상실한 사례이다. 실제 4세대 와이브로 기술표준 채택을 놓고 각기 다른 기술을 개발 중에 있는데, 이 중 삼성전자, 인텔 콘소시움인 와이맥스가 가장 앞서 있고 그 뒤를 노키아, 소니에릭슨의 LTE, 퀄컴, 모토로라의 UBM 연합이 바짝 뒤쫓고 있다.

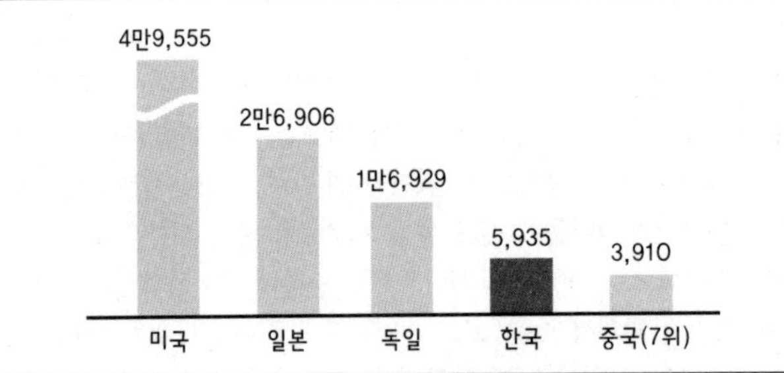

출처 : 세계지적재산권기구(WIPO)

〈그림 28〉 주춤하는 한국의 기술경쟁력

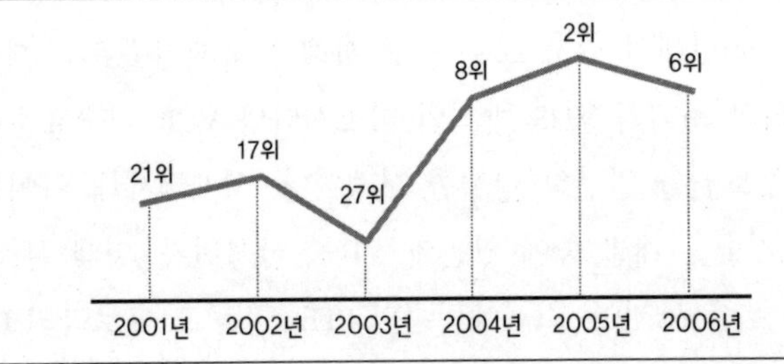

출처 : 스위스 국제경영개발대학원(IMD)

국제표준을 지향하는 국내 기술은 다음과 같은 것들이 있다.

가. 와이브로(Wibro) : 와이브로 서비스 이용자는 2009년 1억 4,000만 명, 2010년 1억 7,000만 명으로 늘어날 것이다. 삼성전자는 미국에 이어 이탈리아 브라질 등 7개국 9개 메이저 이동통신사와 와이브로 공급 및 상용화 계획을 했다. 와이브로가 전 세계로 확산되면 2012년까지 생산 유발효과가 33조 원, 고용효과는 27만 명에 이를 전망이다.

나. IPTV : IPTV는 소비자의 선택권을 향상시킨다는 점에서 의미가 큰 분야로, 초고속인터넷망을 통해 새롭고 다양한 방송, 통신 서비스를 제공할 수 있다. 미디어가 다양해지면 콘텐츠, 장비 등 관련산업도 함께 활성화된다. KT는 메가 TV 서비스를 위해 삼성전자, 휴맥스와 함께 전용 셋톱박스를 개발했다. 이 셋톱박스는 케이블 TV 방송 등에 쓰이는 셋톱박스와 달리 인터넷 기반의 통합형장비로, 디지털 TV 데이터 전송을 포함한 양방향 방송 서비스 기능까지 가능하다.

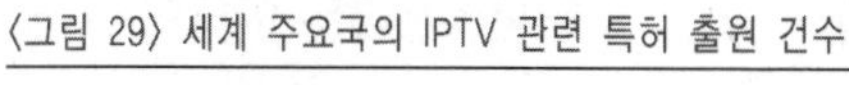

〈그림 29〉 세계 주요국의 IPTV 관련 특허 출원 건수

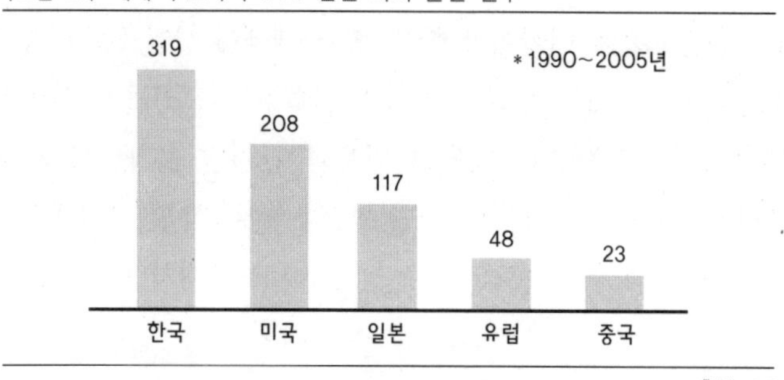

출처 : KT

〈그림 30〉 IT 수출 실적

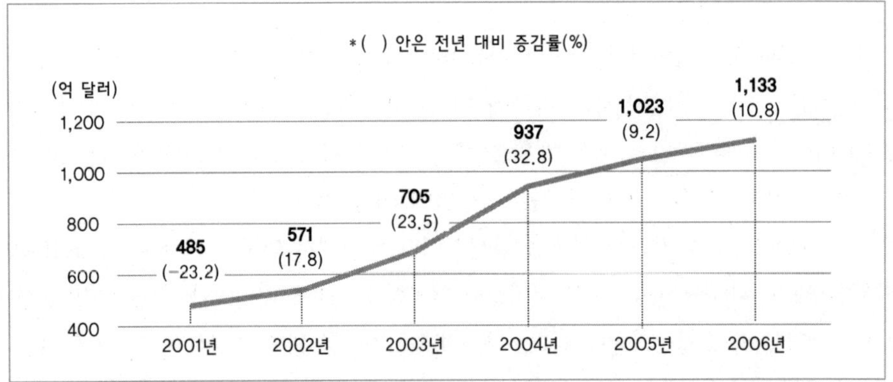

출처 : 정보통신부

❸ 하이테크 마케팅의 기제

IT 기반의 하이테크 상품들은 현재 시장의 고객 니즈보다는 미래의 고객 및 시장의 니즈에 대한 파악을 통하여 기술표준을 이끌어야 한다. 앞 사례에서 산업표준의 중요성을 살펴보았지만 하이테크 상품들의 확산속도는 수많은 시장의 불확실한 요인들에 의해 영향을 받게 된다.

시장에서의 불확실성은 고객의 니즈와 그 반응과 관련된 불확실성을 의미하는 것으로서 새로운 기술이 고객의 니즈를 충족시킬 수 있는가의 여부, 향후 고객 니즈의 변화양상의 전망, 산업표준의 확정, 혁신의 확산속도의 가능성, 그리고 잠재시장의 규모에 따라 달라질 수 있는 것이다.

첫째, 소비자들이 가지고 있는 니즈를 기업이 개발한 하이테크 기술이 고객들의 어떠한 구체적인 니즈를 해결해 줄 수 있는가가 관건이다. 이러한 하이테크 기술에 대한 애호적인 고객이 얼마가 될지를 파악하는 것이 매우 중요하다.

둘째, 하이테크 제품에 대한 고객의 니즈는 시간에 따라 계속적으로 변화하게 된다. PDA와 핸드폰의 상호 시장 경쟁력에서 많은 하이테크 기술기반의 전문가들이 예상한 바와 달리, 핸드폰의 기술적 진보를 촉진시킴으로써 디지털 컨버전스가 핸드폰을 기반으로 가속화되고 있는 사실에서도 알 수 있다.

셋째, 하이테크 혁신제품의 확산속도는 많은 영향요인들의 결합에 의해 결정되는데, 일반적으로 하이테크 상품들은 소비자들에게 확산되기가 어렵고 일반적으로 그 속도가 오래 걸리는 경향이 있다.

넷째, 하이테크 상품의 경우는 시장수요를 예측하기가 상당히 어렵기 때문에 신제품에 대하여 기술 수용 파트너 업체가 어떻게 반응하는지, 일반 시장의 소비자들이 어떠한 상품 및 서비스인식을 하는지를 알아내기가 매우 어려운 측면이 있다.

통상적으로 마케팅의 개념을 크게 3가지로 대별하여 설명할 때, 하나는 일반 소비재제품에 대한 전통적 마케팅, 인터넷에서의 비즈니스 영역에서 대한 인터넷 마케팅, 그리고 마지막이 하이테크 상품에 대한 하이테크 마케팅이다.

소비재 마케팅은 기존의 전통적인 마케팅 전략으로서 시장을 세분화하고 마케팅의 상품, 가격 전략을 타 기업과 철저하게 차별화함으로써 시장의 점유율을 높이는 방법이다. 우리들이 알고 있는 샴푸, 식품, 생활제품에 대한 것들이다. 이러한 소비재 마케팅은 수확체감의 법칙에 의해 선발업체가 존재하고, 후발업체가 출현하게 되면, 후발업체는 가격경쟁력을 확보하고 제품 품질의 업그레이드를 통해 시장점유율을 일정수준 유지하게 된다. 선발업체는 후발업체의 존재를 인식하게 되고 시장점유율의 변화추이를 살펴보면서 어느 정도의 시장잠식은 인정하게 된다. 계속적인 후발업체의 등장으로 독점은 무너지고 시장은 몇 개의 경쟁력 있는 기업이 시장을 균형 있게 나누어서 상호 간의 이익을 보전하는 수준에서 균형을 이루게 되는 것이다. 매출을 위해 각 기업의 이윤수준은 상당히 떨어지지만 그 자체만으로 시장에서의 안정적인 수익원을 확보할 수 있는 방안이 될 수 있다.

선발업체와 후발업체는 이렇게 상호 간의 타자가 가지고 있는 일정 시장의 파이를 인정하고 있기 때문에 서로 겹치지 않는 차별화 전략을 통해 소비자에게 소구(appeal)하는 타겟을 다르게 하는 것이다.

한편 인터넷비즈니스의 경우는 공짜, 무료(Freebies)가 처음으로 존재하는 시장으로 나타났다. 즉 공짜 비즈니스라는 새로운 영역이 등장한 것으로서 무료회원을 확보하기 위해 유료의 프로모션 및 이벤트를 실시하는 것이다. 참여만 해도 광범위한 선물을 받을 수 있게 된 것이다. 또한 인터넷에서의 활동 역시 특정 영역을 제외하고는 대부분 공짜 서비스라는 것이 광범위하게 인식되어 있다. 무료 이메일, 무료 커뮤니티 서비스, 무료의 콘텐츠 보기 등이다.

이러한 전통적 소비재 마케팅과 인터넷 마케팅과는 달리, 하이테크 마케팅은 간혹 예상치 못한 제품의 부작용이 존재하며 이를 조기에 수습하고 제품을 개선할 수 있는가의 여부가 초기 시장진입 성공의 결정적 조건이 된다. 통상 하이테크 신상품에 대한 소비자들의 기대수준은 높으나, 초기에 이들 높은 기대를 가진 소비자들의 니즈를 충족시키게 되면 일단 초기 진입시장은 연착륙했다고 볼 수 있다. 하지만 이후 시장의 연속적 흐름의 단절이 많은 하이테크 기술을 보유한 기업들의 상당수가 마케팅 전략의 혼돈에 진입하게 된다.

이는 소수의 매니아들이 존재하는 초기시장에서 일반적으로 기술의 이해도가 떨어지는 주류층으로의 하이테크 상품의 확산이 그리 매끄럽게 이루어지지 않기 때문이다. 이러한 특성을 가진 하이테크 상품에 대하여 Rogers(1995)는 불연속적 혁신제품의 수용에 대하여 혁신기술을 받아들이는 데 걸리는 시간에 따라 소비자를 5개 군으로 구분하였다. 이것이 바로 기술수용주기모형이다. 그림에서 보는 바와 같이 혁신제품의 채택순서에 따라 소비자의 분포는 종 모양을 갖는 좌우대칭형의 정규분포를 따르는 것으로서, 그 중간이 평균값을 중심으로 좌우 표준 편차 만큼 거리를 두어 경계를 정하는 것이다. 그에 따라 혁신자(innovator), 조기수용자(early adopter), 조기다수자(early majority), 후기다수자(late majority), 지각수용자(laggards)로 구분할 수 있다.

혁신자는 신기술과 신제품에 대한 친밀도가 높고, 새로운 기술을 보다 빨리 습득하려는 경향이 있는 전체 소비자의 2~3%에 해당된다. 이들은 신제품이 출시가 되기도 전에 상품에 대한 관심도가 높은 사람들로서 신기술을 누구보다 먼저 습득하려는 경향이 있기 때문에 신기술과 신제품에 대한 오피니언 리더가 될 가능성이 많다.

한편 조기수용자의 경우 우리는 흔히 "얼리 어답터"라는 말로 표현하고 있다. 실제로 많은 IT, 전자, 인터넷 기업들의 경우 얼리 어답터를 초기에 많이 확보하기 위해 노력하며, 그들의 구전력을 마케팅에 적극적으로 활용하고 있다. 이들은 혁신적인 제품에 대하여 경제적 이익과 전략적 가치를 가장 중요하게 생각하며, 가격에 덜 민감한 경향을 보인다. 이들은 전체 시장의 약 14% 정도를 차지한다.

이들 조기수용자들은 IT 혁신제품에 대하여 친숙하면서도 소규모의 그룹을 통해 인간적 풍모를 공감하는 13～18세 연령인 신세대인 Post Digital Generation(PDG)의 시장 소구력과도 맥을 같이 한다고 볼 수 있다. 이들 PDG들은 일상생활에서 디지털카메라, 핸드폰 등의 첨단의 기기를 사용하면서 그들의 생활(밥 먹는 모습을 서로 촬영하는 모습, 관심 있는 것을 자신의 눈보다는 액정을 통한 확인, 간직하려는 욕구의 출현 등)을 기존 세대와는 다르게 첨단 하이테크 기기가 생활에 완전히 내재화한 그룹으로 생각할 수 있을 것이다. 따라서 이들의 관심을 얼마나 확실하고 빠르게 확보하느냐는 신제품의 출현 및 성공에 가장 큰 영향을 미칠 것이다.

한편 조기다수자는 하이테크 기술에는 별 관심이 없고 실질적인 문제를 해결하는 데 관심을 갖는 실용주의적 소비자 군으로써, 위험을 회피하고 시장에서 검증된 베스트 하이테크 상품을 애호하는 집단이다. 이러한 조기다수자는 전체 시장의 약 34%를 차지하고 있으며, 신기술로 시장을 공략하는 하이테크 벤처기업인들에게는 가장 상대하기 어려운 그룹이다. 이들에게 성공적인 전략으로서는 항상 선택할 수 있는 대안의 경쟁 집합을 제공하는 것이다. 여러 대안 중에서 가장 실용적이고 남들이 가장 많이 구매하는 제품의 선택 가능성이 높기 때문이다.

후기다수자는 잠재고객의 절반 이상이 상품을 수용한 이후에야 혁신적인 제품이 눈에 들어오는 사람들이다. 많은 사람들이 위험을 회피하고 가격경쟁력에 가장 높은 가치를 부여하며, 주류 시장 군으로서 약 34%의 비율로서 낮은 가격, 시장에서의 표준화 등이 이들을 움직이게 하는 가장 큰 매력적인 요소가 된다.

한편 지각수용자는 선천적으로 기술을 싫어하며, 위험을 절대적으로 피한다. 따라서 이들을 대상으로 한 마케팅 노력은 시간과 돈의 낭비가 될 수 있다. 인터넷 마케팅의 경우에서도 일반적으로 이메일이 고객의 반응을 유도하고 그들이 활동할 수 있게 하는 동기부여를 제공하게 된다. 통상적으로 10번의 이메일을 보냈을 때 1/5 이상 반응하지 않는 경우 그들은 이탈가능고객으로 집단화하여 그들에게 쏟는 마케팅 노력의 비용 대비 효과가 너무 작다고 판단한다. 인터넷마케팅의 이메일 전략에서 보면 이들 하이테크 상품군의 지각수용자들이 포기해야 할 집단에 해당된다고 볼 수 있다.

〈그림 31〉 기술수용주기모델(Rogers, 1995)

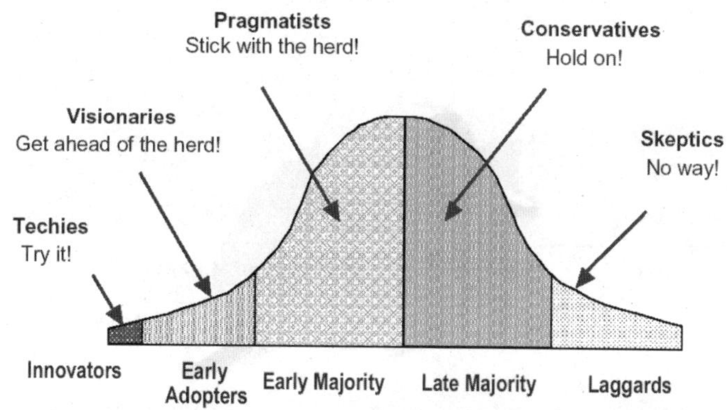

출처 : 김상훈(2004), 하이테크마케팅, 박영사

❹ 하이테크 마케팅의 뜨거운 감자 : 캐즘의 발견

앞의 <그림 31>에서 살펴본 5개 혁신 수용자 집단 중 조기 수용자와 조기 다수자 사이의 간극이 매우 크게 나타나게 된다. 이를 캐즘이라고 부르며, 혁신자와 조기수용자가 포함되는 초기시장과 조기다수자, 후기다수자, 그리고 지각수용자를 합한 주류시장을 크게 이분하는 지점이 된다. 캐즘은 하이테크 산업에서 초기시장의 성공이 항상 주류시장의 성공으로 연결되지는 않는다는 것을 의미하며, 캐즘을 넘어 주류시장으로 성공적인 진입을 하기 위해서는 하이테크 상품에 맞는 특별한 마케팅 노력을 수행해야 한다는 점을 말한다. 아래 <그림 32>가 캐즘 단계를 설명하고 있다.

〈그림 32〉 캐즘모형

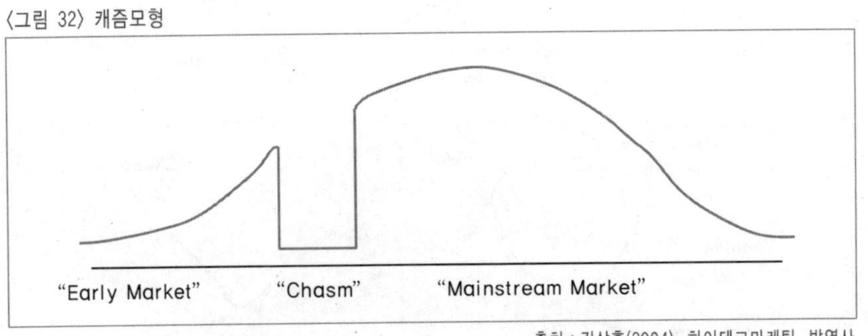

출처 : 김상훈(2004), 하이테크마케팅, 박영사

캐즘의 발생 원인을 살펴보면 조기수용자 집단과 실용주의자 집단 간의 근본적 이질성에 있다. 한 제품에 대하여 두 집단은 원활한 커뮤니케이션이 이루어지지 않으며, 그 결과 혁신 제품의 확산이 답보상태에 빠질 수 있는 것이다.

초기시장의 소비자들은 위험을 받아들이고, 새로운 것에 대한 기대와 기쁨이 있는 반면, 주류시장을 차지하는 70%의 주류 소비자들은 가격경쟁력, 제품의 완벽성, 상품의 안정성 등 완전한 제품을 추구하기 때문이다. 이들에게 불완정성은 참을 수 없는 대상이기 때문이다.

이러한 근본적인 문제를 인식하고 캐즘을 극복하여 안정적으로 주류시장으로 진입하기 위한 마케팅 전략은 무엇이 있을까?

첫째로 초기시장 전략에서 타 업체와는 다른, 그리고 초기 시장에 있는 혁신적인 소비자들에게 확실하게 호소할 수 있는 탁월한 기술을 가져야 한다는 것이다. 이들은 우수한 기술에 열광하고, 다른 사람들과 차별하기 하기 위해 혁신제품에 대한 관용적이고 매우 긍정적인 자세를 가지고 있다. 이러한 소비자들을 만족시키기 위해서는 기술을 완벽하게 매만져서 잘 포장하여 상품화를 하며, 그들에게 환상을 심어줄 지나친 약속을 하지 말며 극히 현실적인 모습으로 다가가야 한다. 또한 고객들이 우리 물건을 꼭 사야 하는 이유, 즉 제품의 포지셔닝을 명확히 인식시켜 주어야 한다.

한편 주류시장으로 진입하기 위해서는 어떠한 마케팅 전략을 수행해야 할까?

가장 중요한 것은 기술적으로 완전하며, 응용성에도 파생력이 있어야 하며, 소비자들의 상징적 소비욕구를 충족시켜 주어야 한다. 즉 경제학에서 이야기하는 소비자들은 이성적 소비자이고 논리적이지만, 실제 소비자들은 상징성, 과시성, 타인과 함께 하려는 특징, 또한 남과 달라 보이려는 특징들 때문에 소비를 하기도 한다.

바로 이러한 점에서 기술이 단순 기술에 머무는 것이 아니라 상품화를 통해 차별화된 브랜드 이미지를 구축해야 한다는 것이다. 이를 위한 구체적인 방법은 바로 시장세분화와 표적시장의 선정을 잘 하는 것이다. 우리가 흔히 말하는 마케팅의 운영 전략으로서의 STP(Segmentation, Targeting, Positioning)의 재인식이다.

캐즘에 있게 되면, 기업의 운영자들은 당황하게 되며 무엇이 문제인지를 곰곰이 생각할 마음의 여유를 잃게 된다. 이때 다시 한 번 무엇이 해결책인가를 내놓기 이전에 무엇이 문제인가를 체크할 필요가 있다. 이때 가장 중요한 것이 넓은 시장에서 공략할 시장을 찾는 것이다. 즉 시장세분화를 통하여 시장을 구분하고 이들의 특성을 분석하여 가장 가능성 있는 표적시장을 찾아내는 것이다. 이러한 분석적 방법과 함께 중요한 것에 대하여 Moore는 현명한 직관의 중요성을 제시하고 있다. 즉 다양한 정보를 활용하되 의사결정 단계에서의 통찰력이 중요하다는 것이다. 시장세분화의 단계는 다음과 같은 절차를 수행하게 된다.

〈그림 33〉 시장세분화의 단계

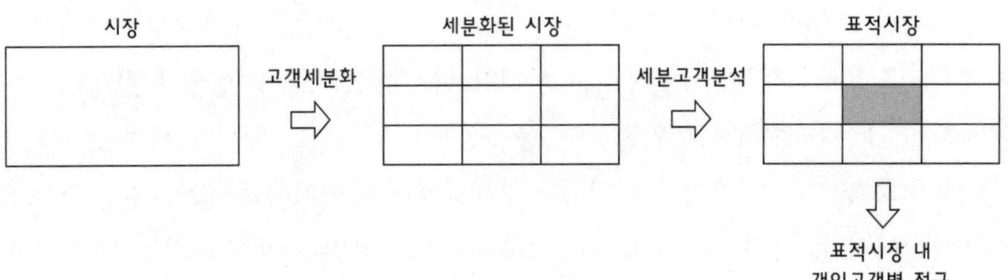

또한 STP 전략을 수행함에 있어서 기업들이 체크해야 할 포인트는 다음과 같이 정리될 수 있다. 캐즘 안에서는 직관과 함께 STP 전략을 수행함으로써 시장 전략이 얼마나 잘 준비되어 있는가를 파악할 수 있다.

〈표 27〉 캐즘단계에서의 STP 전략 수립

STP 전략 수행 체크 포인트		내용(간단 기술)
시장세분화	현재 누가 나의 고객이고 또한 잠재고객인가?	
	외부시장의 철저한 환경분석이 이루어졌는가?	
	선택한 서비스와 콘텐츠를 제공할 수 있는가?	
목표시장	선택한 목표시장이 틈새시장인가?	
	선택한 시장에 대한 고객의 욕구 및 예상 수요 파악은 했는가?	
	선택한 시장에 맞게 비즈니스 모델을 설정했는가?	
	미래 성장 품목인가? 사양 품목인가?	
	목표시장에 맞는 솔루션을 선택했는가?	
포지셔닝	경쟁 회사와 차별화는 가능한가?	
	개발된 기술 및 상품의 SWOT 분석은 가능한가?	
	마케팅 성과는 어느 정도로 예상하는가?	
	가능한 프로모션 방법들은 무엇인가(세미나, 이벤트, 무료버전)?	

고려사항 : 목표시장과 고객 그룹의 성격에 따라 커뮤니케이션 툴(BBS, 동호회, 채팅 등)을 마련하여 회원의 참여를 유도한다.

캐즘 초기에는 STP 전략을 통해 틈새시장을 찾아내고 공략하여 구전효과를 통해 상품의 잠재력을 알려야 한다. 이를 통해 일정수준의 타겟팅을 확보하게 되고 시장규모를 확장하게 된다. 그 다음 단계가 주류시장의 조기수용자들이 움직이는 시기이다.

이를 토네이도 마케팅이라고 한다. 소비자들의 다른 사람들이 할 때 같이 하기를 원하는 심리를 이용하는 것이다. 상품은 최대한으로 간단하며 표준화된 아이템으로 승부를 걸어야 한다. 이 시기는 수요의 폭발이 일어나는 시기로서 마치 80년대의 PC 혁명과 90년대의 인터넷 혁명과 같은 예로 설명될 수 있다.

이 시기에 적절한 마케팅 전략을 구사한 기업은 현재 IT 산업의 지배자인 고릴라가 되었으며, 그렇지 못한 기업들은 캐즘에 있거나, 캐즘을 빠져나와도 시장에서 2~3위에 그치는 침팬지나 원숭이의 미미한 성과를 보이고 있는 것이다. 바로 토네이도 마케팅 전략은 사람들이 사게끔 해서 네트워크 효과 및 학습효과에 의해 소비행동을 유발하게 하는 전략이다. 토네이도 시기가 완료된 후, 시장점유율이 일정수준에 이르게 되면 주류시장으로의 진입이 일정부분 성공했다고 볼 수 있다.

이후의 단계를 메인스트리트(Main street)로 지칭하며, 이 단계는 후기 다수 수용자들도 기술 및 제품이 표준화된 단계에 접어들었다고 판단되기에 상품에 대한 관심을 쏟기 시작하게 된다. 앞의 토네이도 시기가 제품의 표준화에 신경 쓰는 단계였다면 메인스트리트 단계는 고객의 다양한 욕구를 최대한 수용하는 단계로서 디자인 및 부가서비스 확충 등 이미 확립한 고객들을 충성 고객화하여 고객을 감동시키는 단계로 볼 수 있다.

시스코, 마이크로소프트, 델 컴퓨터 등 시장을 장악하고 있는 고릴라들은 시장지배력을 점차 강화하고 있으며, 그들의 하이테크 시장에서의 승자독식의 시대는 지속적인 기술개발의 정도, 경쟁업체의 지속적인 도전 등에 의해 그 시대가 어느 정도 연장될 수 있을지가 결정될 것이다.

하이테크 시장에서 성공하기 위해서는 시장동향을 볼 수 있는 안목이 필요하다. 마케팅 전략의 유연성과 하이테크의 본질상 기획단계에서 이미 글로벌 마케팅 전략을 수행해야 할 것이다. IT 기반은 이미 글로벌 되었으며, 국내의 경기전망은 세계의 경기전망과 밀접하게 연계되어 있기 때문이다.

하이테크 성공은 기술적 경기변동에 특히 민감해야 할 것이다. 특히 반도체 경기사이클인 기술주기(Tech cycle)의 예에서도 볼 수 있다. 최근들어 이러한 기술주기가 점차 짧아지고 있는데, 이는 세계경제의 호·불황과 IT 경기의 호·불황 간의 상관관계의 증가, 기술혁신으로 신제품 개발주기가 단축되며 제품의 생명주기가 짧아진다는 점, 고성능 다기능 등의 새로운 제품에 대한 선호도가 빠르게 확산되는 등의 소비자들의 선호체계의 다양한 변화에 그 원인을 두고 있다.

국내에서의 하이테크 상품의 성공은 또 다른 세계적 성공의 디딤돌이 될 수 있다. 이를 위해서는 가장 기본적인 기술력, 고객지향적인 마케팅 전략에 승부수를 던져야 할 것이다.

(6) 신제품 개발 전략

제품은 기업과 소비자를 연결시켜 주는 매체로서 기업과 소비자가 경계면에서 만나게 한다. 그래서 기업은 시장 속에서의 생명력과 직결된 제품 개발에서 한시라도 눈을 떼어서는 안 된다. 기업의 생명은 소비자와 새롭게 커뮤니케이션할 수 있는 제품개발에 대한 관심도를 높이고, 거기에 기업이 총력을 기울여야 유지된다. 기업 측에서 보면 제품개발 전략은 성장의 뿌리를 튼튼하게 하는 요소로서 총력을 기울여 그것을 경영 전략의 핵심으로 삼아야 한다.

제품개발 전략은 기업의 모든 내부 자원과 소비자의 총체적 관리 속에서 그 싹이 틔워져야만 성공적인 마케팅 활동이 가능하게 될 것이다. 제품개발 전략은 경영 전략의 전체적인 흐름 속에서 이루어지는 것이며 이러한 사실이 전략적 발상의 근간을 이루게 된다.

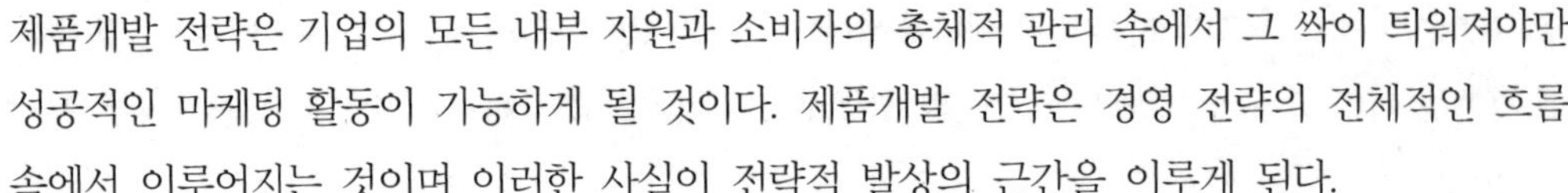

❶ 전략적 발상의 기본 요소

① 차별화 : 경쟁 상대가 없으며 경쟁 상대와 다르게 어떠한 형태로든 차이를 만들어 내는 것으로 이 차별화에는 소비자의 니즈에 있어서의 소구방법에 대한 차이나, 비용의 차이, 효율의 차이 등이 해당된다.

② 집중화 : 기업이 활동하는 데 있어서 어떤 핵을 만들어내는 것으로서 균형 잡힌 전략에는 반드시 핵, 곧 중심이 필요하다. 그것이 차별화된 제품일 경우도 있으며 시장 분야나 기술이 핵일 수도 있다.

③ 타이밍 : 적절한 시기를 선택하여 성공의 가능성을 높이는 경우이지만, 이것은 가만히 앉아서 기다리는 것이 아니라 기업 스스로가 움직여서 만드는 것이다.

④ 파급효과 : 한 제품의 히트는 기업의 신뢰도를 높여 다음 제품의 수요로 이어진다. 새로운 전략에 의한 초기의 작은 성공은 조직에 자신감을 심어 주고, 파급 효과를 잘 활용한 전략은 일종의 지렛대 구실을 한다.

⑤ 조직의 기세 : 조직의 기세를 이용하는 것은 전략의 효과적인 수행을 위해 필요하다. 작은 성공이나마 하게 되면 조직의 기세도 덩달아 오르게 된다.

⑥ 언밸런스 : 언밸런스를 만들어 내는 시기는 오랫동안 기업이 안정된 균형 상태를 유지하

고 있을 때, 기업 속에 침전물이 고여 조직에 경맥 동화가 일어나기 시작하는 때이다.

⑦ 조합의 묘 : 조합은 전략의 도처에 존재한다. 제품·시장이나 경영 자원의 포트폴리오 (portfolio) 작성이나 상승효과, 상호 보완효과 등 기업 내부 자원의 조합이 경쟁 상대와의 차별화에 있어 상대적 우위성을 만들 경우에 필요하다.

❷ 신제품 개발 전략의 의사결정

신제품 개발 전략에 있어서 기본적인 전략의 의사결정(basic strategic decision making)은 크게 보아 대응 전략(reactive strategy)과 선제 전략(proactive strategy)으로 구분할 수 있다.

신제품 개발과 관련하여 기업은 여러 가지 전략적 대안을 택할 수 있다. 기본적인 전략적 결정 중 하나는 선제적이냐 반응적이냐 하는 것이다. 반응적인 상품개발 전략은 상품개발의 유발요인이 자연스럽게 발생하도록 둔다. 반면에 선재 전략은 바람직하지 못한 미래의 사건을 극복하기 위해 자원을 할당하여 목표를 달성한다. 예를 들어 경쟁에 대한 반응적인 전략은 경쟁업체가 상품을 도입할 때까지 기다려서 성공할 경우 모방하는 것이다. 반면에 선재적인 전략은 시장에서 상품을 처음으로 출시하여 경쟁에서 이기는 것으로 경쟁업체들이 적절히 대응하거나 개선하기 힘들도록 하는 것이다.

각각의 전략은 어떤 조건이 충족될 경우에 유효하다. 각 전략의 예를 먼저 살펴보고 각 전략이 적절한 경우에 대해 설명하기로 한다. <표 28>은 몇몇 반응 전략과 선제 전략을 보여 주고 있다.

〈표 28〉 신상품 전략

반응 전략	선제 전략
방어 전략	연구개발(R&D) 전략
모방 전략	마케팅 전략
보다 나은 두 번째 전략	창업가적 전략
대응 전략	매수·제휴

① 방어 전략

방어 전략(defensive strategy)은 경쟁적인 신상품에 대응하여 기존상품의 수익성을 보호해준다. 예를 들어 Datril이 "타이레놀과 똑같은 성분을 가지고 있지만 값은 싼" 제품을 가지고 진통제 시장에 진입하였을 때 타이레놀 제조업자는 가격을 낮추고 공격적인 촉진과 수년간 의사들의 추천에 의해 형성된 소비자 호의에 대한 강조를 통해 대응한다. Ziplock이 선두기업들에게 도전하였을 때 선두기업들은 Ziplock의 시장점유율 침범을 제한할 개선된 상품을 가지고 대응한다. 방어적인 전략들은 대부분 마케팅 믹스(광고, 촉진, 가격)를 통한 반응이다. 반면에 몇몇 전략들은 새로운 플랭커와 신상품 같은 역공세를 포함하고 있다. 예를 들어 일단 타이레놀이 Datril의 공격을 저지하였다면 그 다음에는 강력 타이레놀을 출시하여 훨씬 더 효과적인 진통제를 요구하는 소비자들의 니즈를 충족시킨다.

모방 전략(imitative strategy)은 제조업자가 성공을 거두기 전에 신상품을 재빨리 복사하는 것에 기초한다. 이런 모방 또는 "Me too" 전략은 패션과 옷감, 가구 그리고 작은 가전제품의 디자인에서 자주 사용된다. 예를 들어 Cuisinart가 비싼 푸드 프로세서를 위한 시장이 있다는 것을 보여주면 많은 가전회사들이 Cuisinart의 제품을 모방한 상품을 출시한다. 이러한 전략은 상품계열을 확장할 때 유용하다. 또한 유통경로와 생산, 마케팅에서의 노하우를 이용하여 믹서에서 푸드 프로세서로의 소비자 기호 변화에 따른 매출감소를 중지시켰다. 일본에서 Asahi 맥주가 "드라이" 맥주를 출시하였을 때 Kirin, Suntory와 다른 맥주 업체들이 매출을 유지시키기 위하여 그들 나름의 맥주를 개발할 수밖에 없었다. Kirin은 후에 새로운 양조기법을 사용하여 제조한 맥주인 Ichiban을 통해 매출을 회복하였다. Kirin이 그들의 드라이 맥주를 가지고 미국시장을 공략하였을 때 Anheuse-Busch사는 Michelop 드라이와 Bud 드라이를 가지고 대응하였다. Kirin은 Michelob 드라이와 Bud 드라이에 비하여 미국시장에서 매우 적은 매출을 기록하였다. 우리나라 맥주시장의 경우도 조선맥주가 하이트라는 비열처리 맥주를 도입하였을 때 동양맥주도 아이스라는 제품을 개발하고 뒤이어, 진로 쿠어스도 카스라는 맥주를 출시하여 대응하였다. 경쟁에 반응하는 훨씬 세련된 전략은 "보다 나은 두 번째(Second But Better)" 전략이다. 이 경우에 기업들은 단지 경쟁사의 상품을 복사할 뿐만 아니라 상품과 포지셔닝을 개선할 수 있는 방법도 파악한다. 예를 들면 VisiClac사가 전자 스프레드 쉬트 시장을 지배하였지만 Lotus 1-2-3이 개발되고 소비자들은 그래프와 데이터서비스 능력을 갖춘 Lotus 1-2-3을 더 선호하였다. 또 한 사례로 Multimate는 아주 초기의 워드 프로세서였다. 그러나 Word perfect가 사용성과 호환성을 개선하여 매출 면에서 이 제품을 능가하였다. "보다 나은 두 번째" 전략은 신상품을 직접 공격하기보다는 독특한 편익을 줄 수 있는 틈새시장을 파악한다. 예를 들어 마이크로소프트사의 Excel 스프레드 쉬트 프로그램은 그래프를 좀 더 지원하고 유연성, 효율성, Apple에 대한 호환성을 제공함으로써 특정 사용자 중 일부를 Lotus로부터 빼어왔다. 1990년대 초기에는 Lotus는 IBM호환기종에서 지배적인 위치를 차지하고 Excel은 Apple MacIntosh 사용자 사이에서 지배적인 위치를 차지한다.

우리나라에서 중저가 구두라는 틈새시장을 먼저 발견하고 이 시장에 적합한 신상품을 출시한 회사는 미스 미스터라는 제품을 창시한 경림이라는 회사이다. 하지만 (주)월다크는 브랜

누아라는 제품으로 중저가 시장에 뒤늦게 뛰어들어 상당수의 시장점유율을 차지하였다.

마지막 반응 전략은 대응(response)이라고 불린다. 이는 고객의 요구에 의도적으로 반응하는 것을 의미한다. 예를 들면 과학기구를 사용하는 사람들은 스스로 기구를 개선하고 수정한다. 제조업자들은 이러한 사용자들로부터 정보를 얻음으로써 새로운 기회(새로운 디자인)를 찾아낼 수 있다. 이러한 전략은 응용기술과 생산기술의 중요성을 암시하고 있다. 유사한 예를 들면 사무용 가구를 제작하는 업체는 소비자들이 컴퓨터와 프린터기를 사용하기 위하여 그들의 가구를 어떻게 배열하는가를 보고서 새로운 아이디어를 찾아낼 수 있다. 대응 전략은 또한 유통업자가 지배하고 있는 유통체인에서 제조업자들에 의해 사용되어지는 전략이기도 하다.

② 선제 전략

기업은 선제적으로 변화를 유도할 수 있다. 선제적인 우주항공회사는 선점적인 R&D와 상품 개발을 하고나서 정부에게 이 분야에 대한 연구 필요성을 역설하기도 한다. 정부가 이 분야를 육성하기로 결정하면, 이 기업이 지원 대상 1순위가 되는 것이다. 많은 성공적인 대학과 컨설팅 회사들도 이러한 선제 전략을 따른다. 기업의 선제적인 전략은 기술적으로 우월한 상품을 개발하기 위한 R&D 노력에 기초한다. 몇몇 회사들은 이를 굉장히 성공적으로 수행하고 있다. IBM, HP, Microsoft는 기술혁신에 상당한 노력을 바친 기업의 전형적인 예이다. 1990년에 IBM은 R&D에 약 50억 달러를 사용하였고, Hewlett-Packard는 13억 달러 Micorosoft는 1억 8천만 달러 이상을 R&D에 사용하였다. 이는 매출의 7.1%, 10.3%, 15.3%를 차지한다.

회사는 선제적으로 고객의 니즈를 파악하고 이러한 니즈를 만족시키는 편익을 제공하는 상품을 개발할 수 있다. 이러한 전략을 위해서는 기업이 소비자들로부터 들어오는 정보를 이해해야 한다. 또한 시장조사외 사용자와의 대화 과정, 고객과 대화가 가능하도록 순환 배치 등이 중요하다. P&G, General Foods, 맥도날드 그리고 대부분의 소비재 생산회사는 이와 같이 고객에 바탕을 둔 경영철학을 가지고 있다.

또 다른 선제적인 상품 개발의 형태는 창업가적(entrepreneurial)인 것이다. 창업가는 아이디어를 가지고 있으며 모험에 대한 열정과 자원을 모으는 능력으로 아이디어를 현실에서 가능하게 한다. 실리콘 밸리나 보스턴의 128번 도로 주변에 위치한 많은 하이테크 기업들은 이러한 방식으로 시작했다. 3M에서는 종종 독립된 창업 부서가 설립되는데 여기서는 자기의 정규적인 작업을 벗어나 신규 사업에 집중할 수 있다.

매수(aquisition) 또한 성장과 재무적 성공을 위한 효과적인 전략이다. 이 경우에 매수되는 기업은 새로운 상품이나 시장을 가지고 있는 회사들이 대부분이다. Microwave Associates는 5,000만 달러 규모의 방위산업체였으나 16개 회사를 매수한 후 MA/ COM이라 불리는 5억 달러 규모의 회사로 성장했다. 매수는 커뮤니케이션에 있어 통합된 시스템 능력을 제공한다. Dexter은 10년 동안 그들의 상품계열을 새로이 추가하기 위해 특수재료 분야의 기업을 매수하여 산업재 플라스틱과 코팅재료의 매출을 5배나 신장시켰다.

매수는 합법적으로 2개의 기업을 결합하는 공식적인 제휴(alliance)이다. 기업들은 시장에서 성공적으로 이끌어 주는 신상품 기술의 포트폴리오를 달성하기 위해 새로운 기업형태를 이용하고 있다. 새로운 형태는 미국시장에서 소형차를 생산하기 위한 GM과 Toyota사 간의 연합(NUMI라 불리는)과 같은 합작투자의 형태로 나타난다. 이 합작투자에서 GM은 Toyota의 생산기술과 품질관리 기술에 접근할 수 있고 Toyota는 미국시장에 접근을 할 수 있다. 이와 유사하게 Rover와 Honda는 유럽에서 Sterling을 생산하기 위해 합작하였다.

모든 제휴가 합작투자는 아니다. 제휴는 또한 R&D 컨소시움의 형태로 조직될 수도 있다. 가령 미국의 제조업체들이 새로운 직접 회로기판 기술을 SEMITECH라 불리는 기업에서 만들려는 형식이 그중 하나이다. 유사하게 EURICA와 같은 다국적 개발 프로젝트 등의 공동노력이 유럽에서도 있다. 제휴는 제조업자나 서비스 제공자에게만 제한될 필요는 없다. 제휴는 공급자나 유통업자 심지어 고객들까지도 포함될 수 있다. 고객과의 협력은 기업들로 하여금 시장의 니즈와 가까운 거리를 유지할 수 있도록 한다. 예를 들면 IBM은 USAA(화상정보처리 분야를 개척해온 보험회사)와 협력을 하고 있다. 이러한 협력은 더 나은 소프트웨어와 화상처리, 전송시스템을 건립할 수 있도록 도와준다.

제휴는 기술, 마케팅, 생산, 재무, 지역적인 경험과 같은 노하우를 불러 모으는 역할을 하게 된다. 그리하여 제휴에 참여한 기업이 시장에서 경쟁력을 가지고 목표를 달성할 수 있도록 한다. 이러한 제휴는 신규 기업에 낮은 비용으로 기술을 획득할 기회를 제공하고 참여자는 시장개발의 위험을 모두 감수하는 위험 없이 성장할 수 있는 기회를 갖게 된다.

③ 반응 전략과 선제 전략 간의 선택 조건

적절한 전략을 선택하기 위해서는 여기에 영향을 미치는 상황을 이해해야만 한다. 여기서는 성장 기회, 혁신의 보호, 시장의 규모, 경쟁의 강도, 기업의 생산과 유통시스템에 있어서의 위치 등의 개념을 살펴볼 것이다. 이러한 문제들은 기업의 상품개발 전략 선택에 영향을 주는 고려사항들을 예시해 준다.

가. 성장기회

우리는 보통 신상품 개발 활동은 새로운 상품을 신 시장에 도입하는 것이라고 생각한다. 식품점을 이용하는 소비자에게 광고를 방영하고 쿠폰을 발행해주는 비디오 스크린이 달린

〈표 29〉 기회 매트릭스

	기존 상품	신상품
기존 시장	1. 시장침투	3. 상품개발
신 시장	2. 시장개발	4. 다각화

출처 : Ansoff(1957)

쇼핑용 카트가 그 예가 될 것이다. 이는 구매시점 마케팅을 위한 새로운 시장을 창출하는 신상품이다. 그러나 이는 성장을 위한 4가지 전략 중 하나일 뿐이다. 〈표 29〉는 상품이나 시장이 새로운 것인지 아닌지에 따른 4가지 전략을 보여주고 있다. 첫 번째 칸에는 기존의 상품과 시장을 통한 성장의 기회를 보여주고 있다. 이 전략은 시장 침투전략으로 기존상품을 가지고 기존 시장에서 높은 시장 점유율을 얻고자 한다. 이 성장 전략에서는 상품의 판매나 촉진이 혁신보다 중요하다. 켄터키 치킨은 다양한 패스트푸드의 번창에 편승하는 대신 닭을 집중적으로 이용하고 "우리는 닭을 제대로 요리합니다."라는 표어를 강조한다. 시장에서 집중화하는 것이 점점 더 중요해지며 전사적인 품질관리 프로그램이 증가하고 있다. 많은 기업이 새로운 영역에 뛰어들기 전에 그들의 고유한 영역으로 회귀할 것이라고 예측된다.

오늘날 많은 시장이 포화되기 때문에 기업들은 점점 더 새로운 시장을 찾고 있다. 두 번째 칸(좌하)은 기존의 상품으로 새로운 시장에 진입하는 전략을 보여주고 있다. 하인즈(Heinz)는 그들의 식초 제품을 자동 커피제조기를 닦는 데 사용할 수 있다는 용도를 제시하고 있다. 암

앤 해머(Arm and Hammer) 베이킹 소다는 냉장고 탈취제, 배수구 탈취제, 고양이 배설물 방취제, 치약 등의 용도로 사용할 수 있다고 광고한다. 모건 스탠리, 골드만삭스, 솔로몬브라더스는 일본시장에서 투자에 관한 전문기술을 발휘하여 노무라 증권과 같은 회사의 시장을 잠식한다.

대개의 신상품 개발 전략은 기존의 시장을 신상품으로 공략하는 것이다(첫째 줄 두 번째 칸). 이런 전략은 자사의 장점에 바탕을 두고 유통이나 생산에서 우위가 있는 분야로 확장하는 것이다. 예를 들어 맥도날드사의 McNugget, Mcrib샌드위치, 샐러드, McLean버거와 같은 상품계열의 확장이다. 디지털 이큅먼트사는 15년간 미니컴퓨터와 워크스테이션시장에서 계속 성공적으로 혁신해 100억 달러 이상 규모의 시장을 개척했다. 그러나 이러한 제품이 데스크 탑 컴퓨터로 옮겨가는 위협에 직면했다. 코리아나라는 화장품 회사는 머드팩이라는 신상품으로 기존의 화장품 시장(미용팩 부문)에서 성공을 거둔 바 있다.

몇몇 회사들은 신 시장에서 신상품으로 다각화하는 것(둘째 줄 두 번째 칸)을 선택할 지도 모른다. 맥도날드사가 아침식사 시장에 진입한 것은 설비 비용률을 증대시키며 새로운 사업의 기회를 추구하는 것이다. 비록 다각화가 성공적일 수는 있지만 석유 업계의 선두주자인 엑슨사는 급격히 성장하는 미래 사무실을 위한 상품을 개발하는 부서를 만들려고 노력하다가 큰 손실을 입었다. 재무적인 다각화는 줄어들고 있고 매수는 잠재적인 재무적 보상뿐만 아니라 전략적인 시너지 효과도 추구하고 있다. 따라서 신 시장이 전략적 기회이고 기업의 경쟁적 우위에 도움이 된다면 새로운 시장으로의 다각화는 기업의 목표를 달성하는 데 도움이 될 수 있다.

시장기회의 선택은 전략적 반응에 영향을 주는 중요한 결정이다. 만약 기존상품과 시장이 주요한 성장도구라면(좌상) 기업은 생산과 유통에서 우위적인 요소를 가져야만 하고 성장률에 대한 높은 기대를 가지면 안 될 것이다. 이러한 경우에 상품개발은 경쟁사와 환경의 압력에 대항하여 기존의 제품을 방어하는 데 쓰인다. 어쨌든 기업이 성장을 원하거나 혁신에 관한 정책을 가지고 있고 R&D와 마케팅기술을 가지고 있으면, 선제적인 전략이 도움이 될 것이다. R&D와 마케팅에 기초한 선제적인 전략은 신상품과 신시장으로 기업을 유도한다.

나. 혁신보호

반응 전략과 선제 전략 중에서 어떤 것을 선택하는 데 있어서의 또 다른 주요한 요소는 신상품에 대한 보호 정도이다. 상품의 특허를 획득했을 때에는 혁신적인 기업이 개발에 대한 투자를 보다 확실히 회수할 수 있다. 비록 특허를 방어하기가 점점 힘들어지지만 폴라로이드사의 특허는 잘 지켜지고 이익에 많은 도움이 되었다(1991년 Kodak에 대한 소송에서 승소했다). 기업이 처음으로 좋은 상품을 도입하고 지배적인 위치를 차지하면 시장에 의한 포호도 가능하다. 예를 들어 비록 버거킹과 버거세프 등의 많은 기업이 맥도날드의 프랜차이즈 형식의 운영을 모방하였지만 맥도날드는 여전히 가장 큰 체인이고 이익을 아주 많이 내며 계속하여 성장하고 있다. 소비재에 대한 조사에서 선도적인 기업들은 지속적인 시장점유율을 유지하고 두 번째 진입한 기업은 첫 번째 기업과 비교하여 거의 필적할 만한 마케팅 노력을 하고서도 첫 번째 진입기업의 71%의 점유율밖에 얻지 못하였다는 것으로 나타났다.

소형가전제품과 같은 제품범주에서는 상품의 모방이 빠르고 혁신기업은 짧은 기간 동안 경쟁적인 우위를 가진다. 예를 들어 전기 칼이 도입된 후 6개월 후에 10개 이상의 상표가 시장에 나왔다. 그러므로 신상품을 보호할 수 있는 기업은 선제 전략을 채택하는 반면에 그렇지 못한 기업은 반응 전략을 채택하는 것이 더 낫다.

다. 시장의 규모

시장의 크기와 이익 마진은 개발 전략의 선택에 영향을 준다. 생산과 유통 마케팅에 있어 규모의 경제가 있는 대규모의 시장에서 처음으로 혁신을 한 기업은 시장에서 지배적인 위치를 가지고 우월한 위치에 서게 된다. 반대로 그리 크지 않은 시장에서는 상품의 개발을 통해서 투자를 회수할 수 없다. 특히 높은 간접비용이 있으면 더욱 그렇다. 이런 경우에는 반응 전략이 더 낫다. 예를 들어 특별한 생산기계나 도구가 아주 작은 잠재시장을 가지고 있다면 이때 효과적인 전략은 기다리며 고객의 요구에 응하는 것이다. 테프론사의 경우에도 각각의 조리기구 제조업체는 소규모였으므로 가장 좋은 전략은 원료 공급업자(Du Pont)가 혁신에 대해 투자하며 촉진하는 것을 기다리는 것이다.

라. 경쟁

경쟁 환경은 전략을 선택하는 데 있어 결정적인 요소이다. 경쟁이 있어야만 모방의 반응 전략이 가능하며 필요하게 된다. 모방하는 데 필요한 시간이 짧고 진입비용이 적으며 혁신이 특허에 의해 보호되지 않고 기업이 규모의 경제에 재빨리 도달할 수 있으면 반응 전략이 적절하다. 경쟁업체의 규모도 중요하다. 작은 기업의 경우 경쟁적인 반응에 피해를 보기 쉽다. 그러므로 혁신의 계획에 있어 선점적일 필요가 있다. 규모가 큰 기업의 경우 선두를 유지하기 위하여 선제적인 전략이 필요하다. 예를 들어 가전용품의 경우 모방이 보편적이지만 블랙

앤데커사는 상당한 자원을 새로운 가전제품을 설계하는 데 투자하였다.

마. 생산과 유통 시스템에서의 위치

때로는 유통경로에 있는 한 기업이 선제적이고 다른 기업들은 반응적일 경우가 있다. 많은 산업재 용품 시장에서 원료의 공급자나 최종 사용자들도 상품을 개발한다. ALCOA는 알루미늄 트럭 트레일러를 발명하였고 트레일러의 무게가 작아 비용이 적게 든다고 설득하여 트럭운송회사에 팔았다. 소비재 시장에서 생산업자는 대개 혁신적이다. 그러나 우수한 소매업자가 혁신적인 상품을 지정하며 다른 기업이 이를 생산하기도 한다. 예를 들어 시어스의 크래프트만 제품은 상당히 좋은 평판을 받고 최상의 가격을 받고 있다. 우리나라의 경우도 각 백화점들이 자체 브랜드로써 중소기업에게 하청을 주어 물건을 생산하고 있다.

기업이 선제 전략을 채택하느냐 안하느냐는 것은 유통경로에서 다른 기업의 위치와 상대적인 힘에 달려있다. 어떤 기업들은 유통에서의 혁신을 통하여 이익과 영향력을 획득한다. 예를 들어 Haines는 슈퍼마켓과 잡화점에서 혁신적인 유통을 통한 L'eggs라는 팬티스타킹을 도입할 때까지는 하나의 의류생산 업체일 뿐이었다. 그러나 이제는 수십억 달러에 달하는 여성 속옷시장에서 지배적인 위치를 차지하고 있다.

두 가지 전략의 선택 상황에 대한 내용을 정리해 보면, 다음 시장의 상황에 따라 기업은 반응적 또는 선제적인 개발을 선택한다. 특히 반응 전략은 다음의 상황에 아주 적절하다.

- 기존의 상품이나 시장에 집중이 필요할 때

- 혁신에 대한 보호를 획득하기가 힘들 때
- 개발비용을 회수하기에는 시장이 너무 작을 때
- 경쟁사의 모방에 의해 제압당하기 쉬울 때
- 다른 혁신자에 의해 유통체인이 지배당하고 있을 때

한편, 다음 상황일 경우 선제 전략이 유리하다.

- 급격한 매출증가가 필요할 때
- 신 시장에 진입할 때
- 높은 매출이나 이익을 제공하는 사장일 경우
- 특허나 시장에서 혁신이 보호 받을 수 있을 때
- 신상품을 개발하는 데 필요한 자원과 시간이 충분할 때
- 보다 나은 두 번째 전략을 통한 급격한 시장진입을 막을 수 있을 때
- 유통경로에서 상당한 영향력을 가지고 있을 때

각각의 경우 기업은 반응 전략, 선제적인 전략을 통해 성공을 할 수 있고 위험을 줄일 수 있다. 그러나 기업이 선제적인 전략을 선택하였을지라도 때로는 반응적인 전략이 유리할 수도 있다. 예를 들어 이전에는 기업이 표적으로 삼지 않은 시장의 상품에 관한 아이디어나 요구를 고객이 가지고 오면 반응적인 전략이 필요하다. 또 심지어 기업이 시장에서 혁신을 하고 있어도 경쟁자나 기술적인 변화에 대해서 모르고 있을 수도 있다. 이런 경우에 시장을 방

어하기 위하여 재빨리 반응할 필요가 있다. 실제적으로는 선제 전략이라도 예기치 못한 상황에 대비해 반응 전략을 동반할 필요가 있다. 이런 경우에 반응 전략은 시장이나 경쟁, 기술에 있어서의 변화를 잘 감지해야만 한다. 또한 이들을 평가하고 재빠른 반응을 제시해야 한다. 이는 기업이 경쟁자에 대한 정보체계를 가지고 있어야만 한다는 것을 의미한다. 그래서 변화가 일어나기 전에 이에 관해 알 수 있고 이를 통해 갑작스런 당황함을 방지할 수 있다. 반응 전략에는 또한 기업의 손실을 최소한으로 줄이기 위하여 기업의 자원을 동원할 수 있는 활동 팀에 있어서 기업이 원례의 선제적인 개발 전략으로 돌아갈 수 있어야 한다. 선제 전략의 많은 요소들이 방어 프로그램에도 효과적으로 사용될 수 있다.

❸ 신제품 개발 유형의 타입

신제품 개발 유형의 타입은 제품 자체에 중점을 둘 것인가 아니면 제품 개발 과정에 중점을 둘 것인가에 따라 다양하게 분류할 수 있는데 아래에서 주요하게 제품 개발의 유형에 대해 분류하여 설명하려고 한다.

① 새로운 범주의 제품 개발 : 새로운 습관이나 편리한 생활을 위한 소재의 발견·제안 등이 개발의 특징이다. 소비자들은 새로운 기술이 커다란 진전을 보일 때, 즉각 가치 없는 반응을 보이며 기업은 기술의 불연속성속에 대한 의식을 하게 됨으로써 기존 기술의 s곡선을 뛰어넘어 하나의 기술이 다른 기술로 바뀌는 시점을 드러낸다. 이때, 마케팅 커뮤니케이션 전략이 요구된다.

② 혁신적 제품 개발 : 혁신적 제품의 개발은 새로운 범주의 제품 개발과 비슷하나, 기술제품의 품질·기능을 대폭 개선한 제품이라는 점이 다르다. 일반적으로 기업의 기술 축적에 의해서 기존 제품을 보완시킨 것이다.

③ 신 브랜드 제품 개발 : 기존 제품을 보완·개선하여 신 브랜드로 제품을 개발하는 것을 의미한다. 전략적 측면에서는 시장 세분화의 중심이 된다. 즉, 기존 시장을 소비자 관점에서 파악하고, 새로운 차별적 요소를 발견하는 것이다. 소비자가 '새로움'을 느끼는 것은 4가지 요소, 즉 제품, 가격, 유통, 프로모션 수단으로 가능하나, 어디까지나 제품 자체의 새로움이 그것의 중심이 되어야 한다.

④ 다양화를 위한 제품의 개발 : 다양화를 위한 제품 개발은 소비자의 선호가 다양화되고, 개성화되고 있는 추세이다. 이 타입의 문제점과 특성은 다음과 같다.

- 다양화를 위한 제품 개발의 최대의 목적은 기존 제품의 라인을 확장함으로써 그 브랜드 전체의 마인드 점유율(mind share), 시장 점유율(market share)을 높이려는 것에 있다.
- 점유 커버러지(coverage)를 높여 소비자들에게 선택의 재량권을 넓혀 주고, 동일한 브랜드 내에서의 전환(switch)도 가능케 한다.

⑤ 모델 변경을 위한 제품의 개발 : 기존 제품에 대해서 그 브랜드의 특성을 계속 유지하면서 내용을 개선·변경하고 브랜드의 수명을 길게 하는 전략이다. 즉, 기존 브랜드에 대한 이미지를 내세워 제품의 내용보다 혈통의 정통성을 우월하게 내보임으로써, 브랜드 충성도(brand loyalty)를 지속적으로 높이려는 것이다.

❹ 신제품 개발 과정

① 제품 개발 사이클의 구조

제품 개발 사이클과 관련하여 <그림 34>는 데이븐포트의 제품 개발 사이클이며, <표 29>는 렉 컨설팅 그룹의 제품 개발 사이클이다. 제품 개발 사이클은 기술, 제품라인, 지휘계통, 조직, 크기, 지리적 분산의 정도, 경영방식에 따라 차이가 있을 수 있다. 그러나 마치 여행을 떠나는 사람이 지도를 갖고 출발하는 것이 유리하듯이 프로젝트에 착수하기 전에 전체적인 제품 개발에 관한 도표를 갖고 출발하는 것이 훨씬 효율적이다.

이러한 도표는 제품 개발 사이클의 주요 요소 간의 관련성을 나타낼 수 있어야 하고, 제품 개발 사이클의 전체 구조와 주요 운영 부문을 정의할 수 있어야 하며, 각 제품이 개념에서 시장으로 출하되는 경로를 기술할 수 있어야 한다. 또한 신제품 개념에서 판매 가능한 제품으로의 창출에 필요한 계획, 전략, 업무, 자원, 의사결정의 시점과 형태를 표시할 수 있어야 한다.

<그림 34> 제품 개발 주기(데이븐포트의 제품 개발 싸이클)

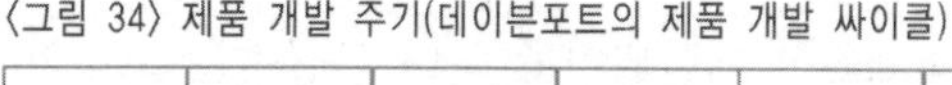
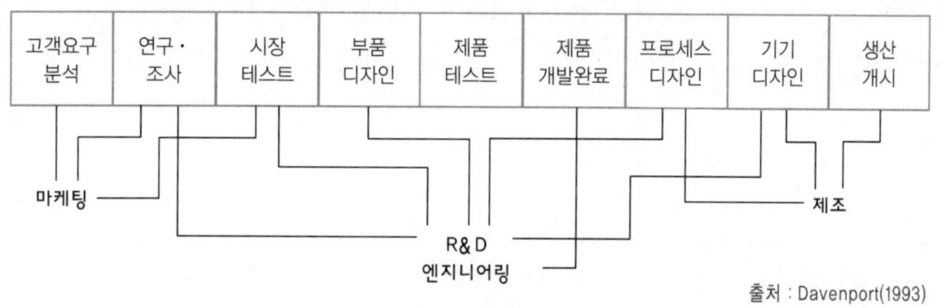

출처 : Davenport(1993)

신제품 개발은 건축 과정과 흡사하다. 먼저 건축 설계 후 기초 공사가 이루어져야 하며 그 다음에는 강철보, 대들보, 지주 등의 골격 공사가 이루어진다. 외벽 벽돌 공사가 끝난 후 설비, 실내 장식, 가구의 비치가 이루어진다. 이러한 단계는 전 단계 완결 후에야 시작될 수 있다. 즉, 기초 공사 없이 골격을 세울 수 없으며, 강철보, 지주 없이 외벽 공사를 할 수 없다.

신제품 개발에서도 제품의 개념에서 출시까지 체계적인 단계가 필요하다. 만약 이러한 단계를 생략하고 제조하거나 출시하는 것은 위험한 작업이며, 이에 대해 단순히 예산을 수립하거나 실행 인력을 할당하는 것만으로는 부족하다. 실제적인 상황은 기업이나 프로젝트마다 다를 수 있으나 다음과 같은 단계가 진행되어야 한다.

가. 고객의 니즈 조사

고객에게 가치를 창출할 수 없는 신제품 개발은 낭비에 불과하며, 신제품 개발에는 비용과 시간이 많이 소요되므로 고객 니즈(Needs)를 효과적으로 조사해 이를 신제품 개발에 반영해야 한다. 시장에 대한 기회창출, 경쟁자에 대한 대응, 기술적 가능성, 생산의 요구사항 등에 대한 정보를 고려해 제품에 대한 개념(Concept)이 개발되어야 하나 출발점은 고객의 니즈 조사로부터 시작되어야 한다.

〈표 30〉 렉 컨설팅 그룹의 제품 개발 사이클

1	마케팅전략의 중핵 : 제품시장 전략의 설정 - 전략 도메인(Domain)의 설정, 제품 개발의 기본방침 설정, 시장 도메인, 시장기회의 명확화
2	제품 개발 전략의 기본방침, 전략과제, 내용 등의 검토 · 명확화

3	제품 개발을 위한 정보수집, 이이디어 개발
4	제품 개발을 위한 제품, 시장분석, 평가
5	제품 연구, 개발 및 테스트
6	시장도입 및 제품계획 작성 – 프로모션 전략, 채널 전략 설정과 구체적인 시장도입 단계의 계획 책정, 가격, 패키지, 수량, 판매방식, 물류 등의 검토

출처 : 렉 컨설팅 그룹(1993)

나. 제품 기획

신제품의 구조를 결정하는 작업으로 제품에 대한 컨셉이 구체화되어야 한다. 목표 시장, 요구되는 성능, 필요한 투자, 재무에 미치는 영향을 파악하고 제품에 대한 기획을 수립한다. 일반적으로 컨셉에 대한 모델을 만들어 테스트하는 과정까지 포함된다.

다. 연구개발

제품의 디자인과 제조 프로세스 구축에 필요한 기술적 기초를 확립하는 과정이다. 기술적 기초가 간과된 신제품은 개발 프로젝트의 실패로 귀결되며 시장에 출시되더라도 심각한 결점이 곧 나타나게 된다.

라. 제품 및 프로세스 엔지니어링

제품의 세부적인 디자인과 스펙을 결정하고 신제품을 생산하는 데 필요한 도구와 시설의 디자인까지 이루어져야 한다. 과거에는 제품에 대한 엔지니어링이 완료되고 나서야 생산에 필요한 도구와 시설을 포함한 프로세스 엔지니어링이 이루어졌으나, 이제 많은 기업이 개발 시간을 단축하기 위해 제품과 프로세스 엔지니어링을 동시에 추구하고 있다. 프로토 타이핑을 만들어 컨셉이나 제품 계획이 타당성이 있는지, 생산 프로세스에 문제는 없을 것인지를 테스트해야 한다.

마. 투자결정

신제품을 생산하기 위한 시설과 도구에 대한 자본 투자의 방법 및 시기를 결정하는 과정으로 자본투자가 너무 빠르거나 프로세스가 바뀌면 투자의 낭비를 초래한다. 그러나 너무 늦게 자본 투자를 하면 시설이 늦게 도입되어 출시를 지연시킬 수 있다.

바. 공급자 선정

한 기업이 신제품의 모든 요소를 만들 수 없기 때문에 공급업체가 필요하다. 주요 부품의 공급자를 선정하고 역할을 규정하는 일이 더욱 중요해지고 있다. 공급업체가 신제품 개발과정에서 통합되지 않거나 능력이 부족하면 신제품의 품질과 출시에 영향을 미칠 수 있다.

사. 프로토 타이핑과 파일롯 제품

프로토 타이핑은 제품의 설계, 프로세스, 부품의 상호작용성을 평가하기 위해 개발되는 모델이고, 파일롯 제품은 실제 생산시설을 이용해 만들어진 모델이다. 즉, 프로토 타이핑은 제품과 프로세스의 개념과 타당성을 검증하기 위해 개발과정에서 제작되는 모델이므로 실험실에서 제작될 수 있으나 파이롯 제품은 대량생산을 위한 준비 모델이므로 향후 사용될 시설을 이용해 모델을 제작해야 한다.

아. 양산체제로의 전환

제품을 대량생산하기 위해서는 모든 상품화 도구와 시설이 갖추어져야 하고 모든 부품 공급업체가 대량생산할 준비가 되어야 한다. 생산량, 원가, 품질의 목표수준도 달성해야 한다.

자. 마케팅

일반적으로 신제품에 대한 시장수용은 기업이 고통을 느낄 정도로 느리게 진행된다. 그러므로 마케팅을 통해 신제품을 시장에 인식시키는 작업이 이루어져야 한다.

② 제품 개발 사이클에서의 주요 의사결정 분야

제품 개발 사이클은 개념 개발, 엔지니어링 프로토 타이핑, 생산 프로토 타이핑, 시장 수용 테스트, 출시 등의 단계를 갖고 있으며 앞에서 언급한 바와 같이 기업마다 독특하게 정의되고 있다. 제품 개발 사이클에서 의사결정을 필요로 하는 대상은 무척 많다. 크게는 프로젝트팀을 조직하고, 제품 개념을 설정하는 것으로부터 작게는 제품의 색상, 제품의 크기에 이르기까지 다양한 의사결정이 필요하지만 <그림 35>와 같이 중요한 6가지의 분야를 파악할 수 있다.

가. 프로젝트 정의

프로젝트의 정의는 개발 프로세스의 범위를 결정하는 작업이다. 따라서 개발 프로젝트에서 다루어야 할 내역, 즉 무엇을 포함하고 무엇을 포함시키지 않을 것인가를 결정해야 하며, 사업 목적과 프로젝트 목표에 따라 개발 프로세스의 바운더리(Boundary)를 설정하게 된다.

프로젝트의 정의는 초기의 개념 개발보다 선행되어야 하는 작업으로써 프로젝트의 노력방향을 설정하고 이에 따라 프로젝트 개발의 초점을 맞추는 의사결정이 필요하다. 프로젝트 팀의 내부와 외부에서 기초적인 투입을 획득하고, 이를 근거로 최고 경영층과 전체 조직에게 프로젝트의 필요성을 설득하는 작업까지 수행되어야 한다. 공식적인 인준을 받았는가, 공감할 수 있는 목표가 공식화되었는가, 필요한 자원이 할당되었는가 등이 프로젝트 정의의 성공척도이다.

〈그림 35〉 제품 개발 사이클에서의 주요 의사결정 분야

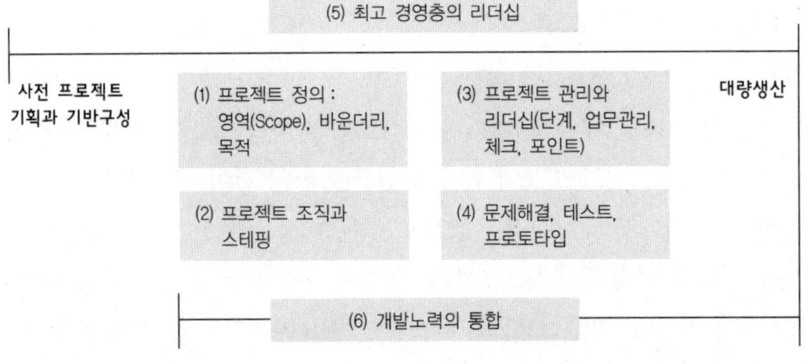

출처 : Wheelwrignt and Clark(1992b)

나. 프로젝트 조직과 스테핑

프로젝트 조직과 작업환경을 어떻게 구축할 것인가, 누가 프로젝트 조직에 참여할 것인가 등에 대한 조직형태와 인원배정이 결정되어야 한다. 작업 장소, 보고 체계, 개인의 책임, 특별 교육, 채용, 지원 부서의 이용에 관한 관계가 설정되어야 한다.

특히 프로젝트 팀을 구성하면서 팀원들이 주인의식을 갖고 개발 작업에 헌신적으로 노력하게 만드는 것도 중요하다. 또한 개발이 완료되기 전까지 팀원의 이직이나 전직이 없도록 하여 팀원이 교체되지 않도록 해야 한다. 팀원도 소속부서의 대표자가 아니라 기업의 사업목표를 위해 신제품 개발에 참여해야 한다.

다. 프로젝트 관리와 리더십

업무가 어떻게 단계별로 분배되고 그룹지어 지는가, 각 단계를 어떻게 모니터하고 관리하는가, 어떤 이정표를 사용해 각 단계의 완료를 확인하는가와 같은 프로젝트 관리체제를 구축해야 한다. 또한 프로젝트 매니저의 역할, 각 작업의 순서와 관리, 팀원의 선발과 팀원의 지속성 등도 이루어져야 한다. 또한, 프로젝트의 리더십 형태를 결정하고 프로젝트의 역할과 책임이 어떻게 수행되어야 하는가에 대한 기대를 확립해야 한다. 프로젝트 매니저는 개발 사이클의 모든 과정에서 강한 리더십을 발휘해야 하며, 특히 기능 부서를 연계할 수 있는 커뮤니케이션을 확립해야 한다.

라. 문제해결, 테스트, 프로토 타이핑

개별적인 작업 수준에서 작업이 제대로 수행되고 있는가를 테스트하기 위해서는 문제를 해결하는 방법이 확립되어야 한다. 문제의 형태에 따라 해결하는 방법은 다양하지만 문제를 파악하는 방법, 문제해결을 위해 의논하는 방법, 요구되는 지식이 반드시 갖추어져야 한다. 기술적인 것만으로 문제를 해결할 수는 없으므로 경영관리적 측면을 이용해 문제를 해결하는 것도 고려해야 한다. 날짜별로 진행하는 테스팅과 프로토 타이핑의 방법도 미리 기획하는 것이 바람직하다. 문제해결, 테스트, 프로토 타이핑은 통합적인 측면에서 이루어져야 한다.

마. 최고 경영층의 리더십

최고 경영층의 검토와 통제 방식은 권한위양과 동기제공에 큰 영향을 미친다. 최고 경영층이 프로젝트의 진행과정에서 점검하고 방향을 제조정하는 작업은 프로젝트팀과 최고 경영층 간의 상호작용의 기본 요소이다.

너무 자주 점검하는 것은 팀에 대한 신뢰부족으로 인지되어 개발 팀원의 사기저하로 연결될 수 있다. 그러나 방향을 명백하게 설정하지 않으면 개발 팀은 중구난방으로 표류할 수 있으므로 최고 경영층의 검토와 통제에 대한 타이밍, 빈도, 점검의 형태는 총체적인 프로젝트의 효과에 공헌될 수 있게 이루어져야 한다. 최고 경영층이 조기에 프로젝트 개발에 참여하고 프로젝트의 목적과 팀의 역할을 정의하는 것이 필요하다.

바. 개발 노력의 통합

한 사람 또는 한 팀이 개발에 관련된 모든 업무를 수행할 수 있다면 통합에 대한 필요성이 별로 느껴지지 않을 것이다. 그러나 한 사람이나 한 팀이 개발업무 전체를 수행할 수 없으므로 업무를 분할해 여러 사람, 여러 부서에게 분할된 업무를 할당하고, 할당된 업무를 추후 다시 통합해야 한다. 기능부서와 하부 그룹의 업무가 적절하게 통합되지 않으면 비용의 증대와 시간의 지연은 물론이며 개발된 제품이 기획된 제품과 일치하지 않을 수도 있다.

또한 처음부터 개발 방향을 정확하게 설정하더라도 제품이나 프로세스 개발은 처음에 예상하지 못했던 장벽을 만날 수 있다. 이러한 모호성과 불확실성 때문에 개발 도중에 피드백 받은 내용을 취합해 중간 수정하는 과정은 필연적이다. 프로젝트 상황의 평가와 측정, 일정 재조정, 자원의 재배치, 남은 업무의 재정의, 고객측면에서의 문제해결과 실질적인 문제해결 사이의 격차 해결, 언제 양산단계로 전환할 것인가에 대한 결정 등은 프로젝트 중간에 발생 하는 의사결정과의 통합을 고려해서 이루어져야 한다.

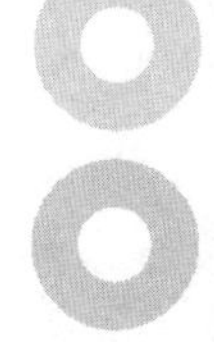

3. 미래 선도 산업과 벤처기업의 육성

(1) 벤처창업의 핵심프로세스 – 벤처창업 모듈(Module)

❶ 벤처창업의 개념

창업은 중소기업을 새로이 설립하는 것을 의미하며, 창업중소기업 및 창업벤처중소기업이 되기 위해서는 창업이 전제가 되어야 하며, 구체적으로는 다음에 제시된 창업의 요건을 모두 충족해야 한다.

① 기업을 원시적으로 새로이 시작한다.

② 기업이 새로이 설립되어 사업을 개시하는 것으로서 다음의 내용에 해당되지 않아야 한다.

가 : 합병, 분할, 현물 출자 또는 사업의 양수를 통해 종전 사업을 승계하거나 종전 사업에 사용되던 자산을 인수 또는 매입하여 동종의 사업을 영위하는 경우이다. 관련사례는 다음과 같다.

- 합병, 분할, 현물출자 등을 통하여 기존사업을 승계 또는 인수하여 동종의 사업을 계속하는 경우
- 상속이나 양도에 의해 사업체를 취득하여 동종의 사업을 계속하는 경우
- 기존 공장을 매수하여 사업을 계속하는 경우
- 기존공장을 법원의 명령에 의해 취득하여 동종의 사업을 계속하는 경우
- 폐업한 타인의 공장을 인수하여 동종의 사업을 계속하는 경우
- 기존공장을 임차하여 기존 법인의 사업과 동종의 사업을 개시하는 경우

나 : 거주자가 영위하던 사업을 법인으로 전환하여 새로운 법인을 설립하는 경우와, 개인인 사업자가 법인으로 전환하여 동종의 사업을 계속하는 경우이다.

다 : 폐업 후 사업을 다시 개시하여 폐업 전의 사업과 동종의 사업을 영위하는 경우로 관련 사례는 다음과 같다.

- 사업의 일시적인 휴업이나 정지 후에 다시 사업을 재개하는 경우
- 공장을 이전하기 위해 이전 전의 장소에서는 그 사업 활동을 폐지하고 새로운 장소에서 그 사업을 재개하는 경우

라 : 사업을 확장하거나 다른 업종을 추가하는 경우 등 새로운 사업을 최초로 개시하는 것으로 보기 곤란한 경우이다.

③ 창업업종이 조세특례제한법 업종에 해당되어야 한다.
④ 새로이 설립된 기업이 중소기업의 범위에 해당되어야 한다.

❷ 창업기업의 경영 특징

신설기업을 창업하는 기업가나 혁신적인 경영방식을 도입하는 기업가는 기존 기업을 경영하는 일반 경영자들에 비해 다른 특징을 갖게 된다. 창업경영자의 경우는 사업의 기회를 적극적으로 추구하려는 경영방식으로서, Stevenson(1983)은 기존의 경영자와의 차이를 전략적 관점, 자원의 투입과정, 자원 통제의 개념, 경영관리 구조 및 보상정책의 6가지 기준에서 그 차이를 제시하고 있다.

전략적 관점에서 창업 기업가는 스스로 기업 전략을 찾아내고 그 자원의 한계를 넘어서더라도 기회를 추구하는 데 필요한 자원을 조달한다. 가장 중요한 업무로서 어렵게 찾아낸 사업의 기회를 살릴 수 있는 자원을 조달하는 것이다.

기회에 대처하는 자세에 있어서도 창업 기업가는 단순히 창의적이고 혁신적인 수준을 넘어서 발견된 사업기회를 적극적으로 추구하고 완수하는 모습을 보인다. 이러한 창업기업가의 성패는 사업기회 분야의 변화를 남들보다 더 빨리 인식하고 단기적으로 가시적 성과를 추구해야 하기 때문이다. 자원의 투입에 있어서 창업 기업가는 주요 의사결정 단계에 따라 다단계의 자원을 투입하여 단계별로 최소한의 투입을 하게 된다. 이는 자원에 대한 장기적 통제가 불확실하고 향후 어떠한 자원의 중요성이 나타날지 예측하기 어려울 때 이러한 유형의 자원 투입방식은 효과적인 대안이 될 수 있기 때문이다.

자원의 통제에 있어서 창업 기업가에게 필요한 것은 자원의 소유 자체보다는 자원의 실질적인 사용능력에 있다. 즉 창업 기업가는 자신의 자원뿐만 아니라 남의 자원을 활용하는 방식을 습득하며, 필요에 따라서는 어느 시점에서 필요자원을 회사로 가져올 것인가를 결정해야 한다.

경영관리 구조에 있어서는 창업 기업가는 다양한 비공식적인 네트워크를 접촉하기 위해 수평적인 구조를 만들고 탄력적인 경영을 유도하게 된다. 이로서 창업 기업가는 기업이 직접적으로 통제하지 못하는 자원을 원활히 조달하고 조정하게 된다.

보상정책에 있어서는 창업경영은 일하는 종업원들에게 개인적 기대에 부응하고 투자 재원의 조속한 회수를 바라는 투자자의 요구에 맞게 가치의 창출과 수확에 초점을 둔다. 또한 많은 창업 기업의 경우 기업의 성과가 팀워크에 의해 결정되기 때문에 팀 중심의 경영을 지원하게 된다.

〈표 31〉 창업 경영과 관리적 경영

주요 사업 차원	창업 경영	관리적 경영
전략적 관점	기회인식에 의해 주도됨	현존 자원에 의해 주도됨
기회에의 대처	단기간의 혁명적 입장	장기간의 진화적 입장
자원의 투입	다단계 방식으로 단계별 최소위험 부담	일단계 의사결정으로 전적인 투입
자원의 통제	필요자원의 간헐적 활용 내지는 임대	필요 자원의 직접 소유 내지는 고용
경영관리 구조	다양한 비공식 네트워크를 갖춘 수평적 조직	공식적 위계를 중시하는 수직적 조직
보상 정책	개인적 기대에 부응·경쟁체제의 활용, 개인적 부의 창조(Wealth) 가능성의 인식 증진	기존 자원의 범위 내 집행, 단기자료에 기반, 승진, 한정된 지원

출처 : H. Stevenson, M. Roberts, & H. I. Grousbeck(1994),
New Business Ventures and the Entrepreneur, Fourth Edition, Burr Ridge ; Irwin 3～16.

❸ 창업을 위한 사업기회의 포착

새로운 기업을 설립하는 과정에는 창업자의 노력뿐만 아니라 주변의 여러 요인이 복합적으로 작용한다. 창업과정에 있어 중요 추진력은 크게 세 가지로 구분될 수 있다. <그림 36>에서 보듯이 창업기업가, 사업기회의 인식, 그리고 동원되는 자원이다. 이 그림은 창의적인 발상과 추진력을 가진 기업가가 새로운 사업기회를 인식하고 이를 포착하는 데 필요한 자원을 효과적으로 동원하여 창업 기업이 성공적으로 설립되고 성장하는 바탕을 마련할 수 있음을 나타낸다.

① 창업 기업가

창업자는 기업의 창업 아이디어의 확보, 사업성의 분석, 사업계획의 수립, 계획의 실행을 주도하고 책임진다. 창업자는 이러한 기능을 수행하기 위해 기업 설립에 필요한 유형 또는 무형의 자원을 동원하고 이를 결합하여 기업이라는 시스템을 만들고, 설립된 기업의 기능이 발휘하도록 관리하는 역할을 해야 한다.

특히 고도의 기술이 요구되는 첨단의 기술벤처 기업의 경우는 창업자와 벤처 팀의 자질과 과거 선행된 성공이 벤처 투자가들의 투자에 가장 높은 비중을 두고 있다.

〈그림 36〉 창업의 세 가지 동력(Three Driving Forces)

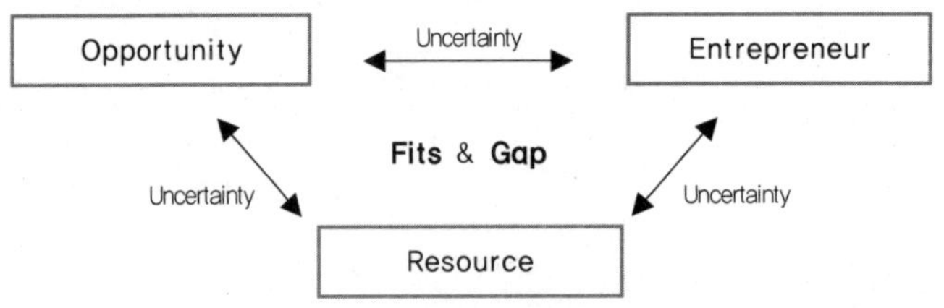

출처 : J. Timmons(1990), New Venture Creation

따라서 창업자의 능력, 가치관 등은 창업기업의 성패와 효율에 지대한 영향을 미치게 되므로 창업자의 자질은 창업성공에 결정적인 영향을 미치게 된다. 단독창업자에 비해 창업자와 창업 동지의 팀웍 창업이 사업의 성공에 더 큰 기여를 하는 것으로 나타났다. 따라서 자기의 사업을 고수익의 대규모 사업으로 발전시키고자 하는 창업자는 팀웍을 신중히 생각하고 관리할 줄 아는 능력을 지녀야 한다. 사업의 규모가 어느 정도 커지게 되면, 경영일선에서 물러나서 적절한 권한의 위임이 이루어져 전문화된 기업으로 성장하게 된다.

창업기업가의 공통적인 특징에 대하여 앞서 설명된 기업가정신에서 제시한 Schumpeter(1934)의 창의성과 혁신성, 진취성, 모험추구성이 기본이 되어 다양한 학자들이 자원획득과 경제적 조직의 창설력, 위험과 불확실성하에서의 수익의 잠재성 추구 등과 같은 창업 기업가의 특성을 제시하였다.

<표 32>는 세계적으로 성공적인 창업 기업가의 창업 시의 연령을 제시한 것으로 창업 기업가에게 요구되는 자질인 기업가정신이 있다면 젊은 연령에도 창의적이고 모험적인 창업을 시작할 수 있음을 잘 제시해 주고 있다.

〈표 32〉 성공적인 창업가의 창업연령과 시기

Entrepreneur	Company founded	Age of entrepreneur at time of start	Year of company start
Bezos, Jeff	Amazon.com	31	1995
Carpenter, Jake Burton	Burton Snowboards	23	1977
Cohen, Ben, and Jerry Greenfield	Ben & Jerry's Ice Cream	27	1978
Cook, Scott	Intuit	31	1983
Dell, Michael	Dell Computer	19	1984
Dubinsky, Donna	Palm Computing	37	1992
Gates, William	Microsoft	20	1976
Hewlett, William	Hewlett-Packard	27	1939
Johnson, Robert L.	Black Entertainment TV	33	1980
Blank, Arthur	Home Depot	36	1978
Rowland, Pleasant	Pleasant Company	45	1986
Schultz, Howard	Starbucks	34	1987
Smith, Fred	Federal Express	29	1973
Stemberg, Tom	Staples	36	1985

출처 : Business week(2005), Successful Entrepreneurs

② 사업기회의 인식

사업기회의 인식은 창업을 추진하기 위해 필요한 요소로서 사업의 기회를 정확하고 적절하게 인식하는 것이다.

사업의 아이디어가 구체적인 기업으로 결실을 맺기 위해서는 생산, 판매, 자금 동원 등 여러 가지 조건이 부합되어야 하는데, 사업의 기회란 사업 아이디어가 나타내는 재화와 서비스를 경쟁력 있게 생산할 수 있는 여러 조건이 만족되는 여건과 시점을 지칭하게 된다.

따라서 단순히 사업 아이디어만을 탐색할 것이 아니라 사업의 기회를 탐색해야 한다. 창업이 이루어지기 위해서는 사업의 아이디어를 사업기회로 발전시키려는 노력이 있어야 한다.

③ 자본

창업에서 자본은 기업을 설립하는 데 필요한 물질적 자원 또는 금전적 가치가 있는 무형의 자원을 의미한다. 물질적 자원은 가치가 있는 무형의 자산으로서 금전뿐만 아니라 토지, 공장, 기계, 점포와 같은 설비, 기술이나 노하우, 원자재, 노동력, 특허, 상표의장 등 산업재산권, 금전적 가치가 있는 명성이나 브랜드를 모두 포괄하는 개념이다.

자본은 창업자의 자본과 창업팀의 자본, 또는 제3자로부터 조달되는 자본도 있다. 기업을 설립할 때 자본 조달이 가장 어려우며, 좋은 사업 아이템이나 아이디어도 실현시킬 수 있는 자본이 없다면 사장되는 경우가 많다.

따라서 이러한 일반 창업이나 벤처기업의 창업에 있어서 개인적 차원에서뿐만 아니라 공익적 차원에서 사업 아이템의 중요성이 인정되어 창업자금의 확보를 도와주는 여러 제도가 있다. 대표적으로 벤처 캐피탈 제도가 있으며 이들 창업자금의 공급업체는 자금지원을 위한 까다로운 심사과정을 요구한다.

가. 창업자금의 조달

산업연구원(1999)의 '창업자금 조달의 중요성' 조사에 있어서 자금조달이 41.3%, 판로개척이 23%, 기술개발 20%, 인력의 확보 11.9%, 행정절차가 약 3% 정도로 창업을 위한 절대적 자금조달이 가장 높게 나타났다.

창업자금조달에서 창업자가 신중하게 생각할 것은 창업자금이 얼마나 필요한지, 언제 필요한지, 창업자금을 어디서 조달할지, 창업자금을 어떤 조건으로 조달할지에 대한 의사결정이 기업의 성공과 실패를 결정하는 중요한 기준이 된다. 이는 창업자의 소유지분과 경영권의 유지에 중대한 영향을 미치게 되는 것이다.

창업자금의 조달은 기업의 성장단계에 따라 구분되어 이루어져야 기업의 성공에 결정적인 영향을 미치게 된다. 기업의 성장단계에 대하여 Timmons(1994)는 창업기, 성장기 및 성숙기로 구분하고 기업이 성장함에 따라 창업자는 의사결정 권한을 하부에 위임하고 관리자에게 관리 역할을 부여해야 함을 강조하였다.

〈표 33〉 기업의 성장단계에 따른 자금조달

성장단계	창업자금의 특성

연구개발
및 창업단계
	1) 창업자나 엔젤 투자가에 의한 자금으로 창업자금을 조달받음.
	 • 장점 : 기업의 부채를 증가시키지 않음으로써 재정적 위험부담을 줄이게 되어 창업초기 기술개발이나 기업의
	   안정성 확보에 기여를 하게 됨.
	 • 단점 : 규모가 한정되어 기업의 성장에 필요한 자금수요를 충족시키기에는 부족함.
	 • 이외에 정부의 정책자금을 적극 활용하여 부족한 자금을 조달하는 방법을 찾는 것이 필요함.
	
	2) 벤처 캐피탈을 통한 투자유치의 노력을 기울임.
	   벤처 창업기업의 경우 초기단계의 높은 위험 때문에 민간 벤처 캐피탈은 투자를 꺼리는 경우가 많음.
	   따라서 기업의 초기 단계에서는 공공 캐피탈을 통한 자금공급 방안의 모색이 필요함.

성장단계	매출이 증가하며 시설투자, 인력의 확보, 마케팅 등을 위한 시설자금과 운영자금이 많이 요구됨. 매출실적과 담보력이 많이 부족하여 일반 금융기관에서 자금지원을 받는 데는 어려움이 많음. 따라서 장래 기업의 성장에 대한 예측이 가능해지고 투자의 유망성을 강조하여 벤처 캐피탈로부터 투자유치를 받아 자금조달의 필요성이 제기됨.
확대단계	매출이 안정적으로 증가하고, 담보력도 증가하여 일반 금융기관으로부터 자금조달이 가능해짐에 따라 신규 사업진출자금, 운용자금 등이 소요되는데 이 시기에는 기업의 실적이 가시적으로 나타나기 때문에 벤처 캐피탈이 적극적으로 투자에 나서게 됨.
성숙단계	기업의 안정단계를 유지하여 자본시장과 일반 금융기관에서 안정적으로 자금을 조달하게 됨.

출처 : 박춘엽(2004), 창업학

나. 벤처 캐피탈을 통한 자금조달

벤처 캐피탈은 고도의 기술력과 장래성은 있으나 자본과 경영능력이 취약한 벤처기업에 창업 초기단계부터 자본과 경영능력을 지원하여 투자기업으로 육성한 후 투자자금을 회수하는 금융기관이다. 벤처 캐피탈은 투자한 회사가 IPO, 코스닥에 오른 후 주식의 차익을 투자의 대가로 환원받게 된다.

〈표 34〉 일반금융기관과 벤처 캐피탈의 차이

	일반금융기관	벤처 캐피탈
지원형태	담보를 조건으로 융자형태의 자금지원	투자기업의 기술력, 성장성, 수익성을 평가하여 무담보 주식투자
투자금의 회수방법	일정기간 후 환수	성장 후 지분매각
성과보수	일정금리	투자기업의 경영성과에 따른 차이
위험도	없음	높음

출처 : 김병균 · 이정길(2006), 벤처산업과 벤처경영

다. 공공적 정책자금의 조달

정책자금은 정부 또는 공공기관에서 정책적으로 지원이 필요한 기업, 또는 사업자를 선정하여 일반 금융보다 차별화된 좋은 금융조건으로 자금을 지원해주는 제도이다.

정책자금과 일반자금의 차이점을 살펴보면, 금리측면의 이득과 담보(담보 또는 무담보), 정책자금을 빌리는 기간이 3, 5, 8년의 기간 등 선택이 가능하다는 장점이 있다. 공공적 정책자금을 조달받기 위해서는 자신의 회사가 정책자금의 지원 대상에 해당하는지를 파악하고, 정책자금 해당기관을 찾아 구체적인 지원요건 및 절차를 알아보아야 하며, 정책자금은 각 기관마다 지원시기 및 금액이 해마다 변하기 때문에 경제신문이나 인터넷 정보 등 해당기관에 수시로 자금지원 시기에 대한 정보탐색의 필요성이 있다. 정책자금의 지원 절차는 다음과 같다.

• 자금지원의 공고 → 자금지원 신청서 접수 → 사업성 평가 및 심의 → 지원업체 선정 및 통보 → 자금대출의 신청 → 정책자금의 대출

각 절차의 세부내용은 다음과 같다.

(1) 자금지원의 공고 : 정책자금을 운영하는 기관이 자금운영의 기본 방안이 결정되면 구체적인 운영계획을 수립하여 일반 공개를 수행한다. 공고의 세부내용은 다음과 같다.

① 해당자금에 대한 사업의 유형

② 자금지원 대상의 범위

③ 자금지원의 내용

④ 신청방법과 신청서 교부 및 접수일정 등에 대한 세부적인 상황

(2) 자금지원 신청서의 접수 : 공고가 이루어지면 접수 일정에 맞추어 자금을 신청하게 되며, 자금신청서에는 해당기업의 구체적인 사업계획서와 구비서류(자격기준 및 심사 시 평가 자료로 활용됨)를 첨부해야 한다.

(3) 사업성 평가 및 심의 : 자금을 운용하는 기관은 신청업체로부터 서류를 접수받아 지원업체를 선정하기 위해 사업심의 및 평가에 들어간다. 필요한 경우 해당기관의 담당자가 신청업체를 직접 방문하여 현장실사 과정을 거치고 이를 토대로 신청업체의 사업성을 종합적으로 평가한다.

(4) 지원업체의 선정 및 통보 : 지원기관은 평가 담당자가 작성한 사업성 검토 자료를 토대로 심사위원회를 개최하고 심사 기준표에 의거하여 일정 점수 이상을 얻은 적격업체를 최종적으로 선정한다. 대상 업체가 선정되면 해당업체에게 선정결과를 통지하며, 업체에서 대출받고자 하는 거래은행에도 해당업체에 대한 융자추천을 통보하게 된다.

(5) 자금 대출의 신청 및 대출 : 해당기업이 정책자금 지원 대상 업체로 선정된 후 결정된 자금에 대하여 일정기간 이내에 거래은행으로부터 자금을 대출받아야 하며, 이때 부동산 등의 담보가 있을 경우 은행에서 직접 대출을 받게 되며, 담보가 없거나 필요가 없는 경우 신용보증기관을 통해 추가로 받아야 한다. 창업을 지원해주는 정책자금 공공기관은 위의 <표 35>와 같다.

〈표 35〉 창업지원 정책자금 공공기관

자금지원	출연기관
• 중소벤처기업 창업자금	• 중소기업진흥공단
• 신기술 창업보육자금	• 기술신용보증기금
• 소상공인 창업자금	• 한국산업기술평가원
• 우수발명사작품제작지원	• 소상공인지원센터
• 지방중소기업 육성자금	• 한국발명진흥회
• 우수신기술 지정자원사업	• 시, 도청
	• 정보통신연구진흥원

❹ 창업 모듈(Module)

① 사업아이디어의 포착 및 사업아이템의 창출

유망한 사업의 기회를 알아내는 데 있어 중요한 요소는 사업아이디어의 구체성에 있다. 유망한 사업 아이디어가 있을 때 사업 구상을 체계화할 수 있으며, 사업타당성분석에서도 유효하게 진행될 수 있고 결과적으로 사업계획서를 만들어낼 수 있는 것이다.

창업을 위한 사업의 아이디어는 어디서 얻는가? 대부분의 창업 기업가들은 사업의 아이디어를

〈표 36〉 창업 아이디어의 원천

아이디어의 원천	비율
전 직장의 자신의 업무에서 발견함	43%
타기업의 모방	15%
틈새시장의 발견	11%
사업기회의 체계적 탐색	7%
무엇이라 특정지어 말하기 어려움	5%
취미생활에서의 발견	3%
기타 등	6%

출처 : John Case(1989), The Origins of Entrepreneurship, Inc.

우연히 발견하였다고 한다. John Case가 제시한 500대 고속성장 기업의 창업자를 대상으로 사업의 아이디어의 원천을 조사한 결과는 <표 36>과 같다.

② 창업을 위한 사업아이템의 개발 방안

가. SCAMPER 방식

- S(Substitute) ; 대체하기 ; 무엇을 대신 사용할 수 있는가?

  사례 : 크린싱 크림을 크린싱 티슈로 휴대하기 편리하게 만든 경우

- C(Combine) ; 결합하기 ; 기존 제품의 결합을 통하여 새로운 제품을 만드는 것.

  사례 : 지우게 달린 연필, 스폰지와 쑤세미를 앞뒷면으로 한 타올

- A(Adopt) ; 조건이나 목적에 맞게 조절하기 ; 어떤 형태나 원리, 방법을 다른 분야의 조건이나 목적에 맞도록 적용하는 것.

  사례 : 산우엉가시에 착안한 매직테이프

- M(Modify, Magnify, Minify) ; 색, 모양, 형태의 변경 ; 수정, 확대, 축소를 통하여 기존과 다른 이미지의 상품을 만드는 것.

  사례 : 기존 오디오에서 워크맨으로, 워크맨이 다시 MP3로 전환되는 사례

- P(Put to Other Use) ; 다른 용도로 사용하기 ; 어떤 사물이나 아이디어를 다른 방법으로 활용하는 것.

  사례 : 폐버스를 활용한 간식 집

- E(Eliminate) ; 제거하기 ; 어떤 기능을 제거하여 새로운 제품이 완성되는 것.

사례 : 두바퀴의 스케이트 보드, 오픈카

- R(Rearrange) ; 재조정하기 ; 앞과 뒤, 왼쪽과 오른쪽, 형태, 순서, 방법, 아이디어를 새롭게 바꾸는 것.

  사례 : 여름에 겨울상품을 판매하는 것, 옷의 레이블이 밖으로 나오게 하는 빈티지룩

나. 브레인스토밍 방식

브레인스토밍(Brainstorming)은 아이디어 창출과 창의력의 문제 해결에 많이 사용된다. 이는 주어진 시간에 참여자들이 자발적으로 참여하여 모든 가능한 다양한 종류의 아이디어를 만들어 내는 방법으로서 문제의 범위를 적절히 선정하여 아이디어의 다양성과 구체성을 만들어가는 것이 브레인스토밍의 핵심이 된다.

자유로운 응답을 얻어내기 위하여 비판은 최대한 자제해서 참여자들의 창의적인 아이디어를 모으는 것이 중요하다. 브레인스토밍을 위한 절차는 다음과 같다.

(1) 의견개진의 목적을 정의한다.

(2) 참여자와 진행자를 선정한다.

(3) 즉흥적이고 자발적이며 창의적인 브레인스토밍을 실시한다.

(4) 타인에 대한 비판적 견해를 하지 않는다.

(5) 아이디어를 기록하고 이를 위해 종이 등 다양한 기록장치를 활용한다.

(6) 특정 아이디어에 집착하지 않고, 떠오르는 데로 기록한다.

(7) 타당성 있는 아이디어에 집중하여 우선순위를 정한다.

브레인스토밍 과정에서는 진행자가 참여자들의 다양한 의견을 기록해야 하는데, 이때 포스트 잇 등을 활용하여 참여자가 자유롭게 보드에 자신의 의견을 붙여나가면서 카테고리를 정하는 자율적 방식이 효율적이다. 브레인스토밍의 효과를 높이려면 다음의 다섯 가지 원칙을 따라야 한다.

(1) 포커스 : 브레인스토밍은 특정문제에 집중해서 현실 세계의 제약을 고려해야 한다.

(2) 판단의 보류 : 아이디어가 창출되는 동안 모든 판단을 보류해야 한다. 가장 좋다고 여겨지는 아이디어일지라도 섣불리 판단하면 안 된다.

(3) 개인적 안정 : 참가자가 현 상태를 위협하거나 대중적이지 않은 아이디어를 내놓았다고 해서 비난을 받아서는 안 된다.

(4) 연속적 토론 : 토론 주제를 한 번에 하나로 제한하고, 주제의 포커스를 맞춰야 한다.

(5) 아이디어의 구축 : 다른 사람의 아이디어가 가능성이 있어 보일 경우, 그 아이디어를 구축해 주어야 한다.

브레인스토밍 기법은 다시 비전설정, 수정, 실험의 큰 세 가지 범주로 나누어지며 각 특성별 차이가 있지만 공통적인 특성도 가지고 있다.

(1) 비전 설정 : 사람들에게 장기적이고 이상적인 해결책과 그 달성 방법을 자세히 상상해 보라고 요청하는 기법으로서 혁신적 사고를 가로 막는 실용주의의 장벽을 타파하는 것이 비전설정의 목표이다.

이러한 아이디어를 실행하기 위해 무슨 행동을 해야 할지를 물어보는 기법인 소망리스트를 만들어 보는 것이다.

(2) 소망의 창출 : 참가자들의 마음을 풀어놓고 이상적인 해결책을 상상해보라고 요청한다. 복권에 당첨된다거나, 아무 간섭도 없는 조용한 장소에서 마음을 진정시키는 음악을 들으며 소망을 상상해본다.

(3) 가능성의 탐구 : 모두에게 소망리스트를 검토하라고 한다. 그들이 자신이나 상황에 대하여 무엇을 발견했는가, 실제로 이 소망을 이루려면 무슨 행동을 해야 하는가를 생각하게 한다.

(4) 이상적 시나리오 : 참가하는 집단에게 이상적 미래나 해결책은 어떤 모습일지 상상해 보라고 요청한다. 말로 표현해도 좋고 그림으로 표현해도 좋다.

(5) 타임머신 : 다른 대안으로 참가자들에게 지금으로부터 5~7년 뒤의 미래를 여행한다고 가정해 보라고 요청한다. 어떤 모습을 하고 있을지, 어떤 일들이 일어날지, 창의적으로 탐구해 볼 문제라면 어떤 질문이든 던져도 좋다.

다. 포커스 그룹(Focus Group)

 포커스 그룹은 신제품 개발 기획 시 활용되는 기법으로 진행자가 7~15여 명의 참여자들을 대상으로 제품영역에 대한 심층적 토론을 이끌어 나가면서 타겟으로 하는 시장의 고객니즈를 충족시키는 제품의 아이디어를 구상하고 대안을 모색하는 방법이다. 포커스 그룹은 참여자들의 생각을 통해 고객의 행동패턴 및 사용동기 등의 유발요인을 규명하는 데 효율적이며, 초기 사업의 아이디어를 정립하는 데 도움이 된다.

❺ 창업 아이템 선정의 기본 원칙

다양한 아이디어를 선정하는 방식에 의해 몇 가지 사업의 아이디어가 구체화되면 사업의 생명성을 판단하기 위해 몇 가지 기준에 의해 점검이 이루어져야 한다.

첫째는 업종의 성장가능성이 어느 정도 있는가이다. 상품 및 서비스에는 발생기-성장기-성숙기-쇠퇴기의 라이프사이클이 일반적으로 존재한다. 상품의 라이프사이클(PLC ; Product Life Cycle)로 일컬어지는 것으로 통상적으로 발생기는 업종이 출현하여 보급이 시작되는 단계이며, 성장기는 수요와 동종기업이 급증하고 이익도 증가하는 단계이다. 성숙기 단계는 기업 간의 경쟁이 치열해지며 경쟁에서 낙오되어 퇴출되는 기업이 급증하고, 수익이 감소하여 경쟁에서 우위를 점한 일부 선점기업만이 생존하는 데 다다른다. 따라서 신규창업이 가장 적합한 시기는 성장기 업종이며, 성숙기 후반에 뒤늦게 참여할 경우 실패의 확률이 매우 높아진다.

둘째, 창업인의 경험이나 특성을 활용할 수 있는 업종인가에 대한 검토이다. 성장성이 높은 업종이어서 다른 사람이 성공했다고 해서 본인의 경우에도 성공한다고 판단해서는 안 된다. 즉 창업 업종의 대부분은 창업자의 이전 경험, 전문적 지식과 기술, 특성을 잘 고려할 경우에만 사업의 성공확률을 높일 수 있다. 사업 아이템 선정 시 많은 창업인들이 이전 직장에서의 업무의 연계성이 있는 아이템으로 창업한 것은 그때 얻어진 업무에 대한 전문적 경험, 지식이 창업의 큰 자산이 될 수 있었기 때문이다.

셋째, 공공기관이나 정부의 인가 및 허가를 받아야 하는 업종인가에 대한 검토이다. 법률적인 인가, 허가, 등록, 면허 등이 없으면 창업이 불가능한 업종이 있다. 따라서 창업자는 해당 업종의 법적 요건을 사전에 확인할 필요가 있으며, 단순히 등록만 하면 되는 경우와 함께 창업자 본인이 특정 업종에 대한 자격, 기능을 취득해야만 사업을 할 수 있는 경우도 있다. 이런 경우는 그런 자격이나 기능이 있는 종업원의 채용을 통해 사업을 시작할 수 있다. 주변에 공인중개사 사무실의 경우가 이런 사례에 많이 해당된다. 따라서 다양한 경우를 모두 고려하여 특정 업종을 선택하게 되었을 때 인허가 여부에 대한 사전 확인이 필요하다.

넷째, 실패 위험이 적은 분야인가에 대한 검토이다. 위험이 클수록 사업성공이 얻는 수익도 크다. 통상 벤처사업의 경우가 높은 위험과 높은 대가를 수반하는데, 이런 경우 특정의 노하우로 성공하는 경우도 있지만 너무 높은 위험 때문에 경쟁자가 없어서 성공하는 경우도 있다. 따라서 이익이 적어서 큰돈을 벌 수 없는 사업인 경우에도 성공만 확실하다면 그 사업을 선택하는 것이 현명한 방안이 될 수 있다.

이상의 몇 가지 사업아이템 선정의 기본 원칙과 함께 특정한 상품 아이템, 사업 아이템을 선택하여 사업을 시작하는 창업기회의 포착에 대하여 생각해 볼 필요가 있다.

기술창업을 비롯하여 많은 창업인들이 범하는 실수가 발명가의 오류로 불리는 "Great Mousetrap Fallacy"를 생각해 볼 필요가 있다. 발명가의 오류는 쥐덫이 훌륭하면 쥐를 잡을 수 있듯이, 뛰어나 제품을 만들어 놓으면 제품은 시장에서 저절로 날개 돋친 듯이 팔릴 것이라는 것이다. 그러나 단지 좋은 쥐덫만 있다고 해서 쥐를 잡을 수 있는 것은 아니다. 왜냐하면 그 좋은 쥐덫이 존재하는지를 시장이 모를 수 있기 때문이다.

이렇듯 사업의 기회는 좋은 아이템으로만 모두 해결되는 것이 아니고, 사업기회의 창을 잘 활용해야 한다. 사업기회의 창은 사업의 기회는 일정기간 동안에만 포착되고 활용되는 한시적인 것으로 사업기회의 창을 활용할 경우 창업의 성공 가능성은 높아진다고 볼 수 있다.

보통 시간의 흐름에 따라 사업은 도입기, 성장기, 성숙기, 쇠퇴기로 전환되며, 특정 사업 아이템의 시장 규모가 커지기 시작하는 시점인 성장기 초기가 새로이 신규 진입하여 사업을 시작하는 적기이다. 시장이 성숙하여 구조화되고 대규모화되는 시점인 대략 12년 정도가 되면, 사업기회의 창이 닫히는 성장기 후반이 된다. 일반적으로 성숙기 초반까지 4·5년~12년까지의 기간이 사업을 할 수 있는 기회의 창이 되는 것이다.

물리적으로 사업기회의 창의 시간적 개념을 4·5년~12년으로 제시하였지만 사업의 기회는 시장의 상황과 함께 창업을 결심한 창업가의 결심의 시기이다. 창업자가 결정하여 사업기회를 잘 포착한다면 성공하고, 그렇지 않으면 실패한다는 것이다.

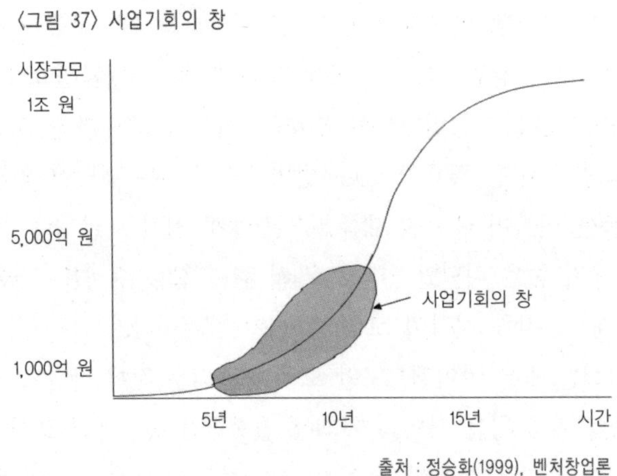

〈그림 37〉 사업기회의 창

출처 : 정승화(1999), 벤처창업론

　이러한 사업기회의 창의 활용에 대한 가장 잘 알려진 사례는 1977년 가정에까지 개인용 컴퓨터가 있을 필요가 없다고 했던 디지털 이큅먼트사의 창업자 캔 올슨(Ken Olsen) 사장의 사례가 있다. 결국 가정용 컴퓨터 양산에 기술적으로 가장 근접해있던 올슨 사장은 사업기회의 잘못된 인식으로 IBM에 그 성공의 기회의 창을 넘겨주고 말았다.

　이와 함께 윌버 라이트가 1901년에 인간이 비행하는 데는 아무리 못해도 최소한 50년 이상이 걸릴 것이라고 언급한 부분도 어긋난 사업기회의 창의 전형적 사례로 볼 수 있을 것이다.

　이러한 사업기회의 창은 결과적으로 레몬기업(실패기업)과 진주기업(성공기업) 간의 현격한 차이를 불러 오게 하였다.

〈그림 38〉 레몬기업과 진주기업

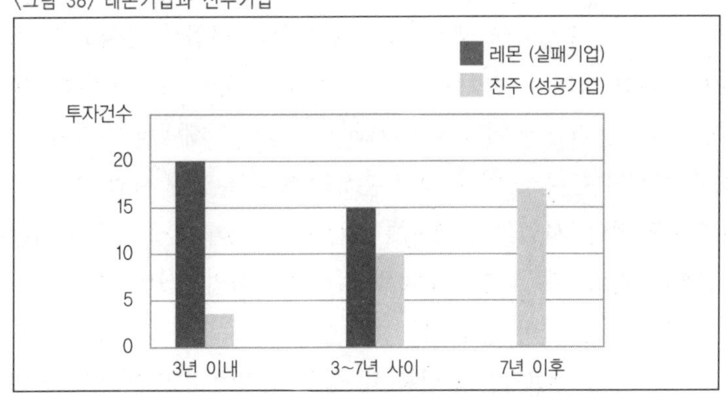

출처 : Timmons(1990), The Venture Creation

① 사업타당성의 분석

가. 사업타당성 분석의 개념

사업타당성의 개념은 여러 가지 사업 아이디어 중에서 최선의 것을 선별하는 과정에 필수적인 활동이 사업성의 분석이다. 사업성 분석은 고려하고 있는 사업 아이디어가 목표로 하는 이윤을 실현할 수 있는가에 대한 경제성 분석내용을 검토하는 활동이다.

고려하고 있는 사업 아이디어에 대한 사업성 분석을 실시한 결과 만족스러운 결과를 얻을 수 없다는 최종 판단을 하게 되면 해당 사업 아이디어를 없애고, 새로운 사업 아이디어를 생각해야 한다.

사업성 분석은 간단한 점검수준도 가능하고 동시에 전문적인 지식을 가진 사람을 동원하여 상당한 정도의 자료를 수집하여 체계적으로 분석하는 사업성 분석도 있다.

사업성 분석이 어떠한 형태의 것이든 가능성이 있다고 판단되는 사업아이디어를 확보하지 못하면, 예비 창업가는 유력한 아이디어가 타당성 분석에서 채택될 때까지 사업타당성 분석의 과정을 계속 반복해야 한다. 만약 사업성 분석을 통해 유망한 사업 분야로 판단되는 사업 아이디어를 확보하게 되면, 사업을 실행하게 되는 구체적 계획을 세우게 되는 것이다.

사업타당성 분석의 필요성은 첫째 창업자의 주관적인 사업구상이 아닌 객관적이고 체계적인 사업성의 검토를 통해 사업의 성공 가능성을 높이는 데 있다. 둘째, 기업의 설립 및 구성요소를 정확하게 파악하여 창업기간의 단축 및 창업 경영에 필요한 정보를 획득할 수 있다. 셋째, 창업자가 독자적으로 점검하기 어려운 사업 아이템의 기술성, 시장성, 수익성 및 경제성, 자금조달 계획 등의 세부항목을 사전에 분석하여 효율적인 창업을 계획할 수 있게 된다.

사업타당성 분석을 위해 기본적으로 수립해야 할 기본과제가 있다.

첫째, 창업자가 유망하다고 판단한 사업 아이디어의 구체적인 제품 및 서비스가 시장에서의 성공가능성이 어느 정도 되는가에 대한 탐색이다. 모든 기업은 생산하는 제품 및 서비스가 시장에서 수용되었을 때 사업이 유지될 수 있다. 따라서 사업에 있어서 가장 근본적인 질문으로서 기업이 만든 제품이나 서비스가 시장에서 과연 팔릴 수 있는가에 대한 시장 및 마케팅과 관련된 조사가 이루어져야 할 것이다.

둘째, 유망한 사업 아이디어의 구체적 제품 및 서비스가 생산됨에 있어서 필요한 기술적 능력을 갖추고 있는가에 대한 검토를 해야 한다. 기술적 타당성은 기술적으로 과연 실현 가능한지, 소비자들에게 사전에 약속한 제품의 성능을 구현할 수 있는가를 의미한다. 기존의 기술을 사용하는 경우라면, 기술적 타당성이 문제가 되지 않아도 되지만, 하이테크 기술을 수용하는 상품의 경우에는 기술적 타당성이 해당 사업의 결정적인 성공과 실패의 요인이 될 수 있기 때문이다.

예를 들면 이론적으로 생산이 가능하지만, 대량 생산체계를 갖춤에 있어 너무 많은 시간이나 자금이 소요되는 경우는 사업으로 적합하지 못한 경우도 있다.

셋째, 해당 사업을 위한 필요 자금이 어느 정도이며, 자금의 조달이 현실적으로 가능한가의 여부를 체크해야 한다.

즉, 사업을 구체적으로 시행하기 전에 또는 사업이 시작된 이후에 발생하는 가장 큰 어려움은 자금의 원활한 공급이 잘 되지 않는 경우이다. 자금의 부족은 절대적인 자금액이 적은

경우도 있지만, 초기단계, 성장단계, 성숙단계 등 기업의 발전단계에 따른 소유자금의 잘못된 추정 등에 기인할 수도 있다. 따라서 사업타당성 분석 중 자금부문은 적당한 시기에 적합한 자금의 흐름을 조달할 수 있는 계획된 소요자금의 추정이 필요하다.

즉, 소요자금의 과소 추정은 자금 부족을 초래하게 되며, 과다한 추정은 사업성을 실제보다 낮게 평가하게 하는 원인이 된다. 투자자들에게 소요자금의 크기는 투자 의사결정에 영향을 미치는 중요 변수이기 때문에 사업자가 외부로부터 자금지원을 받아야 할 경우 준비해야 하는 사업계획서상의 소요자금 부분은 과학적으로 추정하여 제시할 필요가 있다.

넷째, 해당 사업 아이디어의 수익성 예측이다. 사업의 수익성 평가는 사업타당성 중 가장 중요한 단계로 사업 타당성 분석의 결과부문에 해당된다. 사업이 유망하고, 적정수준의 자금이 투입되고, 생산된 제품이나 서비스가 받아들여지는 시장상황이 존재한다고 하더라도 적정수준의 이윤이 창출되지 않는다면 기업 존재의 의미가 없게 된다. 따라서 사업전개 이후 어느 정도 기간에 수익을 발생시키며, 흑자 경상수지로 전환한다는 시점들을 예측할 수 있어야 한다.

나. 사업타당성 분석의 흐름

사업타당성 분석을 위해서는 예비 사업성 분석과 본 사업성 분석으로 구분되어 진행된다. 예비 사업성 분석은 특정 사업 아이템이 선정되기 전에 복수의 예비 사업아이템의 사업성을 분석하여 최종적으로 하나의 사업 아이템을 선정하는 과정을 의미한다. 본 사업성 분석은 최종 확정된 후보 사업 아이템 중 시장성, 판매전망, 기술성, 수익성, 경제성의 분석을 통하여 사업의 성공가능성을 확인하는 과정을 의미한다.

예비 사업성 분석은 한개 혹은 다수의 사업 아이디어가 후보 사업의 고려대상이 되었을 때, 가장 적합한 것을 선별하기 위하여 평가하여야 한다. 그러나 모든 사업 아이디어에 대하여 상세한 사업성 평가를 실시하는 것은 효율적이지 못하므로 비교적 간단한 방법으로 사업성과 관련된 일련의 질문에 대하여 해당 여부를 판단하여 사업성을 평가하게 된다.

예비 사업타당성의 평가 요인은 아래 <표 37>과 같다.

〈표 37〉 예비 사업성의 평가 요인

평가 요인	내 용	해당여부
원가상승요인	적당한 비용으로 제품을 생산할 수 없게 하는 요인(법률적 제한사항, 독점, 에너지 제한 등)	
자본	소요자본이 과다한가?	
정부의 규제	정부의 규정에 위배되거나 좋지 않은 영향을 미치는 환경적 요인이 있는가?	
국가 정책·목표	창업하고자 하는 사업이 국가의 정책, 목적, 제한규정에 어긋나는가?	
진입장벽	중소기업의 참여를 배제하는 장애요인이 있는가?	
마케팅의 방해요인	효과적인 마케팅 활동을 방해하는 요인이 있는가?	
기존산업과의 공존여부	창업하고자 하는 사업이 기존 또는 추진 중의 산업과 공존할 수 있는가?	

출처 : 박춘엽(2004), 창업학

위의 표에서 결격요인에 해당되지 않으면 예비 타당성 분석의 4가지 분석요소의 사업성 분석을 수반하게 된다.

〈표 38〉 예비 타당성 분석의 분석 요인

상품성	평가요소	내 용
상품성	상품의 적합성	경영자가 잘 아는 제품이거나 전문적인 식견이 있는 제품인가. 창업상품 및 서비스가 사치품이나 비필수품은 아닌가.
	상품의 독점성	신규참여를 배제하는 독점은 아닌가. 정부의 인허가에 의해 실제 신규투자가 제한되지 않았는가.
시장성	규모	예상되는 고객수의 규모.
	경쟁성	경쟁사의 시장점유율 및 세력의 정도. 경쟁제품과 비교했을 때의 품질과 가격의 상대적 경쟁력. 판매를 위한 유통의 용이성 및 물류비용의 정도.
	장래성	잠재적인 고객개발의 가능성은 어느 정도인가. 새로운 후발 기업의 침투가능성 정도. 소비자에게 필수적으로 요구되는 제품인가.
수익성	제품 생산비용의 효율성	적정비용으로 제품 및 서비스를 공급할 수 있는가. 생산공정이 용이한가.
	적정이윤의 보장여부	원자재 조달이 용이하고 값은 안정적인가. 필요한 노동력 공급이 용이하여 저렴한가. 제조원가, 관리비, 인건비 등을 고려한 적정이윤이 보장되는가.
안정성	위험수준	기업의 불황에 대한 적응력 정도. 기술적 진보수준은 어느 정도이며, 기술적 변화에 대한 대응수준이 어느 정도인가.
	자금투입의 적정성	자금조달의 흐름이 추정 가능하며, 실현 가능한가. 이익이 실현되는 시기까지의 기간평가 및 대처할 수 있는 자금력은 충분한가.
	재고수준	원자재의 조달, 유통시장의 재고수준의 정도 및 재고의 회전기간의 정도. 제공하는 상품 및 서비스의 수요의 계절성은 없는가.

출처 : 박주관(1998), 사업타당성 분석과 사업계획서 작성

위의 예비 사업타당성 분석이 통과되면 본 사업타당성 분석을 시행하게 된다.

〈표 39〉 본 사업타당성 분석의 분석 요인

평가요소	내 용
1. 계획된 사업의 예비검토	1) 발굴한 사업 아이템 사업타당성의 분석 2) 계획사업의 개요파악과 이해 　•창업자의 일반현황 　•창업목적 및 기대효과 　•제품용도 및 특성 　•부문별 사업계획
2. 사업수행능력의 분석	창업자의 경영능력평가 : 경영능력 평가표의 작성, 경영능력 평가결과의 분석
3. 시장성의 분석	시장성 분석의 사전 준비 : 분석의 목표와 계획의 수립, 자료의 수집 및 분석, 해석 시장성 분석의 핵심요소 분석 : 시장통합, 제품성 및 경쟁력 지위, 채산성, 수요예측
4. 기술성 분석	제품의 경쟁성 분석 : 계획제품의 용도, 품질, 특성의 파악, 계획제품의 경쟁성 파악 입지조건 분석 : 주요 입지요인의 분석 생산 및 제고의 분석
5. 수익성, 경제성의 분석	계획사업의 손익분기점 분석 계획사업의 경제성 분석

② 사업계획의 수립

사업 아이디어의 탐색을 통해 경제성, 시장성, 수익성, 재무상태의 분석을 수행하여 확정된 사업 구상을 실제로 추진하기 위해서는 실행에 옮기기 전에 어떠한 형태이든 간에 창업 벤처기업의 미래 방향을 계획하는 것이 필요하다.

사업계획의 수립에 있어 창업자는 크게 두 가지로 분류된다. 한 부류는 사업 구상을 행동으로 옮기고 그때마다의 상황의 변화에 따라 유연하게 사업의 계획을 집행하고 변경하는 방식이다. 대부분의 중소 벤처기업들이 이와 같이 사전적으로 체계적으로 전략적 계획을 수립

하지 않게 된다. 또 한 부류는 창업 준비 단계부터 체계적이고 공식적인 마스터플랜하에서 실행에 옮기는 유형이다.

위의 부류 중 어떤 것이건 간에, 창업자는 사업 아이템의 실행화에 대한 생각을 머릿속 또는 서류 속에 체계적으로 구상하여야 한다. 그래야만 사업 수행상에 겪어왔던 많은 시행착오를 더 이상 범하지 않는 효율적인 창업경영을 위한 준비가 되기 때문이다.

창업기업의 경우 자사의 역량(Company), 경쟁사의 분석(Competitors), 그리고 소비자(Consumer 또는 시장)의 모든 개별적 요소를 분석하여 진행하는 것은 불가능하고 또 그렇게 분석적으로 하다보면 좋은 사업 아이템을 수행시킬 사업기회의 창을 놓칠 우려도 있다.

하지만 이러한 제약 속에서도 사업 수행에 대한 분석과 계획이 어느 정도 필요하며, 자사의 역량이 되지 않을 경우는 외부의 전문가들의 도움을 받을 수도 있다. 이때 중요한 것이 사업타당성에 논의되었던 수익성, 시장성, 기술성, 상품성, 재무조달의 가능성 측면에서 도움을 받지 않았던 기업보다 더 좋은 경영성과를 보였다는 점은 많은 창업기업인들에 시사점을 제공한다.

아마르 바이드(1994)는 성공적인 창업가의 사업 계획의 전략 수립을 위해 다음과 같이 제시하였다.

- 가망 없는 사업 기회를 제거하기 위해 여러 사업 기회들을 대상으로 신속한 검토 작업을 한다. 이를 위해 창업하려는 벤처기업의 목표, 외적 변화가 가져다 주는 기회, 고유 자산이나 노력 등의 경쟁 기반 등을 종합적으로 고려한다.
- 아이디어를 간결하게 분석한다. 창업자가 관심 있어 하는 모든 분야를 다루는 것은 불가

능하다. 따라서 정말 중요한 소수의 몇 가지에만 초점을 맞춘다. 또한 표준화된 체크리스트나 모든 사항을 해결해 줄 수 있는 방안이 없음을 인식해야 한다. 각기 처한 시장에서의 상황, 기술적 수준에 따라 우선순위가 달라질 수 있다.

- 행동과 분석을 통합한다. 모든 사업수행의 결과가 나타날 때까지 기다리는 것이 아니라 항상 유연하게 변화할 수 있는 준비를 해야 한다. 문제나 위험이 드러날 경우 창업자는 즉시 문제해결의 방안을 강구해야 하며, 시장의 반응, 즉 소비자들의 반응을 예의주시하여야 한다.

사업계획의 목표는 뚜렷하고 정확한 사업의 목표(Business Goal)를 정하는 것이며, 사업의 목표는 한정된 자금과 노력을 필요한 곳에 적시 적재에 제공할 수 있는 자원분배의 기획인 것이다. 체계적으로 구성된 사업계획은 경영환경의 변화나 시장상황의 변화에 능동적으로 변화해야 하나, 창업자가 사업의 목표를 무엇으로 할 것인가에 대한 정체성은 흔들림이 없어야 할 것이다.

③ 사업계획서의 작성

사업계획서는 사업을 하기 위해 실행할 일련의 활동계획을 글로 체계적으로 정리한 것을 말한다.

사업계획서의 작성이 사업계획을 기록해 놓은 서류라면, 계획서 작성 전의 사업타당성 분석은 생각 중에 있는 사업의 성공가능성을 분석하는 것으로서 기본적으로 시장분석, 기술분석, 재무분석, 경제성분석의 카테고리로 구분하여 시행되며, 그 이후 시행되는 사업계획은 타당성 있는 것으로 고려되는 사업을 하기 위해 실행한 일련의 활동 및 수행계획을 말한다.

사업계획서는 다음과 같이 활용될 수 있다.

1) 계획적인 사업추진의 세부적인 내용들을 객관적, 체계적으로 정리하고 작성하는 중요
   자료로 활용된다.

   - 타겟으로 한 시장의 구조적 특성 분석
   - 타겟 소비자의 행동 분석, 사회계층 및 소비패턴의 분석
   - 시장 확보 가능성과 구체적인 마케팅 계획 및 전략
   - 제공하는 제품 및 서비스에 대한 기술적 특성 및 차별화 전략
   - 생산시설, 입지조건, 생산계획과 향후 추정되는 수익 전망
   - 투자의 경제성
   - 소요자금의 규모 및 조달계획, 인력 및 조직구성, 신규사업 추진의 구체적 내용

2) 계획적인 사업의 수행을 가능하게 하기 위해 사업의 추진 기간을 단축시켜주며, 계획된
   사업의 성취에도 영향을 미친다.

3) 금융기관, 일반고객, 창업팀원들을 포함하여 투자 및 구매의 관심유도와 사업의 개괄에
   대한 요약자료로서 사업성공의 안내서 역할을 한다.

4) 기타 다양한 용도로 활용될 수 있다.

   - 정부의 정책자금의 신청
   - 금융대출
   - 벤처 캐피탈에 대한 투자제안

- 엔젤 투자가의 투자유치
- 창업보육센터의 입주를 위한 자료
- 기술과제의 신청
- 창업기업의 경우는 공장설립신청, 공업단지입주신청, 창업지원자금신청을 위한 기본 신청서류로 반드시 필수 서류항목에 포함되어 있다.

④ 사업계획서의 작성원칙

첫째, 이해하기 쉽게 작성한다. 사업계획서는 해당사업 분야의 비전문가도 이해할 수 있도록 문안이 쉽게 작성되어야 한다. 왜냐하면 사업계획서를 통하여 투자자가 고객 등 제3자를 납득시키기 위해서는 그들이 이해하기 쉬어야 하기 때문이다. 그중 가장 중요하게 강조할 부분은 제품 및 기술성의 분석에 대한 내용으로 가급적 전문적인 용어의 사용을 피하고, 단순하고도 보편적인 내용으로 구성되어야 한다.

제품 및 기술성 분석의 근거자료로써 공공기관의 기술타당성 검사 검토 보고서 및 특허증 사본 등의 관련 증빙서류를 첨부하면 객관적 시각에서 사업계획서의 신뢰성을 높일 수 있다.

둘째, 사업계획서는 객관적이며 현실적인 관점에서 기술해야 한다. 사업계획서는 객관성이 중요하다. 사업에 대한 강한 믿음과 자신감은 사업의 확신성에 긍정적인 영향을 미치나 지나칠 경우 실현가능성이 없거나 허황된 것으로 판단되므로, 이런 경우 사업계획서의 가장 큰 요소인 신뢰에 해가 될 수 있다.

따라서 공공기관 또는 전문기관의 증빙자료의 첨부, 정확한 시장수요조사, 마케팅 계획에 대한 세세함 및 재무 분석에서의 매출추이 및 수익성 분석은 가장 큰 신뢰감을 주어야 한다.

셋째, 사업계획의 핵심내용을 강조해야 한다. 사업계획서에서 제3자에게 보여줄 가장 중요한 부분을 강조해야 한다. 사업계획이 평범해서는 호감을 사지 못하기 때문에 계획된 제품 및 서비스가 경쟁제품보다 소비자의 호응이 있으리라는 기대감을 갖고 제품의 특성을 중심으로 설명해야 한다. 즉, 사업계획서 안에는 하이테크 상품을 기반으로 한 사업계획의 중요 핵심 키워드를 CEO가 투자자에게 설명할 수 있어야 한다. 즉 "(우리 제품명)은 (구체적인 니즈)를 가지고 있는 (표적 시장 고객)에게 (핵심적인 효용)을 제공한다. (주요 경쟁제품)과 달리 (우리 제품명)은 (차별화 포인트)를 제공한다"는 점이 몇 초 안에 정확하게 표현되고 전달되어야 한다. 많은 제품라인의 설명보다는 전략상품을 중심으로 1~2종, 많게는 3종까지의 범위 내 전략제품을 설명해서 구체적인 시장공략을 위한 방안을 제시해야 한다.

넷째, 일관성과 정확성을 기준으로 작성한다. 전체적인 사업계획서의 내용의 흐름상 전후의 내용이 연결되지 않고 제시된 숫자가 정확하지 않거나, 주장과 관점이 일관성 있게 연계되지 않는다면 사업계획성은 사업계획서 전체의 신뢰성을 상실하게 된다. 사업계획서 작성 시에는 편집방식, 숫자나 화폐단위 등을 일관성 있게 표현해야 하며 전후 연계된 흐름과 주제를 가지고 작성해야 한다.

다섯째, 문제점 및 위험요인을 심층 분석해야 한다.

계획된 사업에 잠재되어 있는 문제점과 향후에 발생 가능한 위험 요소를 심층 분석해야 한다. 예기치 못한 사건으로 인해 사업이 지연되거나 불가능하게 되지 않도록 복수의 면밀한 검토가 이루어져야 한다.

⑤ 사업계획서의 구성 항목

사업계획서는 아래의 항목이 포함되어, 한눈에 설명하고자 하는 기업의 현황을 파악할 수 있게 구성해야 한다.

〈표 40〉 사업계획서의 구성 항목

일반현황	기 업 현 황	기업의 형식	설립일, 소재지, 연락처
		기업의 내용	구성원 수, 생산제품, 매출, 자본금
		연 혁	
	주 주 구 성	지분율	
		관 계	
인적구성	창업동기, 인력구성, 주요경력		
기술과 제품	기술동향, 핵심기술과 차별화요소, 산업재산권, 기술개발 전략		
시장	시 장 분 석	시장동향, 경쟁사분석, 목표시장, 시장규모	
	마케팅 전략	마케팅 믹스(제품, 가격, 유통, 판촉)	
재무	매 출 추 정	원가 및 이익분석	
	추정재무재표	시설투자계획, 인력계획, 차입금계획, 유무상 증자계획	
	자금운용계획	추정 손익계산서, 추정 대차대조표, 추정 현금흐름표	
	기 업 가 치		

⑥ 벤처기업의 창업

창업은 사업의 기초를 세우는 것으로서, 기업가의 능력을 갖춘 개인 또는 집단이 결성된 것이다. 창업의 형태는 개인기업과 법인기업의 형태로 구분된다.

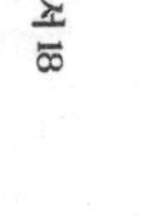

가. 개인기업의 장점

- 설립등기가 필요 없고 사업자등록만으로 사업개시가 가능하므로 기업설립이 쉽다.
- 기업의 이윤 전부를 기업주가 독점할 수 있다.
- 창업비용과 창업자금이 비교적 적게 소요되어 소자본을 가진 창업자도 창업이 가능하다.
- 일정 규모 이상으로 성장하지 않는 중소규모의 사업에 안정적이고 적합하다.
- 기업활동에 있어 자유롭다.
- 신속한 계획수립, 계획변경 등이 쉽다.
- 개인기업은 인적 조직체로서 제조방법, 자금운영상의 비밀유지가 가능하다.

나. 개인기업의 단점

- 대표자는 채무자에 대하여 무한책임을 진다.
- 대표가 바뀌는 경우는 폐업을 하고, 신규로 사업자등록을 해야 하므로 기업의 계속성이 단절된다.
- 사업양도 시에는 양도된 영업권 또는 부동산에 대하여 높은 양도소득세가 부과된다.

다. 법인기업의 장점

- 대표는 회사운영에 대한 일정한 책임을 진다.
- 주주는 주금납입을 한도로 채무자에 대해 유한책임을 진다.
- 사업양도 시 주식을 양도하면 되므로 주식양도에 대하여 원칙적으로 낮은 세율의 양도소득세가 발생한다.
- 주식을 상장 후에 양도하면 세금이 없다.

- 일정 규모 이상으로 성장 가능한 유망사업의 경우에 적합하다.
- 주식회사는 신주발행 및 회사채 발행 등을 통한 다수인으로부터 자본조달이 쉽다.
- 대외 공신력과 신용도가 높기 때문에 영업수행과 관공서, 금융기관과의 거래에 있어서 유리한 입장이다.

라. 법인기업의 단점

- 설립절차가 복잡하고 최소한 5천만 원 이상의 자본금이 있어야 설립이 가능하다. 소기업의 경우는 5천만 원 이하도 가능하다.
- 주식회사 벤처기업의 설립자본은 2천만 원 이상부터 가능하다.
- 대표가 기업자금을 개인용도로 사용하면 회사는 대표로부터 이자를 받아야 하는 등 세제상의 불이익이 있다.

특히 법인기업 중 주식회사의 경우는 자금조달이 용이한 특징이 있다. 즉, 주식회사를 설립할 경우 정관의 공증 및 자본금의 은행예치를 해야 하는 등의 절차로 기타 다른 형태의 회사에 비하여 까다로운 절차가 있다. 주식회사는 주식과 사채를 발행하여 불특정 다수로부터 자본을 조달할 수 있기 때문에 자금조달이 유리하다.

(2) 벤처창업의 다양성 – 소호, 사내벤처

❶ SOHO의 개념 및 특징

SOHO의 의미는 Small Office Home Office로 1980년대 중반부터 미국에서 시작된 정보통신 인프라의 발달과 PC의 고성능화로 발전하였으며, 자신의 핵심역량을 기반으로 소규모, 소자본으로 창업하여 틈새시장을 집중적으로 공략하는 유연성을 가진 사업자를 의미한다. 다분히 공간적인 의미를 가지고 있지만 소호회사의 범위는 상당히 넓고, 그 형태도 다양하다. 즉, 공간적으로는 집 또는 10평 미만의 소규모 사무실 또는 소규모의 점포형 독립사업을 영위하는 독립사업자를 말하며 1명~3명의 최소인원으로 일하는 것이 보통이다. 가족기업, 프리랜서 창업 등의 형태를 띠게 된다.

직업적으로는 경험, 자격증, 지식, 정보, 인맥 등을 핵심 역량화하고 창의적 아이디어를 사업화하여서 틈새시장 수요를 찾아서 수익을 창출하는 네트워크 구축의 자유직업가를 의미한다.

소호산업이 사회적으로 아직 정착되지 않은 우리나라의 경우는 프리랜서, 자영업자, 재택근무자, 콘텐츠 제공업을 하는 사업자(Contents Provider) 등을 포괄하여 복합적으로 사용되고 있다.

국내의 경우 1990년대 후반 IMF하에서 경기침체가 가속되고 실업자와 기업의 구조조정에 의한 소호창업의 붐이 일기 시작하였다. 중소기업청, 소상공인 지원센터, 소호진흥협회 등 정부기관과 단체에서의 창업 설명회, 성공사례 발표회 등 활발한 지원이 이루어지고 있다.

최근 우리나라 창업자의 70% 이상이 종업원 5명 이하인 소규모 창업이며 예비 창업자의 경우 내용적으로는 도소매업 창업 가장 선호하고 있으며, 창업연령이 하향추세에 있다.

SOHO의 한 형태로 가족기업(Family Business)을 들 수 있다. 가족기업은 가족이나 친지가 중심이 되어 기업의 중요한 의사결정에 영향력을 끼치고 운영하는 기업으로서, 세계의 많은 나라들에게 있어 가족기업은 전체기업의 80~90%를 차지한다. 우리나라 30대 재벌그룹 역시 일종의 가족기업군이라 할 수 있다. 이렇게 한 나라 경제의 운용에 가족기업이 큰 몫을 담당하는 것은 가족기업 자체가 가지고 있는 바람직한 특성, 즉 가족 경영진 간의 신뢰감, 사업운영의 유연성, 기업 통제의 용이성 등이 존재하기 때문이다.

가족기업의 구조를 살펴보면 다음의 이중기능 체계(Dual-Function System)로 구성된다.

• 가족기업(Family Business) = 가족(Family) + 기업(Business)

비가족기업(Non-Family Business)은 기업측면만 존재하는 것에 비해, 가족기업은 기업특성뿐만 아니라 가족과 가정생활 영역이 가족기업 경영에 중요한 역할을 담당하고, 기업적 성격과 가정적 성격의 이중기능을 수행한다. 이러한 가족기업의 이중기능 특성은 가족기업과 비가족기업을 구분하는 중요한 특성이 된다.

가족기업의 가족기능이란 가족기업을 경영하고 있는 가족원들과 가정생활을 중심으로 이루어지는 사회적 기능(social functions)을 의미한다. 가족기업을 경영하고 있는 가족구성원들을 어떻게 관리할 것이며, 가족원들이 바라는 것을 어떻게 만족시켜 줄 것인가 하는 문제이다.

가족기업의 경영 효율성을 위해서는 기업기능의 경제적 산출에 초점을 둠과 동시에 가족기업을 경영하고 있는 인적자원인 가족구성원의 특성 및 요구를 파악하고, 이를 충족시킴과 동시에 적절한 관리가 중요하다. 예를 들어 가족기업의 소유자, 경영자이면서 동시에 아버지 역할을 수행해야 하고, 고용인이면서 동시에 이들 역할을 수행하며, 이 두 가지 역할 간의 상호작용에서 발생하는 가족구성원들의 요구를 충족시켜 줄 수 있는 기능이 적절히 수행되어야 한다.

가족기업의 기업기능이은 가족기업을 성공적, 지속적, 안정적으로 운영하기 위해서는 뚜렷한 기업목적이 있어야 하며, 기업경영의 결과가 높은 이윤을 가져올 수 있는 산출 및 결과 지향적이어야 한다. 기업영역을 경영하면서 나타나는 특성에 초점을 둔 것으로, 가장 강조되는 부분은 가족기업이 가지고 있는 경제적 기능이다. 가족기업이 시장체계에서 다른 기업들과 경쟁하면서 성공적으로 생존해 나가기 위한 것으로서, 기업기능 체계에서 나타나는 가족기업의 경영과 관련된 모든 의사결정은 객관적·경제적 모델에 기초해서 이루어지게 된다.

통합적 기능체계로서의 가족기업은 다음의 특성을 갖는다.

가족기업에 대한 전통적 시각은 기업영역을 '합리적' 구성 요소로, 가정영역을 '정서적' 구성 요소로 간주하고, 이 두 영역을 각각 분리시켜서 보았다. 이러한 분리된 시각은 가정 및 기업 '각각'의 영역에서 수행되는 활동들에 대해서는 알 수 있으나, '가정·기업' 기능 간의 상호작용 효과는 파악할 수 없다. 이와 같은 점을 보완하기 위해 가족기업에 대한 현대적 시각은 가족기업을 하나의 통합된 조직체로 보면서 두 영역 간의 상호작용 효과에 초점을 둔다.

즉, 가족기업은 가족과 기업이라는 서로 다른 특성을 가지고 있는 두 체계가 독립적으로 존재하면서, 동시에 두 체계가 중복되어 영역을 가지고 있고 서로 상호작용을 한다. 이와 같이 가족기업의 가족기능과 기업기능이 서로 중복됨으로 인해서 가족기업 경영 및 가족의 복지에 긍정적 영향을 미치기도 하고 가족기업 경영 및 가족생활 유지에 갈등을 일으키기도 한다. 그러므로 성공적인 가족기업 경영을 위해서는 가족기업의 이중기능 체계에서 발생하는 특성 및 문제점을 통합적 시각에서 파악하는 것이 중요하다.

❷ 사내벤처의 개념 및 특징

1974년 피터 드러커는 저서에서 기업혁신에 대하여 다음과 같이 기술하였다.

> "개별 기업들의 미래 경쟁력 확보를 위한 혁신활동은 기존 사업영역과는 조직적으로 독립되어 이루어져야 한다. 이는 혁신활동이 실제 방대하고 복잡한 일이기에 당장의 성과를 달성하려는 노력들과 함께 이루어질 수 없기 때문이다."

이러한 견해를 받아들여 여러 선진기업들은 기존 사업의 영역에서 독립된 사내벤처를 설립하여 기업의 혁신을 유도하고 지속적인 기업의 성장을 달성하려고 노력해 왔다.

사내벤처(Internal Corporate Venture)는 신규사업의 개발을 위해 사내에 설립한 자율적이며 독립적인 사내기업을 의미한다. 즉 사내벤처란 기업조직을 자율적인 소규모 조직으로 분화하고 각 조직은 사내 기업으로 간주, 독자적으로 사업을 개발, 수행할 수 있도록 사업실행의 권한 및 책임을 광범위하게 위양하는 분권경영이 고도로 발전된 형태이다.

새로운 사업의 창조와 관련된 연구개발, 생산, 마케팅 등의 핵심 기능뿐만 아니라 재무, 인사등의 자원관리 시스템까지 광범위한 권한이 사업의 리더인 사내기업가(Intrapreneur)에게 부여된다. 따라서 사내벤처는 기존 조직의 복잡한 제반 절차, 의사결정의 프로세스에 얽매이지 않고 신속하게 신규 사업을 개발, 수행할 수 있도록 충분한 독자성을 확보할 수 있다. 그럼으로써 대규모 기업에 속해 있더라도 소규모 조직의 장점인 기동성과 유연성을 충분히 살릴 수 있어 신규사업개발에 매우 유용하다.

사내벤처를 통해 신규사업을 개발하는 방식으로는 인큐베이션 시스템이 대표적이다. 이 시스템은 사내의 구성원들로부터 아이디어를 공모하고, 아이디어의 사업화를 지원하는 신규 사업개발 시스템을 의미한다. 이는 신규 사업기회의 발굴과 창의적이고 능동적인 사내 기업가를 육성하기 위한 것으로 선진 기업들 사이에서 널리 채택되고 있다.

① 사내벤처 인큐베이션 프로세스

인큐베이션 시스템을 통해 신규사업을 개발하는 과정은 4단계의 프로세스로 이루어진다.

〈그림 39〉 인큐베이션 시스템의 추진절차

	발 굴	지 원	평 가	보 상
기본 컨셉	• 아이디어와 인재를 일체로 평가 • 기업가로서의 열의를 중시	• 사내벤처의 성공을 위한 본사의 지원 • 사내벤처에 부족한 경영 스킬을 지원 • 필요 자금의 지원	• 사업의 전진 단계에 맞추어 평가 포인트 변경 • 모험과 도전을 중시 • 실패에 대한 관용	• 높은 위험(High Risk) 대비 가능한 성과에 따른 보상 실시 • 팀 보상 • 도전 의식을 존중
구체적 운용의 예	• 기업 플랜에 대한 발표 • 사내벤처 플랜의 공모 • 사업 아이템의 선정 및 사업개발팀 구성	• 독립된 조직으로 운영 • 세무, 경리 등 경영 스킬을 전사 차원에서 지원	• 연속 적자 및 흑자 가능성이 없는 사업의 철수 결정	• 주식 옵션 (Stock Option) • 자본 소득(Capital Gain) 인정

출처 : LG 주간경제(1996)에서 재인용

1단계는 신규 사업에 대한 아이디어를 공모하여 사업 아이템을 확정하고 이를 추진하기 위한 사내 기업가의 선정 및 사내 벤처팀을 결성하는 단계이다.

우선 자산의 핵심역량을 통한 다각화, 기존 사업과의 시너지 발휘 정도 등을 검토하여 사업 아이템을 선정하게 된다. 또한 사내 기업가로서 자격을 갖춘 인재의 선발이 중요하다. 사내 기업가는 사내 독립적인 기업의 책임자이자, 신규 사업 개발을 위한 리더의 역할을 수행해야 한다. 따라서 사내 기업가로서의 요건을 고려하여 적임자를 선정하는 것은 사내벤처의 성공 여부를 좌우하는 핵심이다.

2단계는 사업의 성공을 위한 본사의 지원체제를 구축하는 단계이다.

신규 사업은 대체로 시장성숙 초기에 진출하지만 대체로 시장의 매력도가 커서 이미 경쟁자가 진출해 있거나 진출 준비를 하는 경우가 대부분이다. 따라서 사내 기업가를 비롯한 신규 사업 팀이 참신한 아이디어와 도전 의식을 가지고 사업을 추진한다고 해도 쉽지 않다. 따라서 확고한 믿음하에 본사는 경영자금과 지원체계를 보장해주어야 한다. 3M은 벤처 사업부를 설치하여 통상 기존사업부로부터 지원을 받을 수 없었던 신규 사업 아이디어의 상품화 자금을 벤처팀에 제공하였다. 또한 이전에 실패한 신제품이나 신규 사업의 아이디어의 보존 및 분석, 유망한 아이디어의 재사업화 추진의 역할을 담당하게 한다.

그러나 중요한 것으로 본사의 지원은 신규 사업 팀의 자율성을 저해하지 않는 범위 내에서 이루어지는 것이 필요하다.

3단계는 사업단계별 평가 포인트의 차별화이다. 신규 사업 추진 과정에 대한 평가 단계로서 사업화 추진 과정을 점검하여 성과를 분석하고 사업의 지속 여부를 확인, 검증하는 단계이다.

창업 준비기와 도약기에는 신규 사업의 원활한 사업화 추진을 위한 보호기간으로 설정하고, 본사 차원의 지원이 제대로 이루어지고 있는가 등을 중점 평가해야 한다. 평가 포인트로는 창업 소요 기간의 단축, 스탭 및 자금 확보의 정도, 현금 흐름의 유동성, 자금 부족의 대응책, 판매 신장률 등을 들 수 있다.

신규 사업의 본격 성장기에는 개발, 판매 및 서비스의 전개에 따른 수익 실현 여부 등 성과 위주의 평가를 통해 사업의 존속 여부를 결정하도록 한다.

일반적으로 사내 기업이 성공하기까지는 5~10년의 장기간이 필요하다. 3M의 빅 히트 상품인 포스트잇(Post It)도 초반기에 사업을 지속할 것인가를 두고 많은 논란이 있었다고 한다. 그러나 7년을 기다린 결과 글로벌 히트 상품이 된 것이다. 따라서 단기적인 성과에 연연하기보다는 인내를 갖고 지속적인 지원이 필요하다.

4단계는 신규 사업 추진 결과에 대한 보상단계이다. 목적달성에 대한 도전과 모험의식의 고취를 위해 기존 사업부와는 다른 보상체계의 도입이 필요하다. 즉 높은 위험, 높은 이익의 개념에서 도전의식을 고취할 수 있는 보상이 필요하다. 보상과 함께 고려되어야 할 사항은 사업 철수에 따른 책임문제이다. 신규 사업개발이 실패할 때마다 처벌하는 것은 사내에 형성된 모험의식, 도전의식을 저해할 우려가 있다. 반면 실패에 대해 어떠한 피드백도 없는 것은 방만한 풍토를 조성하기 쉬우므로 처벌과 재기회의 제공의 균형이 갖추어져야 한다. 사내벤처를 도입한 기업 가운데 본래의 의도대로 성공한 기업은 많지 않다. 미국의 경우 포춘지가 선정한 50대 기업 가운데 약 1/4이 사내벤처를 도입했으나 대다수의 기업이 실패한 것으로 나타났다.

사내벤처의 성공요건은 무엇인가?

우선 혁신과 창조를 고무하는 기업문화이다. 이러한 풍토 위에서 비로소 사내사업가가 창의적인 아이디어를 가지고 도전할 수 있는 기본토양이 만들어질 수 있다. 세계최고의 혁신기업인 3M의 성공 배경에는 사내벤처가 결정적인 역할을 하였다. 3M에서 사내벤처가 효과적으로 운영될 수 있었던 핵심은 기업가정신을 고무하고 혁신과 창조가 살아 숨 쉬게끔 하는 기업문화가 있었기 때문이다.

3M의 성공사례와는 반대로 많은 기업들이 사내벤처 제도를 운영했지만 1970년대 후반 대부분의 글로벌 기업들의 경우 사내벤처 제도를 폐지하였다가 1980년대에 벤처 캐피탈의 열풍으로 다시 고개를 든 후, 1990년대 미국의 경기가 호전되면서 미국기업들뿐만 아니라 한국기업들에게도 사내벤처의 열기가 확산되고 있다.

사내벤처가 실패하게 된 요인으로는 사내벤처가 기업혁신을 위한 실질적인 대안으로서 꾸준하게 지속되지 못한 것으로는 전략적, 재무적, 조직적 측면에서의 제약 때문이다.

가. 전략적 측면의 제약

사내벤처와 모기업 간의 전략적 갈등에 기인한다. 사내벤처가 진출하고자 하는 표적시장은 모기업의 표적시장과 유사할 가능성이 높다. 그 이유는 기초기술이나 생산 프로세스, 마케팅 등 기초 기술이나 생산 프로세스, 마케팅 등 제품 및 시장과 관련된 활동들이 기존의 노하우를 가진 구성원 및 경영자들에 의해 이루어지기 때문에 모기업의 기존 시장과 완전히 다른 시장을 겨냥하기가 어렵기 때문이다. 따라서 모기업과의 충돌을 피하기 위해 적극적인 시장

공략활동을 할 수 없게 된다.

나. 재무적 측면의 제약

재무적 제약은 전략적 제약으로 인해 결과적으로 나타나는 것으로서, 사내벤처는 기존 사업영역과는 차별화된 혁신적 사업역량을 개발하고 모기업의 미래 역량 구축에 기여해야 지속적으로 투자자금을 유치할 수 있다.

그런데 모기업이 사내벤처와의 전략적 갈등이 발생하는 것을 우려하여 지나치게 개입할 경우에는 사내벤처의 자율성과 혁신성은 감소되고, 이로 인해 성과는 부실해질 수밖에 없어 추가적인 성장을 위한 자금 조달이 불가능하여 결국 소멸되고 만다.

다. 조직적 측면의 제약

사내벤처가 성장하지 못하는 조직적 측면의 제약은 모기업과 사내벤처 간의 조직적 갈등의 문제이다. 모기업의 통제와 사내벤처의 자율성 간의 갈등은 조직적 문제로 비화될 수 있다. 사내벤처가 현저한 성과를 가져오는 경우에는 추가적인 자원 투입을 필요하게 되는데, 조직 내 자원 제약으로 인해 기존 사업 조직으로 분배되어야 할 자원이 사내벤처로 투자될 수밖에 없기 때문에 사내벤처와 기존 사업 조직 간의 갈등이 발생하게 된다. 조직 갈등은 평가와 보상에서도 나타난다. 기존 사업 조직의 구성원들이 보상의 내적 공정성을 요구할 때, 모기업은 조직 간의 갈등 해소를 위해 이를 무시하지 못한다. 하지만 사내벤처 구성원들은 자신이 부담한 위험에 대한 적절한 보상을 받지 못하므로 결국 회사를 떠나게 되는 것이다.

② 국내의 성공적인 사내벤처 사업가

국내의 성공적인 사내벤처사업가를 살펴보면 다음과 같다.

1) 삼성 SDS 사내벤처 네이버의 이해진 사장

삼성 SDS의 평범한 엔지니어였던 이해진 이사는 사내벤처 1호인 웹글라이더팀을 만들어 3년간의 각고 끝에 검색엔진을 개발했다. 1999년 네이버를 벤처기업으로 독립시키고 인터넷 포털사업에 뛰어들어 이미지 검색, 뉴스 검색 등 다양한 검색 결과를 한 페이지에서 보여주는 통합검색을 세계 최초로 도입, 한글검색시장에서 파란을 일으켰다. 이후 한게임과 합병으로 엔터테인먼트 콘텐츠를 강화하며 NHN으로 거듭났다.

2002년 코스닥 등록 후 NHN은 2년도 되지 않아 코스닥 시가총액 1위 기업으로 올랐다. 최근 NHN의 시가총액은 6조 원에 육박하고 있다. 이 이사의 주식평가액도 3,000억 원대를 넘어섰다. 샐러리맨으로 출발해 여느 재벌 2세 못지않은 명성과 부를 거머쥔 것이다. 벤처가 젊은이들의 신화가 될 수밖에 없는 이유다.

2) 애경그룹의 사내벤처 네오팜의 박병덕 사장

아토피 치료제를 생산하는 네오팜은 창업 첫해 매출액이 7억 5,000만 원에 불과했으나, 5년 만인 2006년도에는 100억 4,000만 원으로 13배 이상의 고속성장을 달성했다. 2000년 7월만 해도 박병덕 네오팜 대표는 애경 중앙연구소 신 물질 개발담당 부장(직급은 차장)이었다. 박 대표는 안용찬 당시 애경산업 사장에서 아토피 치료제를 제조하는 회사를 만들겠다는 사내벤처 계획서를 제출해서 승인을 받았다. 그에 따라 애경그룹 직원 3명과 함께 네오팜을 설

립했고, 액면가 500원짜리 62만 2,000주(13.6%)를 보유할 수 있었다. 2006년 마감된 청약 공모가는 8,000원, 경쟁률은 524대 1로서, 박병덕 대표는 80억 원 상당의 주식자산가가 될 수 있다.

박대표에 이어 네오팜 주식 13.4%를 보유한 안 부회장도 80억 원에 육박하는 주식평가액을 기록하고, 채승덕 애경 상무 역시 55억 원 상당의 주식을 보유하게 되었다.

애경그룹 관계자는 사내벤처는 성공할 확률이 적지만 회사분위기를 창의적으로 키우는 데는 안성맞춤이라고 하였다.

3) 크레듀의 김영순 사장

삼성의 사내벤처로 분사한 60년 교육 노하우를 살린 기업 인재교육 부문의 크레듀는 일반인들에게 고품질의 차별화된 e-러닝 교육서비스를 제공하는 업체로서 현재 200여 명의 직원을 두고 있다.

2006년 크레듀가 코스닥 시장 상장에 앞서 실시한 공모청약에서 3조 8천억 원을 끌어 모아 코스닥에 화려하게 입성하였다.

전문가들은 크레듀가 시장에서 좋은 평가를 받을 수 있었던 요인으로 그간 꾸준히 이익을 실현한 우량기업이라는 점, 성장 여력이 큰 온라인 교육시장에 속해 있다는 점, 삼성브랜드에 대한 높은 가치 등을 두고 있다.

코스닥 주간사의 담당 팀장은 크레듀는 온라인 직무교육 분야에 초기에 진입해 이 분야의 독보적인 위치를 차지하는 선점효과를 크게 누렸으며, 삼성그룹 계열사로는 처음으로 코스닥에 상장된 삼성이라는 브랜드에 대한 투자자들의 기대감이 크게 반영되었다고 분석하였다.

현재 2006년 말 크레듀는 e-러닝 위탁교육 서비스 분야에서 54.1%의 시장점유율을 기록하
였다. 현재 크레듀의 최대주주는 제일기획, 이학수 그룹 전략기획실장, 김인주 사장, 김영순
사장으로 상당수준의 큰 지분수익을 터트렸다.

(3) 대기업과 벤처 상호 네트워크

대기업이 벤처기업과의 다양한 네트워크 형성을 통해 사업력을 증가시키는 사례가 빈번하
다. 통상적으로 신기술 개발 및 미래의 기초가 될 만한 사업 발굴을 목적으로 하는 대기업과
자금 및 마케팅 채널확보를 목적으로 하는 벤처기업 간의 네트워크 구축이 활발해지고 있다.
이는 두 업체가 상호 간의 강점을 활용하여 시너지를 높일 수 있는 점에 기인하는 것으로 대
기업의 경우는 원활한 국내 유통망 또는 글로벌 네트워크, 비교적 우수한 자금력, 짜임새 있
는 조직구조, 축적되어 있는 경영능력에 장점이 있다. 한편 벤처기업의 경우에는 독창적인 아
이디어, 과감한 도전정신, 발 빠른 의사결정과 변신능력 등 기존 대기업들로는 수행하기 어려
운 장점들이 있다.
대기업과 벤처기업 간의 네트워크 구축유형으로는 전략적 제휴, M&A(인수 · 합병), 분사(스
핀오프) 등이 있다.

① 전략적 제휴
전략적 제휴는 생산시설, 유통망, 기술 등을 상호공유하거나 지분출자를 통해 업무상의 긴

밀한 협력관계를 맺는 것으로 가장 활발히 진행되는 방법이다. 대기업의 입장에서는 신사업 전개를 위한 중요한 수단이 될 수 있으므로 가급적 구속력을 가질 수 있는 지분출자의 방법을 선호한다.

벤처기업에 대한 지분출자는 그 자체가 자본이익을 가져다주기도 하므로 대기업의 사업역량을 강화하고 포트폴리오 투자를 실시하는 두 가지 효과를 가져 온다.

사례 : AOL은 정보단말기 역량 확보를 위한 Networld 컴퓨터와의 전략적 제휴, 이메일 솔류션 개발을 위한 3Com과 Casio와의 전략적 제휴를 통해 인터넷 관련 토탈 솔류션 제공능력을 배양하고 있다.

② 인수·합병

인수·합병(M&A)은 대기업이 벤처기업의 인수·합병을 통해 자원을 아웃소싱할 수 있다는 측면에서, 또한 이들 인수·합병된 회사를 자회사나 또는 독립된 사업부로 두면서 언제든 원하는 시기에 외부화할 수 있다는 측면에서 네트워크 구축의 한 방법이 될 수 있다. 대기업의 입장에서는 필요한 기술과 브랜드를 보유한 벤처기업을 그대로 인수 합병하는 것이 가장 빠르고 쉬운 방법일 수 있다. 특히 인터넷 비즈니스의 경우 대응이 늦은 기업일수록 시점을 선점한 벤처를 인수하는 것이 새로운 비즈니스 전개에 유리하다.

사례 : AOL은 디지털 방송 프로그램 공유를 위해 Direct TV를 인수·합병하였으며, 온라인 서비스 강화를 목적으로 Compuserve, Netscape, ICQ 등 다수의 인터넷 벤처를 인수·합병하였다. 최근 Google은 UCC 비즈니스의 대표격인 (주)유튜브의 인수·합병을 통해 인터넷 사업을 강화하였다.

③ 분사

분사는 기존 회사의 전부 또는 일부를 분할하거나 신규 사업부문을 독립시켜 자회사나 관계회사로 만드는 것을 말한다. 분사는 업종전문화 및 효율화를 꾀할 수 있는 최적의 조직규모를 실현할 수 있어 시장환경에 발 빠르게 대처할 수 있으며, 유망사업에 대한 선행투자로 미래의 불확실성을 대비할 수 있게 된다.

사례 : 삼성 SDS는 사내벤처를 독립기업으로 분사하여 인터넷 관련 핵심사업으로 육성한 바 있으며, 삼성 SDI는 LED 사업을 분산한 데 이어 다수의 사업부문을 사내벤처의 형태로 전환하고 있다.

(4) 정보사회와 지적재산권 – 비즈니스의 기술특허 및 지원시스템

산업재산권은 특허권, 실용신안권, 의장권 및 상표권을 총칭하여 산업 활동과 관련된 사람의 정신적인 창작물, 연구결과나 창작된 방법에 대해 인정하는 독점적 권리인 재산권이다. 산업재산권은 새로운 발명 등에 대하여 그 발명자 및 승계인 등에게 일정기간 동안 독점배타적인 권리를 부여하는 대신, 이를 일반에게 공개하여야 하며 일정 존속기간이 지나면 누구나 이용, 실시하도록 함으로써 기술의 진보와 산업의 진보를 추구한다.

정보사회의 기업을 운영함에 있어서 많은 발견과 지식이 쌓여간다. 이 발견과 지식은 기업경영의 노하우로 전략적 상품 및 서비스의 상용화를 위한 기초적 원천 자원이 된다. 따라서 산업에서 특정 개인 및 기업의 원천자원의 보호는 산업자산의 필요성 차원에서 중요하다.

① 산업재산권 확보의 필요성

가. 시장에서의 독점적 지위의 확보 : 특허 등 산업재산권은 독점 배타적인 무체재산권으로 신용창출, 소비자에게 신뢰도 향상 및 기술판매를 통한 로열티 수입이 가능하다.

나. 특허분쟁의 사전예방 : 자신의 발명 및 개발기술을 적시에 출원 및 권리화함으로써 타인과의 분쟁을 사전예방하고 타인의 자신의 권리를 무단 사용 시 적극적으로 대응하여 법적 보호가 가능하다.

다. R&D 투자비 회수 및 향후 추가 기술개발의 원천 : 막대한 기술개발 투자비를 회수할 수 있는 확실한 수단이며 확보된 권리를 바탕으로 타인과 분쟁 없이 추가 응용 기술개발이 가능하다.

라. 정부의 각종 정책자금 및 세제지원의 혜택 : 특허권 등 산업재산권을 보유하고 있는 경우 벤처기업으로 확인을 받아 각종 벤처기업 지원혜택과 정부자금 활용 및 세제지원의 혜택을 받는다.

② 산업재산권의 종류

가. 특허 : 아직까지 없었던 물건 또는 방법을 최초로 발명한 것을 의미한다. 즉 물건을 생산하는 수단으로서 자연법칙을 이용한 고도의 기술적 창작을 의미한다.

예를 들어 벨이 전자를 응용하여 처음으로 전화기를 생각해 낸 것과 같은 발명을 의미한다. 관련법률로는 특허법이 있으며, 존속기간은 설정 등록일로부터 출원일 후 20년까지 보호된다.

나. 실용신안 : 물건에 대한 간단한 고안이나 이미 발명된 것을 개량해서 보다 편리하고 유용하게 쓸 수 있도록 한 물품에 대한 고안을 의미한다. 고안에 대하여 조기에 보호함으로써

중소기업 및 개인 발명가의 창작 의욕을 고취하고 기술을 보호하고자 부여하는 것이다.

사례로는 분리된 송수화기를 하나로 하여 편리하게 한 것과 같은 형상이나 구조 등에 관한 고안으로써 관련법률로는 실용신안법에 의해 설정 등록일로부터 출원일 후 10년까지이다.

다. 의장권 : 물품의 형상, 모양, 색채 또는 이들을 결합한 것으로서 시각을 통하여 미감을 느끼게 하는 것을 말한다. 사례로 탁상전화기를 반구형이나 네모꼴로 한 것과 같이 물품의 외관에 대한 형상, 모양, 색체에 관한 디자인을 말한다. 의장권은 겉으로 드러나 모방, 도용이 쉽고 유행성이 강한 특징이 있기 때문에 창작 의욕의 자극 및 부정경쟁을 방지하기 위해 설정되었다. 또한 좋은 디자인의 물품이 수요자의 구매의욕을 자극하여 물품의 수용증대를 통해 관련 산업의 발전을 촉진할 수 있다. 관련법률로는 의장법이 있으며, 설정 등록일로부터 15년까지 보호된다.

라. 상표 : 타인의 상품과 식별하도록 하기 위해 사용되는 기호, 문자, 도형, 입체적 형상 또는 이들을 결합한 것이거나 이들 각각에 색체를 결합한 것으로서 타인의 것과 명확히 구분되는 것을 의미한다. 사례를 보면 전화기 제조회사가 자사제품의 신용을 유지하기 위해 제품이나 포장 등에 표시하는 표장으로서의 상호, 마크 등을 의미한다. 존속기간은 설정 등록일로부터 10년으로, 10년마다 갱신되며 반영구적 권리가 보장된다.

③ 특허권의 의의

- 발명을 일반 타인에게 신속공개하고,
- 개량 진보된 발명을 위한 기반을 조성하고,
- 공개된 발명으로부터 일정기간 독점적 이익을 제공하며,

- 자연진보의 발전을 가져오며,
- 타인이 그 발명 내용을 알지 못하여 동일한 것으로 발명하려고 함으로써 연구력의 낭비, 투자낭비를 막음으로써 산업발전에 기여한다.

특허로 인정되지 않는 경우는 다음과 같다.

- 발견 : 발견은 사람의 두뇌노동에 의해 새로운 기술을 생각해내는 것. 이전부터 있었던 것을 발견하거나 사물의 이치를 발견하는 것은 특허대상이 되지 않는다.
- 미완성의 발명 : 아이디어에 구체적인 기술이 접목되어야 하며, 발명 또는 고안의 목적달성을 위한 구체적인 기술수단이 뒷받침이 되도록 상세하고 명확하게 기재하여 출원해야 한다.
- 국가정책이나 공익에 반하는 발명 : 어떤 발명이 특허의 모든 조건을 갖추었다고 해도 국가의 산업정책이나 공익적 측면에서 문제의 가능성이 있을 경우에는 인정받을 수 없다.

④ 특허취득의 절차 및 유의사항

특허의 요건은 다음과 같다.

- 자연법칙을 이용한 기술 사상인가.
- 산업상 이용할 수 있는 것인가.
- 출원 전에 그 기술사항이 없었는가.
- 기술자, 연구자가 용이하게 발명할 수 없는 것인가.
- 불특허사용에 해당되지 아니한 것인가.
- 명세서에 발명이 구체적으로 기재되고 청구범위는 명확한가.
- 다른 사람보다 먼저 출원하였는가.

위의 모든 조건이 충족되면 특허가 결정되며, 아래 <그림 40>의 각 단계별로 해당되지 않으면 특허는 거절된다. 특허취득의 절차는 다음과 같다.

<그림 40> 특허취득의 절차

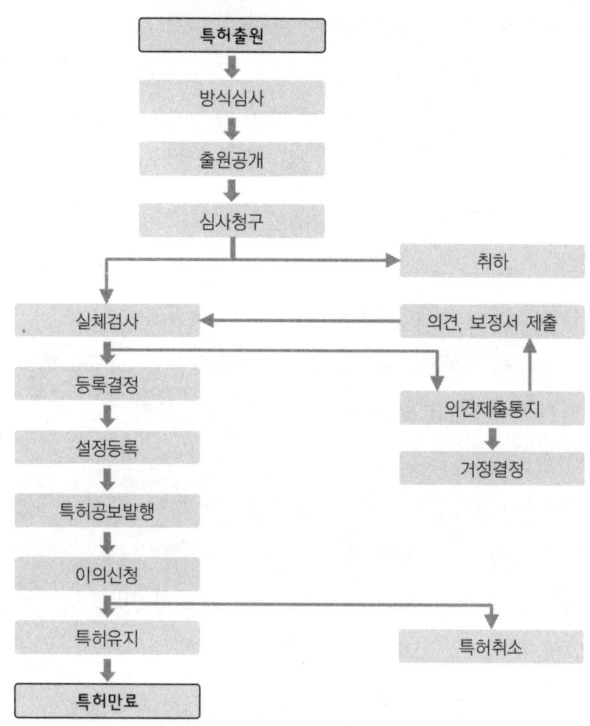

특허를 출원하기 전 유의사항은 다음과 같다.

가. 특허출원까지의 비밀유지 : 특허를 출원하기 전에 발명 내용의 비밀 유지가 반드시 필요하다. 비밀 유지가 없는 제3자에게 알려주는 경우, 발명이 구현된 제품을 일반에게 판매하는 경우, 발명 내용을 간행물에 소개한 경우에는 특허를 받을 수 없다.

나. 선행기술의 조사 : 특허 출원된 발명이 특허를 받기 위해서는 특허 출원 시를 기준으로 종래에 없는 새로운 것, 출원 시 공지된 기술로부터 쉽게 생각되지 않는 것 등을 만족할 필요가 있으므로 이를 조사한다.

인터넷을 이용한 특허정보의 검색은 아래의 기관에서 가능하다.

- 국내자료조사 : 한국특허정보원(KIPRIS, www.kipris.or.kr)
- 국외자료조사 : 미국특허청(www.uspto.gov), 유럽특허청(ep.espacenet.com),
  일본특허청(ipdl.ncipi.go.jp)

특허출원 전 신규성이나 진보성이 없다고 판단될 때 특허출원을 단념하거나 발명을 더욱 개량하여 진보성을 확보한 후 출원한다.

다. 특허출원서류작성 : 선행기술 조사 결과 발명이 특허를 받을 수 있는 것으로 나타나면 특허권을 취득하기 위한 특허출원서와 발명 내용을 상세하게 설명하는 명세서 등 특허출원서류를 작성해야 한다.

명세서에는 발명의 목적, 구성, 효과를 가능한 세밀하게 기재하여 명세서를 보면 누구나 그 발명을 실시할 수 있는 정도까지 구체적인 구조, 작동 등이 나타나 있어야 한다.

명세서 중 권리서의 기능을 수행하는 특허청구의 범위는 기존 기술의 문제점으로부터 도출된 발명을 어느 범위까지 받을 것인가 하는 보호 경계를 발명자 스스로 정해야 하는 것으로 이 부분은 가장 신중하게 작성해야 한다.

라. 신속한 특허출원 : 중요한 발명에는 서로 진정한 권리자라고 주장하는 사람이 다수 있을 수 있음에 따라, 선원주의에 의해 결정된다. 선원주의는 발명을 한 사람 중에서 가장 먼저 특허청에 특허출원 서류를 제출한 사람에게 특허를 주도록 하는 제도로서 가능한 빨리 특허출원을 해야 한다.

마. 공동발명의 경우 : 공동으로 완성한 발명은 공동으로 특허 출원해야 한다. 그러나 예외가 인정된다. 즉, 공동으로 발명을 완성하며 특허를 받을 수 있는 권리는 각 공유자에게 분배되기 때문에 공유자로부터 특허를 받을 수 있는 권리의 양도를 받은 경우에는 특허출원을 할 수 있다.

바. 직무발명의 경우 : 직무발명은 종업원이 한 발명이 직무에 관한 발명으로서 사용자의 업무범위에 속하는 발명을 말한다. 종업원은 특허를 받을 수 있는 권리를 원시적으로 취득하게 된다. 종업원은 특허를 받을 수 있는 권리를 사용자에게 양도할 수 있으며 이 경우 정당한 보상을 받을 권리를 가진다. 종업원이 한 직무발명이 특허를 받았을 경우에 사용자는 무상의 통상 실시권을 갖게 된다.

⑤ 산업재산권의 활용

특허권자는 본인의 권리를 소멸되기 전까지는 독점적으로 실시할 수 있다. 또한 본인의 특허발명을 활용하여 물건을 생산하거나 그 생산된 물건의 사용, 양도 등의 행위와 관련하여 독점적 지위를 확보하여 이용할 수 있다.

특허권자는 재산권 활용의 수단으로서 타인에게 실시권을 허용할 수 있으며 실시권은 독점성의 전용실시권과 비독점성의 통상실시권이 있다.

상표권에 대해서는 전용사용권과 통상사용권을 허용할 수 있다.

참고문헌

1. 국내 문헌

강충인(2001), 초일류 기업을 위한 창조경영, 석천미디어.
고유상·고정민·권오혁·박용규·복득규·심상민(2003), 한국 산업과 지역의 생존 전략, 클러스터, 삼성경제연구소.
고은지(2007), 기로에 선 국내 바이오산업, LG 주간경제 2월호, 21~28.
과학기술부 외(2005), 2005년도 생명공학육성시행계획.
교육인적자원부 외(2005), 2005년도 나노기술발전시행계획.
구자룡(2006) 옮김, 자일스 루리, 마케팅 통찰력을 키워주는 시장조사의 기술, 리더스북.
권기덕(2007), 웹 2.0과 기업의 활용전략, 삼성경제연구소.
권성희 옮김, 밀랜드·레레(2006), 미래시장을 잡는 독점의 기술, 흐름출판.
김병균, 이정길(2006), 벤처산업과 벤처경영, R&C.
김상훈(2004), 하이테크 마케팅, 박영사.
김종완 옮김, J. Krames(2005), 잭 웰치와 4E 리더십, 교보문고.
김지희(2001), Family Business—가족기업 창업 및 경영론, 삼성출판사.
김철교·곽선호·강길원·김성권(2005), 창업론, 삼영사.
김학윤(2002), 벤처마케팅, 무역경영사.
남영호(1999), 기업가정신과 가족기업 : 연구영역 및 관련성을 중심으로, 벤처경영연구 2(1), 3~29.
노재건·김인구·송병선·이광노·최우진(2003), 창업경영론, 무역경영사.
동아일보(2004. 3. 10), "IT업계 적도 동지도 없다".
디지털콘텐츠 산업백서(2007), 한국소프트웨어진흥원, Jinhan M&B.
박상용·김연정(2004), 벤처기업 CEO의 기업가정신, 구성원의 임파워먼트와 벤처 조직 유효성의 상호관계,

벤처경영연구 7(3), 4~31.

박상용·김연정(2004), 벤처기업 CEO의 기업가정신과 조직유효성의 관계에 관한 연구-혁신성, 위험감수성, 진취성을 중심으로-, 기술혁신학회지 7(3), 479~505.

박재기(2002), 인터넷마케팅, 한국전자거래진흥원.

박주관(1998), 사업타당성 분석과 사업계획서 작성, 21세기북스.

박춘엽(2004), 창업학, 동국대출판부.

박팔현(2000), 대기업과 벤처의 공생시대, LG 주간경제, 산업정보.

삼성경제연구소(2000), 벤처생태계의 형성과 진화, CEO Information.

삼성경제연구소(2003), 나노기술, Issue Paper, 삼성경제연구소.

삼성경제연구소(2003), 바이오산업, 삼성경제연구소.

삼성경제연구소(2003), 바이오테크 기업의 사업전략, Issue Paper, 삼성경제연구소.

삼성경제연구소(2003), 산업판도를 바꿀 10대 미래기술, CEO Information, 삼성경제연구소.

삼성경제연구소(2003), 산자부, 나노기술 클러스터 조성추진, 국내자료 브리핑.

삼성경제연구소(2003), 클러스터, www.e-cluster.net.

삼성경제연구소(2004), 기업가정신의 약화와 복원방안, CEO Information.

삼성경제연구소(2004), 벤처생태계 복원의 조건, CEO Information.

삼성경제연구소(2005), 버블붕괴 이후 벤처기업현황과 과제, 발제용.

삼성경제연구소(2006), SERI 경제포커스, 2006년 IT경기전망, 삼성경제연구소.

서상혁 외(2005), 기술마케팅핸드북, 산업자료센터.

성지은(2002), "정보통신산업정책 진화에 관한 연구 : 이동통신사업자 선정사례를 중심으로", 한국행정학회 한국행정학보 제37권 제2호.

손동원(2004), 벤처진화의 법칙, 벤처기업과 벤처생태계의 공진화, 삼성경제연구소.

송상호(2000), 벤처기업의 성공적인 인적자원관리모형에 관한 탐색적 연구, 한국인사조직학회 추계 학술연구 발표논문집.

신동아(2000), "완전해부 이상철 전 한통프리텔 사장의 IMT-2000사업", 2000년 9월호.

신영욱 옮김, 크리스 주크(2004), 핵심을 확장하라, 청림출판.

안재현·권재현·김명수 외(2002), "정보통신 서비스의 실패 요인 : 한국의 텔레콤 서비스시장에서의 실패 사례연구", 한국경영과학회, 한국경영과학회지 제27권 3호.

윤문섭·배종태·이상곤·배준우(2002), 벤처기업의 경쟁력 강화 및 지속 성장을 위한 정책방안-벤처기업의 국제화 과정과 전략 연구-, 과학정책기술정책연구원 정책연구.

이달곤(1998), "제2이동통신사업자 선정과정", 월간고시계 1998년 11월호.

이덕희(2002), "IMT-2000 서비스의 적정 도입시점에 관한 연구", 한국산업조직학회, 산업조직연구, Vol.10, No.1.

이마스 옮김, 리앤더 카니저(2006), 컬트 브랜드의 탄생, 아이팟, 미래의 창.

이상석·고인곤(2007), 기업가정신과 창업, 학현사.

이상호·정행득(2000), 인터넷 비즈니스와 벤처산업 활성화에 관한 연구, 벤처경영연구 3(2), 33~54.

이양현·심상규(2007), 기업성장단계 판별모형에 관한 연구, 중소기업학회지 29(2), 23~40.

이유재·박찬수 편역(2000), 신상품마케팅, 시그마 익스프레스.

이정은(2006), UCC 기반의 국내외 비즈니스 트랜드 주요이슈 및 시사점, UCC 컨퍼런스.

이진원 옮김, 클레이튼 크리스텐슨(2005), 미래기업의 조건, 비즈니스북스.

이한득(2007), 진정한 가치창조 경영을 위한 성장전략, LG 주간경제, 3월호, 8~14.

이홍(2004), 지식점프-지식창조의 금맥을 찾아서-, SERI 연구에세이.

인터넷마케팅협회(2006), 2006년 광고비 예측, 인터넷마케팅협회.

인터넷마케팅협회(2007), 2007년 광고비 예측, 인터넷마케팅협회.

임옥희 역(2004), 말콤 글래드웰, 티핑포인트, 21세기북스.

임지순(2006), 나노과학기술의 현재와 미래 : 탄소나노튜브를 중심으로, Issue Paper.

장균·백홍기 옮김, Harvaed Business Essentials(2004), 현대경제연구원, 창의와 혁신의 핵심전략, 청림출판.

전인수 외(2005) 마케팅전략, 전략적 시장관리, 석정.

전자신문(2003. 4. 25), "엄청난 파괴력 '이통 원텔'".

전자신문, 1997년~2005년 각 년도 기사.

정갑영 외 11인(2005), 잘나가는 기업, 경영 비법은 있다, 영진미디어.

정보통신부(1996, 1997), 전기통신에 관한 연차보고서, 1996년 및 1997년 판.

정보통신부(2001), 한국정보통신, 20세기사.

정보통신부(2006), IT 강국 기반으로 선진한국 도약, 2006년 연두업무보고, 정보통신부.

정보통신부(2007), 2007년 정보통신 산업정책방향, 정보통신부.

정성천(2007), 지속가능한 이익창출의 성공 포인트, LG 주간경제, 3월호, 3~7.

정승화(1999), 벤처창업론, 박영사.

정인기·홍도석·이영태(1998), "IMF 시대의 절약형 무선서비스 CT-2의 활성화", 한국항공대학교 경영연구소, 경영연구.

정재용·황혜란·이병헌(2006), 공학기술과 경영, 지호.

정지택 옮김, 프레드 라이켈트(2006), 지속적 성장을 위한 1등 기업의 법칙, 청림출판.

정지혜(2007), 창조적 모방, 혁신으로 가는 길, LG 주간경제 2월호, 8~14.

조상섭(2006), 기술개발과 상용화전략-시장중심 IT기술개발 및 경영을 위한 전략, 호서대학교 산학협력중심대학육성사업단 인력개발센타.

조선일보(2007), 7월 21일자 Weekly Biz.

조선일보(2007), 지식기반경제에서 단순 제조업만으론 못 살아남아, 7월 28일자 Weekly Biz.

조화순(2003), "IMT-2000 기술표준정책의 정치경제", 국제정치학회, 국제정치논총, Vol.43, No.1.

조황희·소대섭(2006), 나노기술 영향평가에 관한 국내외 동향, 혁신브리프 16호, STEPI.

중소기업청(2006), 2만 불 시대를 선도하는 작지만 강한 혁신형 중소기업 육성, 2006년도 주요 업무계획보고서, 중소기업청.

최성락·이혜영(2004), "IMT 2000 사업자 선정 정책 변동에 대한 정책 네트워크 접근의 타당성 검토", 서울대 행정대학원 행정논총, Vol.42, No.2.

특허청(2007), 2007년 1월부터 시행되는 발명자에게 편리한 특허 제도, 특허청.

한국경제신문(2003. 9. 23), "삼성전자와 사업 같이하면 돈 된다".

한국산업기술평가원(2005), 국가별 나노기술정책 비교분석, 한국산업기술평가원, 전략기획실.

한국소프트웨어진흥원(2007), 2006 국내 디지털콘텐츠산업 시장조사 보고서.

한국여성발명협회(2006), 여성발명창의교실 교재, 발명 어떻게 할까, 한국여성발명협회.

한국전산원(2006), IT동향보고, 한국전산원 IT전략기획팀.

한국전산원(2006), U-IT 허브 구축사업 개요, 한국전산원.

한국전파진흥협회(1996), "CT-2 기술현황과 서비스 과제", 전파진흥, 1996년 2월호.

허진(2000), 성공적인 사내벤처 설계, LG 주간경제, 경영정보.

현대경제연구원(2004), 창의와 혁신의 핵심전략, 청림출판.

형민우(2003), 하이테크 벤처기업의 성장전략에 관한 사례분석 연구-비미국계 나스닥 상장기업을 중심으로-, 연세대학교 석사학위논문.

황지연·성지환(2006), 융합시대 사회문화 트렌드와 UCC 활용전망, 정보통신정책 18(7), 401호, 26~55.

IBM(2007), IBM 한국보고서, 한국경제신문사.

KTB 자산운용(주)(2002), 벤처기업평가, 어떻게 할 것인가?

LG 경제연구원(2002), Good to Great 해설서.

LG 주간경제(1996), 사내벤처를 통한 신규 사업 개발.

LG 주간경제(2002), 세계적 벤처위기 진단, 경제정보.

Research Insight 2006(2006), IT시장전망 컨퍼런스, 리서치 인사이트 2006, 보라이엔씨.

2. 국외 문헌

Aghion et al.(1997), "Corporate Governance, Competition Policy and Industry Policy", European Economic Review.

Amar Bhide(1994), How Entrepremeurs Crafts Strategies That Work, Harvard Business Review, March~April, 150~161.

Ansoff, H. I.(1957), "Strategies for Diversification", Harvard Business Review 35(September~October), 113~124.

Anton, P., et. al., The Global Technology Revolution, Rand NDRI.

Arthur, Brian(1996), "Increasing Returns and the New World of Business", Hardvard Business Review(July~August), 101~109.

Burnham, Thomas A., Judy K. Frels, and Vijay Mahajan(2003), "Consumer Switching Costs A Typology, Antecedents, and Consequences".

Business 2.0, "How to Beat Him", 2002. June.

Business Week(1991), October. 25, Special issue.

Council on Competitiveness(2004), 21st Century Innovation.

David, Gerald, Lester B. Lave(2005), "Implementing technology-forcing policies : The 1970 Clean Air Act Amendments and the introduction of advanced automotive emission controls in the United States", Technological Forecasting & Social Changes, Article in Press.

E. Mansfield, M. Schwartz and S. Wagner(1981), Imitation Costs and Patents : An Emprical Study, The Economic Journal V.91, No.364, 907~918.

Gartner(2005), "Management Update : U. S. Telecom Market Structure Face One of Two Likely Scenario in 2010".

H. Stevenson, M. Roberts and H. I. Grousbeck(1994), New Business Ventures and the Entrepreneur, Fourth Edition, Burr Ridge ; Irwin, 3~16.

H. Stevenson(1983), A Perspective on Entrepreneurship, Harvard Business School.

IEEE(2004), IEEE Spectrum Magazine.

J. Timmons & D. Gumpert(1982), Discard Money Old Rules for Raising Venture Capital, Harvard Business Review(January~Febuary).

James, G.(1998), Success Secrets from Silicon Vally : How to Make Your Teams More Effective, New York, Times Business.

Jim Collins(2001), Good to Great : Why some Companies Make the Leap ; and Others Don't, Harper Collins.

Johannes M. Bauer(2004), "Governing the Networks of the Information Society".

Journal of the Marketing Science 31(2), 109~126.

Kelley & Kevin(1998), New Rules for the New Economy, Penguin Books.

Lamontagne Maurice(1972) : A Science Policy for Canada, Ottawa, Ontario.

Maureen Coulter, Deborah Kish & Jennifer Liscom(2004), "How to succeed as a telecom startup".

Michael Keenan(2002), "Identifying emerging generic tehnologies at the national level : UK experience". Moschella, D.(2003), Customer-Driven IT, HBS.

OFCOM, "The Communication Market 2004—Overview".

Perez, C.(2002), Technological Revolutions and Financial Capital, Edward Elger Publishing Limited.

R. Robinson Jr.(1982), The Importance of 'Outsiders' in Small Firm Strategic Planning', Academy of Management Journal.

R. Robinson, J. A. Pearce(1984), Research Trust in Small Firm Strategic Planning, Academy of Management Review, 128~137.

Reed, David P.(2001), "The Law of the Pack", Harvard Business Review, Feb., 23~24.

Roberts, E. B.(1991), "Entrepreneurs in High Technology, lessons from MIT and Beyond"(New York : Oxford University Press).

Robinson, W. T(1998), "Marketing Mix Reactions to Entry, Marketing Science" 7(4), Fall, 368~385.

Robinson, W. T. & C. Fornell(1985). "The Sources of Market Pioneer Advantages in Consumer Goods Industries", Journal of Marketing Research 22(2), Aug., 297~304.

Shapiro, Carl & Hal R. Varian(1999), Information Rules Harvard Business School Press.

Slade, 199B. N.(1993), "The Product Cycle : Critical Gears That Drive It.", Compressing the Product Development Cycle, AMACOM, 22~38.

Tassey, G.(1997), "The Economics of R&D Policy", Quorum Books.

Tassey, G.(1998), "Comparisons of U. S. and Japanese R&D Policies", NIST.

Torry Wright(2004), "U. K. Government Need Flexible Contact Center Services".

W. Bygrave & A. Zacharakis(2004), The Portable MBA in Entrepreneurship, Wiley.

Wheelwright & Clark(1992b), "A Framework for Development", Revolutionizing Product Development : Quantum Leaps in Speed, Efficiency and Quality, Free Press, 133~164.

3. 웹 페이지

http://cafe.naver.com/businessjjang.cafe?iframe_url=/ArticleRead.nhn%3Farticleid=740

http://news.chosun.com/site/data/html_dir/2007/01/28/2007012800474.html

http://news.joins.com/article/2626541.html?ctg=1100 벤처 캐피털 투자기법의 大변화 '상장'보단 'M&A'를 더

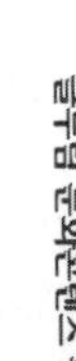

많이 노려.

http://www.edaily.co.kr/news/stock/newsRead.asp?sub_cd=DB41&newsid=01082406583002968&clkcode=00203&DirCode=0030503&curtype=read

http://www.hankyung.com/news/app/newsview.php?aid=2006080714701(포스코사내벤처)

http://www.heraldbiz.com/SITE/data/html_dir/2007/02/01/200702010047.asp

http://www.inews24.com/php/news_view.php?g_menu=020100&g_serial=232832

http://www.lawnb.com/lawinfo/info_law_forcastlist.asp?c_id=10000003&gid=10000001&makeid=00011639

http://www.smba.go.kr/main/sub016/sub_016_01.jsp

벤처기업과 미래 선도 산업

그림 차례